2021 年国家社科基金高校思政课研究专项"人类命运共同体理念融入国际法课程思政体系构建研究"（项目批准号：21VSZ087）阶段性成果。

 重大法学文库

国际经济法治规则建构的诚信理论研究

张 路 ◎ 著

中国社会科学出版社

图书在版编目(CIP)数据

国际经济法治规则建构的诚信理论研究 / 张路著 . —北京：中国社会科学出版社，2022.9
（重大法学文库）
ISBN 978-7-5227-0728-0

Ⅰ.①国… Ⅱ.①张… Ⅲ.①信用—研究 Ⅳ.①F830.5

中国版本图书馆 CIP 数据核字（2022）第 142969 号

出 版 人	赵剑英
责任编辑	梁剑琴 高 婷
责任校对	闫 萃
责任印制	郝美娜

出　　版	中国社会科学出版社
社　　址	北京鼓楼西大街甲 158 号
邮　　编	100720
网　　址	http://www.csspw.cn
发 行 部	010-84083685
门 市 部	010-84029450
经　　销	新华书店及其他书店
印刷装订	北京市十月印刷有限公司
版　　次	2022 年 9 月第 1 版
印　　次	2022 年 9 月第 1 次印刷
开　　本	710×1000　1/16
印　　张	14.5
插　　页	2
字　　数	245 千字
定　　价	88.00 元

凡购买中国社会科学出版社图书，如有质量问题请与本社营销中心联系调换
电话：010-84083683
版权所有　侵权必究

《重大法学文库》编委会

顾　　问：陈德敏　陈忠林
主　　任：黄锡生
副 主 任：靳文辉
成　　员：陈伯礼　陈　锐　胡光志　黄锡生
　　　　　靳文辉　刘西蓉　李晓秋　秦　鹏
　　　　　王本存　吴如巧　宋宗宇　曾文革
　　　　　张　舫　张晓蓓

出版寄语

《重大法学文库》是在重庆大学法学院恢复成立十周年之际隆重面世的，首批于2012年6月推出了10部著作，约请重庆大学出版社编辑发行。2015年6月在追思纪念重庆大学法学院创建七十年时推出了第二批12部著作，约请法律出版社编辑发行。本次为第三批，推出了20本著作，约请中国社会科学出版社编辑发行。作为改革开放以来重庆大学法学教学及学科建设的亲历者，我应邀结合本丛书一、二批的作序感言，在此寄语表达对第三批丛书出版的祝贺和期许之意。

随着本套丛书的逐本翻开，蕴于文字中的法学研究思想花蕾徐徐展现在我们面前。它是近年来重庆大学法学学者治学的心血与奉献的累累成果之一。或许学界的评价会智者见智，但对我们而言，仍是辛勤劳作、潜心探求的学术结晶，依然值得珍视。

掩卷回眸，再次审视重大法学学科发展与水平提升的历程，油然而生的依然是"映日荷花别样红"的浓浓感怀。

1945年抗日战争刚胜利之际，当时的国立重庆大学即成立了法学院。新中国成立之后的1952年院系调整期间，重庆大学法学院教师服从调配，成为创建西南政法学院的骨干师资力量。其后的40余年时间内，重庆大学法学专业和师资几乎为空白。

在1976年结束"文化大革命"并经过拨乱反正，国家进入了以经济建设为中心的改革开放新时期，我校于1983年在经济管理学科中首先开设了"经济法"课程，这成为我校法学学科的新发端。

1995年，经学校筹备申请并获得教育部批准，重庆大学正式开设了经济法学本科专业并开始招生；1998年教育部新颁布的专业目录将多个部门法学专业统一为"法学"本科专业名称至今。

1999年我校即申报"环境与资源保护法学"硕士点，并于2001年获准设立并招生，这是我校历史上第一个可以培养硕士的法学学科。

值得特别强调的是，在校领导班子正确决策和法学界同人大力支持下，经过校内法学专业教师们近三年的筹备，重庆大学于2002年6月16日恢复成立了法学院，并提出了立足校情求实开拓的近中期办院目标和发展规划。这为重庆大学法学学科奠定了坚实根基和发展土壤，具有我校法学学科建设的里程碑意义。

2005年，我校适应国家经济社会发展与生态文明建设的需求，积极申报"环境与资源保护法学"博士学位授权点，成功获得国务院学位委员会批准。为此成就了如下第一：西部十二个省区市中当批次唯一申报成功的法学博士点；西部十二个省区市中第一个环境资源法博士学科；重庆大学博士学科中首次有了法学门类。

正是有以上的学术积淀和基础，随着重庆大学"985工程"建设的推进，2010年我校获准设立法学一级学科博士点，除已设立的环境与资源保护法学二级学科外，随即逐步开始在法学理论、宪法与行政法学、刑法学、民商法学、经济法学、国际法学、刑事诉讼法学、知识产权法学、法律史学等二级学科领域持续培养博士研究生。

抚今追昔，近二十年来，重庆大学法学学者心无旁骛地潜心教书育人，脚踏实地地钻研探索、团结互助、艰辛创业的桩桩场景和教学科研的累累硕果，仍然历历在目。它正孕育形成重大法学人的治学精神与求学风气，鼓舞和感召着一代又一代莘莘学子坚定地向前跋涉，去创造更多的闪光业绩。

眺望未来，重庆大学法学学者正在中国全面推进依法治国的时代使命召唤下，投身其中，锐意改革，持续创新，用智慧和汗水谱写努力创建一流法学学科、一流法学院的辉煌乐章，为培养高素质法律法学人才，建设社会主义法治国家继续踏实奋斗和奉献。

随着岁月流逝，本套丛书的幽幽书香会逐渐淡去，但是它承载的重庆大学法学学者的思想结晶会持续发光、完善和拓展开去，化作中国法学前进路上又一轮坚固的铺路石。

陈德敏

2017年4月

前言：破解人类"四大赤字"的国际法治方案

当今世界之争，主要体现为中美两个大国之间的价值观、话语权和规则之争。规则之争的核心是话语权，话语权之争的核心是价值观。人类命运共同体理念是新时代中国外交政策的传承与发展，具有坚实的国际法基础，代表着先进的法学理念，为国际法的发展提出了新的价值追求，提升了发展中国家的国际法话语权。和平、发展、公平、正义、民主、自由的全人类共同价值[①]作为构建人类命运共同体的基本导向，完全不同于西方虚伪的普世价值。蕴含于全人类共同价值之中的诚信原则，[②] 是指引国际关系和国际规则建构的基本原则。

全人类共同价值和人类命运共同体理念是破解全球治理赤字的金钥匙。2017年5月14日，习近平主席指出，"和平赤字、发展赤字、治理赤字"三大"赤字"是人类面临的严峻挑战。[③] 2019年3月26日，习近平主席讲话提出"信任是国际关系中最好的黏合剂"，将"信任"列入全

[①] 2018年12月10日，习近平主席致信纪念《世界人权宣言》发表70周年座谈会强调，中国人民愿同世界人民一道，秉持和平、发展、公平、正义、民主、自由的人类共同价值；2020年9月20日，习近平主席在第75届联合国大会一般性辩论上讲话，正式将这六项价值称为"全人类共同价值"。

[②] 参见宋洪云《人类命运共同体：一种新的价值观》，《马克思主义哲学论丛》2016年第4辑。

[③] 习近平：《论坚持推动构建人类命运共同体》，中央文献出版社2018年版，第432页。

球治理的"赤字"问题之中。① 当前,人类社会面临的"四大赤字"有增无减,实现普遍安全、促进共同发展依然任重道远。②

四大赤字主要是当前美国奉行单边主义,带头破坏现行国际规则和秩序的结果,使中美陷入国际规则和秩序之争。美国已经成为第二次世界大战后形成的国际秩序的主要破坏者。③ 美国及其几个西方盟友完全不讲信用,不仅破坏国际法规则,还反来污蔑中国不讲规则、破坏秩序。美国主导的规则目前呈现两个新方向:长臂管辖和西式"人权""民主"等价值观问题。美国及其几个西方盟友操弄规则,旨在阻滞"一带一路"建设和中国现代化发展进程,损害中国的发展权,妄图对中国施加规锁,将全球治理"规则""私有化",垄断全球、国际规则话语权。美国及其几个西方盟友的"邦法家规"并不能等同于普遍适用的国际规则,这种"邦法家规"式规则是一种话语和制度陷阱。美国及其几个西方盟友鼓吹"以规则为基础"的国际秩序,与中国倡导"共商共建共享"的国际治理观相反,与国际关系的民主化和法治化背道而驰;中国不接受"以西方规则为基础的秩序"这一命题。④

美国及其几个西方盟友怕的是中国不服从他们的规则、有自己的规则。在中美经济摩擦中,高科技和互联网等工业标准、规范属于战略资源。美国及其几个西方盟友所指向的规则,正是中国当下真正能跟美国竞争的东西。现在西方强调气候变化,中国一直强调"双碳",就是针对气候问题的规则之争。孟晚舟案背后,是美国害怕华为公司主导电信市场、影响世界科技规则。规则之下,是制度体系。拜登政府怂恿欧盟冻结《中欧全面投资协定》(CAI)。⑤ 拜登政府还拼凑小集团与中国对抗,先有

---

① 习近平:《为建设更加美好的地球家园贡献智慧和力量——在中法全球治理论坛闭幕式上的讲话》,《人民日报》2019年3月27日第3版。

② 习近平:《同舟共济克时艰,命运与共创未来——在博鳌亚洲论坛2021年年会开幕式上的视频主旨演讲》,《人民日报》2021年4月21日第2版。

③ Richard Haas, *A World in Disarray—American Foreign Policy and the Crisis of the Old Order*, New York: Penguin Books, 2018, p. 312.

④ 联合国国际法委员会委员、外交部国际法咨询委员会主任委员黄惠康教授2021年11月20日在第六届东湖国际法律论坛上的发言。

⑤ 2020年12月30日,中欧领导人共同宣布如期完成CAI谈判。

AUKUS,① 后有 Quad,② 不断制造事端。拜登政府将中国排除在"全球民主峰会"之外,在全球人为制造价值裂痕和敌对阵营。将中美竞争歪曲为所谓的"民主"之争,本质上是中美之间的规则之争。中美竞争不仅涉及两国力量对比变化,更涉及两种人权理论、③ 两种政治理念、两种全球秩序构想的竞争。在美国政客手中,民主、人权等早已失去本来的价值品格,纯粹成为打压他国的话语工具。中美博弈及其背后的规则之争,还会以其他不同的价值、话语体系表达,比如国家安全乃至全球气候变化和疫情紧急状态治理等。

当前国际竞争摩擦呈上升之势,地缘政治博弈色彩明显加重,国际社会信任和合作受到侵蚀。④ 一方面,美国奉行单边和保护主义,不讲诚信,违反、破坏其第二次世界大战后主导建立的国际法律秩序、制度和规则,妄图将其国内规则变成国际规则;另一方面,美国又利用国际话语权和优势地位,污蔑、打压、遏制中国。美国制造的国际政治信任赤字,使国际经济法律规则体系面临巨大挑战。

中美关系是当今世界最重要、最复杂的双边关系,既有跌入"修昔底德陷阱"(Thucydides Trap)⑤ 的极大危险,也有全球化背景下不断加深的相互依赖,还有应对全球性挑战的共同责任。然而,美国却在人为制造"脱钩"。当前,美国政府利用"自我中心、权力政治、功利实用"的"三原色"绘制对外政策谱系,妄图将多彩的世界扭曲为黑白胶卷下的非此即彼,撕裂世界、乱中取利。美国政府已经将"大国战略竞争"视为"首要威胁",一些美国政客为了一己之私,不惜以中美关系做赌注,极为危险。

随着综合国力相对下降等原因,美国无力、无意继续供给全球公共产

---

① AUKUS,指拜登政府倡导设立的澳英美三边安保联盟,取自三国首字母或简称。
② Quad,指拜登政府倡议设立的美日印澳四国安全对话机制。
③ 有关基于自由价值观的人权理论和基于平等价值观的人权理论的详细分析,参见强世功《贸易与人权(上)——世界帝国与"美国行为的根源"》,《文化纵横》2021 年第 5 期。
④ 习近平:《为建设更加美好的地球家园贡献智慧和力量》,《人民日报》2019 年 3 月 27 日第 3 版。
⑤ 修昔底德认为崛起大国与既有统治霸主的竞争多会以战争告终。提出"修昔底德陷阱"这一概念的哈佛大学肯尼迪政府学院首任院长格雷厄姆·艾利森教授则认为,中美可以避免跌入该陷阱。

品,放弃了国际交往中的基本信用、善意和诚信。"霸权稳定论"已经失灵,[①]引发关于国际社会可能陷入"金德尔伯格陷阱"的担心。[②]美国奉行单边和保护主义,背信弃义。全球权力体系呈现去中心化和分散化等特点。[③]

将竞争对手视为死敌,[④]已经成为美国政治生活中的思维定式,不少美国政客看问题的方式是非敌即友[⑤]。特朗普不承认拜登为合法当选总统,导致国内政治分裂、极化严重。就连拜登也承认,白人至上和恐怖主义是美国最大的威胁。投射到国际上,随着中美实力对比不断接近,美国对中国的认知发生了巨大变化,正将中国构造成协调国内不同路线的共同"敌人",[⑥]导致国际社会走向分裂和对抗,国际秩序遭到极大破坏。特朗普政府的"政治遗产"对拜登政府下的中美关系产生了深层次影响,中国已从美国主要战略竞争对手变成最大战略竞争对手。拜登政府兼采前两届政府的对华政策,寻求在气候变化等全球性问题上与中国合作,同时又与盟友联手打压中国,加剧对中国的科技绞杀战。[⑦]

话语权之争是美国对华政策的先导。按照福柯有关话语权、权力和知识三者关系的论述,知识与权力交织在一起形成话语权,话语即权力和意

---

① 霸权稳定论由查尔斯·金德尔伯格首创,但后来由罗伯特·吉尔平加以系统完善,罗伯特·基欧汉提出"后霸权主义"对霸权稳定论进行修正。See Jacob Katz Cogan, Ian Hurd, and Ian Johnstone, *The Oxford Handbook of Internatonal Organiations*, Oxford: Oxford University Press, 2016, pp. 13, 16, 62, 393.

② 石静霞:《"一带一路"倡议与国际法——基于国际公共产品供给视角的分析》,《中国社会科学》2021年第1期。

③ 参见 Joseph S. Nye, "The Kindleberger's Trap", *Project Syndicate*, Jan. 9, 2017, http://www.project-syndicate.org/commentary/trump-china-kindleberger-trap-by-joseph-s-nye-2017-01, December 1, 2020。

④ 有关敌友论的详细论述,参见 Schmitt, C., *Theory of the Partisan: Intermediate Commentary on the Concept of the Political*, trans. by G. L. Ulmen, New York: Telos Press, 2007。

⑤ 金焱:《中美可以避免跌入"修昔底德陷阱"——专访格雷厄姆·艾利森》,《财经》2019年9月16日。

⑥ 唐健:《建构"敌人":美国的秩序构想、制度战略与对华政策》,《国际观察》2020年第4期。

⑦ 周琪:《特朗普的"政治遗产"及拜登政府对华政策展望》,《当代世界》2021年第2期。

识形态。权力关系的运行就是话语权之争和通过话语权展开的斗争。① 第二次世界大战以来，美国主导着国际关系中的话语权，形成并支撑着霸权帝国。国际关系和国际法律秩序演化为美国维护自身国家利益操控国际话语权的一个动态过程。美国一些政客在国际关系和国际规则中操弄话语权，其标志从早期的"黄祸论""东亚病夫""法律东方主义"②，到"红色恐慌""冷战思维"，再到"中国威胁论""修昔底德陷阱"和"武汉实验室泄露"等各种阴谋论，最后是赤裸裸的谎言，可谓无所不用其极。面对新冠病毒这一人类共同的敌人，美国一些政客站到国际社会的对立面，借机大肆抹黑、污名化中国，操弄双重标准，自己存在严重人权问题，还将人权问题当成地缘政治武器。

扭曲的话语已经将中美关系从"贸易摩擦"引向美国政府眼中涉及各个领域的全面战略竞争和对抗。逆全球化、民粹主义、债务危机、"黑命贵"运动等多重政治效应叠加，美国对外转移危机的动机更加明显，对华全面竞争、对抗的政策进一步加强。美国先是对中国发动贸易摩擦，接着调整为科技脱钩，在政治、经济、技术、军事上实施对华全面围堵，还拉帮结派对中国搞知识围堵。现实中，美国借疫情采取了全球危机和紧急治理模式，泛化国家安全概念，扩大制裁范围。美国及其盟友还以安全和民主价值为借口，禁止美国投资中国军工企业，将华为、中芯国际等中国企业列入"黑名单"。美国还利用人权谎言，制裁打压中国。③ 欧盟基于谎言对中国相关人员和机构实施制裁，将中欧双边经贸投资问题完全政治化。就连美元国际支付体系也被美国用作进行单边制裁的工具。为了打压中国，美国已经歇斯底里。

全球治理赤字和信任赤字的根源是美国在国际关系中背信弃义，缺乏基本的大国政治诚信。④ 美式民主制度失灵引发国内信任危机，美式民主输出带来残酷的战争。美国频频采取单边霸凌行径，炮制《国际紧急经济

---

① Lisa Downing, *The Cambridge Introduction to Michel Foucault*, Cambridge: Cambridge University Press, 2008, p. 71.

② Teemu Ruskola, *Legal Orientalism: China, the United States, and Modern Law*, Cambridge: Harvard University Press, 2013.

③ "H. R. 6210-Uyghur Forced Labor Prevention Act | House Committee on Rules", https://republicans-rules.house.gov/bill/116/hr-6210, Dec. 20, 2021.

④ 吴兴唐：《政党外交工作的回忆与思考》，当代世界出版社2020年版，第313页。

权力法》和行政令,滥用"长臂管辖",其中的典型是孟晚舟案和阿尔斯通案①。美国完全不顾国际政治诚信实施非法单边制裁,严重损害他国主权安全,屡屡造成人道灾难,严重违反国际法和国际关系基本准则。

随着大变局下国际环境动荡不安,中国涉外领域的立法存在严重不足。为此,按照习近平法治思想要求,要统筹推进国内法治和涉外法治,运用法治方式有效应对挑战、防范风险,综合利用法治手段开展斗争,坚决维护国家主权、尊严和核心利益。②我国积极参与全球治理体系改革和建设,维护以联合国为核心的国际体系、以国际法为基础的国际秩序、以联合国宪章宗旨和原则为基础的国际关系基本准则,维护和践行真正的多边主义,坚决反对单边主义、保护主义、霸权主义、强权政治,积极推动经济全球化朝着更加开放、包容、普惠、平衡、共赢的方向发展。③

中国引领世界走出当前国际规则扭曲困局的唯一出路,是以包含诚信在内的全人类共同价值为引导,推动构建人类命运共同体。早在1949年中华人民共和国成立之前,毛泽东等领导人面临的首要外交课题就是在国际上辨认"谁是我们的朋友,谁是我们的敌人"④,统一战线成为赢得中国新民主主义革命胜利的三大法宝之一。"大变局"下,中国应当以"一带一路"建设为抓手,推进国际经贸规则的建构,尤其是高举全人类共同价值的伟大旗帜,建立最广泛的统一战线,团结一切可以团结的国际力量,推进构建人类命运共同体,从根本上动摇美国以美元信用为支撑的全球霸权地位。

国际经济法律规则建构急需中国方案。正如习近平所言,我国要下大气力加强国际传播能力建设,广泛宣介中国主张、中国智慧、中国方案,为解决全人类问题做出更大贡献。要高举人类命运共同体大旗,讲好中国法治故事,全面阐述我国的发展观、安全观、生态观、国际秩序观和全球治理观;要倡导以诚信为基础的多边主义,反对单边、霸权主义,引导国际社会共同塑造更加公正合理的国际新秩序,建设新型国际关系。

---

① [法]弗雷德里克·皮耶鲁齐、马修·阿伦:《美国陷阱》,法意译,中信出版集团2019年版。

② 习近平:《论坚持全面依法治国》,中央文献出版社2020年版,第5页。

③ 《中共中央关于党的百年奋斗重大成就和历史经验的决议》,《人民日报》2021年11月17日第1版。

④ 王俊生、田德荣:《论中美"关系危机"》,《国际观察》2020年第4期。

习近平主席多次强调基于诚信的规则在维持国际秩序中的重要性。"诚信者，天下之结也。"中国将坚持对外开放的基本国策，着力推动规则、规制、管理、标准等制度型开放，为中外企业提供公平公正的市场秩序。世界各国要加强基础设施"硬联通"、制度规则"软联通"，促进陆、海、天、网"四位一体"互联互通。

国际经济和商贸制度规则的核心是信守契约。① 在国际法所有价值中，诚信是基本原则，最有代表性，规则体系最为完整，最能揭示当今全球经济治理规则乱象的根源，也是我国法学界研究最薄弱的环节之一。本书以人类命运共同体理念为视角，从话语权入手，基于全人类共同价值的基础导向作用，分析国际经济规则②建构理论的演进，探讨现行国际经济法治诚信规则存在的不足，尤其是美国对现行国际经济规则的破坏性影响，探索国际经济法治诚信规则建构的中国方案。

"义立而王，信立而霸，权谋立而亡。"③ 中国先贤早已揭开了王道、霸道和强权之间的关系，为中国参与和主导国际经济法治规则建构指明了方向。就连美国学者也认为，美国是否能在亚太地区站得住脚的关键取决于其对盟友承诺的可信度。然而，美国能够在艰难情况下以坚定的姿态获得盟友信任吗？④ 澳大利亚在美国煽动下单方面撕毁与法国签订的潜艇购买协议，转而和美英合作建造核潜艇，让法国出离愤怒。美国背信弃义，失信于人，已是有"霸"无"道"，其霸权已经失去根基。中国谋求构建人类命运共同体，必然"立信"为基，追求"义立"之王道。⑤

---

① 英国著名国际法学家克利夫·M.施米托夫将国际商法和贸易法定义为合同、信守契约与仲裁三位一体。

② 如无特别说明，本书中的经济规则、贸易规则、金融规则、投资规则、环境规则、卫生规则等均指法治规则。

③ 王先谦:《荀子集解》，上海书店1986年版，第131页。

④ Kurt Campbell, "Explaining and Sustaining the Pivot to Asia", in Nicholas Burns and Jonathon Price eds., *The Future of American Defense*, Washington: Aspen, 2014, p.74.

⑤ 参见阎学通《世界权力的转移：政治领导与战略竞争》，北京大学出版社2015年版，第89页。荀子认为，霸道亦需建立在"信"的基础之上。而美国现在已经从霸道走向根本无"道"的强权、强盗。只有靠有道、有信的规则治理，才是最聪明、成本也最低的治理方法。

目　录

第一章　国际经济法治规则建构的诚信理论基础 ……………………（1）
　一　人类命运共同理念的演进、战略地位与国际法价值 ……………（1）
　　（一）人类命运共同体理念的演进 …………………………………（2）
　　（二）人类命运共同理念的战略地位 ………………………………（4）
　　（三）人类命运共同理念的国际法价值 ……………………………（5）
　二　人类命运共同体理念对国际法诚信理论的发展 …………………（7）
　　（一）国际法的内在道德——多边主义与诚信的契合 ……………（7）
　　（二）人类命运共同体理念与国际法诚信理论的契合 ……………（14）
　三　人类命运共同体理念下国际经济规则建构的
　　　诚信理论架构 ……………………………………………………（26）
　　（一）国际经济规则建构中诚信和诚信原则的含义 ………………（26）
　　（二）国际法中的善意原则 …………………………………………（30）
　　（三）国际法中的诚信原则 …………………………………………（33）
　　（四）诚信原则在国际经济法各分支部门中的体现 ………………（34）

第二章　国际贸易法治规则建构的诚信理论 ……………………（37）
　一　问题的提出 …………………………………………………………（37）
　二　国际贸易法中的善意原则 …………………………………………（38）
　　（一）国际贸易法中善意原则的含义 ………………………………（38）
　　（二）WTO法中的善意原则及相关推论 …………………………（39）
　　（三）善意原则对WTO管辖的作用 ………………………………（43）
　　（四）WTO善意原则的可执行性 …………………………………（44）

（五）WTO法争端解决中的善意原则与中国 …………… (45)
三　国际贸易诚信宪法规则 ……………………………… (46)
（一）国际贸易诚信宪法的定义与理论演化 …………… (46)
（二）WTO宪法论的评判 ………………………………… (54)
（三）国际贸易诚信关系的历史演变与美国主导下的
规则建构 …………………………………………… (61)
四　国际贸易诚信规则建构 ……………………………… (64)
（一）推进WTO关键领域改革 …………………………… (65)
（二）签订区域贸易协定 ………………………………… (67)
（三）发挥自贸区在贸易方面的积极作用 ……………… (67)

第三章　国际投资法治规则建构的诚信理论 …………… (68)
一　问题的提出 …………………………………………… (69)
二　国际投资法中的善意规则 …………………………… (71)
（一）国际投资法中的善意规则概说 …………………… (71)
（二）善意与FET ………………………………………… (74)
（三）善意与稳定条款和可持续发展原则 ……………… (88)
三　国际投资法中的诚信理论 …………………………… (90)
（一）国家安全的诚信理论 ……………………………… (90)
（二）国际投资诚信规则——基于国家安全审查机制
的视角 ……………………………………………… (94)
四　国际投资诚信规则建构 ……………………………… (96)
（一）国际投资善意规则建构 …………………………… (96)
（二）国际投资国家安全审查中的诚信要求 …………… (99)

第四章　国际金融法治规则建构的诚信理论 …………… (102)
一　问题的提出 …………………………………………… (102)
二　国际金融法中的诚信规则 …………………………… (103)
（一）国际金融法中诚信义务的含义 …………………… (103)
（二）金融服务诚信规则 ………………………………… (105)
（三）金融监管诚信规则 ………………………………… (110)
三　国际货币的信用规则 ………………………………… (131)

（一）货币的信用本质 …………………………………………（131）
　　（二）美元国际货币霸权的信用逻辑分析 ……………………（132）
　　（三）国际货币的新职能——国际制裁手段 …………………（134）
　四　国际金融诚信规则建构 ………………………………………（137）
　　（一）国际证券监管诚信规则建构 ……………………………（138）
　　（二）应对美元霸权下的失信超发方案 ………………………（138）
　　（三）应对基于国际货币霸权的国际制裁 ……………………（138）

第五章　国际环境法治规则建构的诚信理论 ……………………（142）
　一　问题的提出：全球环境治理失信失衡问题 …………………（142）
　二　国际环境法中诚信理论的演化 ………………………………（143）
　　（一）信托理论 …………………………………………………（144）
　　（二）管家理论 …………………………………………………（146）
　　（三）全球公域理论 ……………………………………………（149）
　　（四）生命责任理论 ……………………………………………（150）
　三　国际环境法中的公共信托理论 ………………………………（151）
　　（一）公共信托原则的基础 ……………………………………（152）
　　（二）公共信托理论的内涵 ……………………………………（154）
　　（三）国际环境保护信托理论失范 ……………………………（160）
　四　地球生命共同体理念下的国际环境诚信规则建构 …………（164）
　　（一）国际环境治理规则建构的理想溯源 ……………………（165）
　　（二）地球生命共同体理念下全球环境诚信规则的建构 ……（168）

第六章　国际经济争端解决规则建构的诚信理论 ………………（172）
　一　问题的提出 ……………………………………………………（172）
　二　国际经济争端解决中的善意原则 ……………………………（173）
　　（一）国际经济争端解决中善意原则的内涵 …………………（173）
　　（二）国际经济争端解决中的善意原则——以 WTO 为例 …（174）
　三　国际经济争端解决中的权力诚信原则 ………………………（178）
　　（一）国际经济争端解决中权力诚信原则的内涵 ……………（178）
　　（二）国际经济争端解决中的投资者保护
　　　　　——以 ICSID 为视角 ……………………………………（180）

（三）国家在国际经济争端解决中的诚信责任
　　　　——以 WTO 为视角 ………………………………………（184）
　　（四）WTO 司法宪法论的评判 ……………………………（188）
　四　国际经济争端解决诚信规则建构 ………………………（191）

结论　中国国际经济诚信法治理论的未来展望 ………………（194）
　一　迎接并助推中国国际经济诚信法治的新时代 …………（194）
　二　建立中国在国际经济法领域的诚信理论自信 …………（196）
　三　建立中国在国际经济法中的诚信制度规则自信 ………（197）
　四　确立中国在国际经济法中的诚信文化与话语自信 ……（199）
　五　塑造中国国际经济诚信法治规则的框架 ………………（200）
　　（一）国际经济法中的善意法律规则 ………………………（200）
　　（二）国际经济法中的诚信宪制规则 ………………………（201）
　　（三）国际经济法中的信用法律规则 ………………………（203）
　　（四）三种诚信法律规则之间的关系 ………………………（203）
　　（五）结语 ……………………………………………………（205）

参考文献 ……………………………………………………………（207）

后　记 ………………………………………………………………（214）

第一章

国际经济法治规则建构的诚信理论基础

人类命运共同体理念是习近平新时代中国特色社会主义思想的重要组成部分，是我国新时期大国外交的基本纲领与行动指南。该理念蕴含着丰富、深刻的国际法思想，体现着全人类共同价值观，也推动着"合作共赢""包容""诚信"等成为新的国际法价值。"坚持互商互谅，破解信任赤字。"习近平主席倡导破解四大"赤字"，精准提炼了全球治理所面临的问题，贡献了中国智慧、宣示了大国责任。

"信任赤字"实际上点明了国际关系的问题所在，表明应当将互尊互信挺在前头，用好对话协商，通过坦诚深入的对话沟通，增进政治互信、战略互信，减少相互猜疑。秉持全人类共同价值，构建人类命运共同体，作为解决人类前途命运重大课题的核心理念，是破解"修昔底德陷阱"的中国智慧和中国方案，而国际经济法治诚信规则建构的方案则是构建人类命运共同体的法治基础和保障。

一 人类命运共同理念的演进、战略地位与国际法价值

全人类共同价值和人类命运共同体理念是一套价值理念，是国际社会共同价值的发展和创新，是国际法的价值基础和整体升华，也促进了国际法诚信理论的发展。

（一）人类命运共同体理念的演进

人类命运共同体理念源于马克思主义的共同体思想,[①] 是对中国如何构建更加公正合理世界秩序的全面阐释，是对中华人民共和国成立以来具有中国特色的外交实践的理论总结，是对中国老一辈革命家外交思想的进一步发展和提升，更是对五千多年中华优秀传统文化的继承和发扬。

人类命运共同体理念萌芽于党的十八大之前。早在2010年，我国已经提出了"命运共同体"思想。2011年9月6日，国务院新闻办公室发布《中国的和平发展》白皮书，纳入了命运共同体概念。白皮书主张，国际社会应超越"零和博弈"，超越冷、热战思维，超越对抗老路；以命运共同体的新视角和合作共赢的新理念，寻求文明互鉴的新局面，寻求人类共同利益和共同价值的新内涵，寻求实现包容性发展的新道路。党的十八大之前，尚未明确提出"人类命运共同体"这一概念。

党的十八大以来，人类命运共同体理念大致实现三次历史性飞跃，逐渐发展成为内涵丰富的理论体系，基本奠定了其在习近平外交思想中的主要地位。2012年11月，党的十八大报告明确提出"人类只有一个地球，各国共处一个世界""在国际关系中弘扬平等互信、包容互鉴、合作共赢的精神，共同维护国际公平正义"。[②] 党的十八大将"共赢"升为外交旗帜，明确提出两岸同胞"是血脉相连的命运共同体"，这是"人类命运共同体"理念的第一次历史性飞跃。

2013年3月23日，习近平主席首次提及"命运共同体"的概念。[③] 此后，习近平主席多次阐释"人类命运共同体"理念，深入回答"实然"与"应然"两大理论问题。习近平主席还提出，要让命运共同体意识落地生根，携手建设更为紧密的中国—东盟命运共同体；努力构建携手共进的中非、中拉、中阿命运共同体等。这就将人类命运共同体理论进

[①] 姜薇、哈斯塔娜：《人类命运共同体思想对〈共产党宣言〉中共同体思想的升华》，《前沿》2020年第3期。

[②] 胡锦涛：《坚定不移沿着中国特色社会主义道路前进 为全面建成小康社会而奋斗——在中国共产党第十八次全国代表大会上的报告》，《人民日报》2012年11月18日第1版。

[③] 习近平：《顺应时代前进潮流 促进世界和平发展——在莫斯科国际关系学院的演讲》，《人民日报》2013年3月24日第2版。

一步细化实化,实现了第二次历史性飞跃。①

习近平主席在 2015 年 9 月 28 日第 70 届联合国大会一般性辩论中的讲话②和 2017 年 1 月 18 日在联合国日内瓦总部的演讲③,系统阐述了构建人类命运共同体的时代背景、重大意义、丰富内涵和实现路径,深刻回答了"建设一个什么样的世界,怎样建设这个世界"等关乎人类前途命运的重大问题,使推动构建人类命运共同体的理念更加体系化,标志着人类命运共同体理念和相关理论实现了第三次历史性飞跃。

党的十九大把推动构建人类命运共同体作为新时代坚持和发展中国特色社会主义的基本方略之一,并写入党章④和宪法⑤。至此,"人类命运共同体"已从一个理念发展为具有丰富内涵、完整体系的思想。

党的十八大以来,习近平总书记深刻阐述构建人类命运共同体的重大问题,引领中国特色大国外交理论与实践创新,体现了中国致力于为世界和平与发展做出更大贡献的崇高目标,体现了中国的全球视野、世界胸怀和大国担当。⑥构建人类命运共同体是习近平新时代中国特色社会主义外交思想的重要内容,⑦对于统筹国内国际两个大局,始终不渝走和平发展道路、奉行互利共赢的开放战略,坚持正确义利观,树立共同、综合、合作、可持续的新安全观,谋求开放创新、包容互惠的发展前景,始终做世界和平的建设者、全球发展的贡献者、国际秩序的维护者,为实现"两个一百年"奋斗目标和中华民族伟大复兴的中国梦营造更加有利的国际环境,具有十分重要的指导意义。

---

① 陈须隆:《人类命运共同体理论在习近平外交思想中的地位和意义》,《当代世界》2016 年第 7 期。

② 习近平:《携手构建合作共赢新伙伴 同心打造人类命运共同体——在第七十届联合国大会一般性辩论时的讲话》,《人民日报》2015 年 9 月 29 日第 2 版。

③ 习近平:《共同构建人类命运共同体——在联合国日内瓦总部的演讲》,《人民日报》2017 年 1 月 20 日第 2 版。

④ 《中国共产党章程》总纲。

⑤ 《中华人民共和国宪法》第 24 条。

⑥ 习近平:《论坚持推动构建人类命运共同体》,中央文献出版社 2018 年版,"出版说明"第 1—2 页。

⑦ 中共中央党史和文献研究院:《习近平关于中国特色大国外交论述摘编》,中央文献出版社 2020 年版,"出版说明"第 1 页。

（二）人类命运共同理念的战略地位

党的十八大以来，在波澜壮阔的外交实践中，习近平总书记牢牢把握中国和世界发展大势，深刻思考人类前途命运，提出了一系列富有中国特色、体现时代精神、引领人类发展进步潮流的新理念新主张新倡议，形成了习近平外交思想。[①] 该思想对于坚持党对外事工作的集中统一领导，统筹国内国际两个大局，牢牢把握服务民族复兴、促进人类进步这条主线，推动建构人类命运共同体，坚定维护国家主权、安全、发展利益，积极参与引领全球治理变革，打造更加完善的全球伙伴关系网络，努力开创中国特色大国外交局面，具有十分重要的指导意义。

习近平外交思想概括为"十个坚持"，集中反映了以习近平同志为核心的党中央在对外工作中取得的一系列重大理论和实践创新成果。从这"十个坚持"中提炼关键词，有"党的领导""民族复兴""大国外交""和平发展""人类命运共同体""战略自信""共商共建共享原则""一带一路""相互尊重""合作共赢""全球伙伴""公平正义""全球治理体系""国家主权、安全、发展利益""核心利益""中国外交风范"等。

习近平外交思想可以总结为一个理念和一个理论体系，即人类命运共同体理念和理论。构建人类命运共同体这一理念为人类社会实现共同发展、持续繁荣、长治久安绘制了蓝图，反映了中外优秀文化和全人类共同价值追求，顺应了人类社会发展进步的时代潮流。这一理念超越社会制度和发展阶段的不同，是新时代中国外交追求的崇高目标。

关于人类命运共同体理论在习近平外交思想中的地位，可以结合中华人民共和国成立以来历代领导人的外交思想作个纵向比较。毛泽东关于三个世界划分的理论、邓小平关于和平与发展的理论、江泽民关于建立公正合理的国际政治经济新秩序的理论、胡锦涛关于建设和谐世界的理论，其共同点是高瞻远瞩、高屋建瓴，把握住了时代潮流，顺应了天下大势，反映了一定历史阶段中国的世界观与国际关系基本理念，也蕴含着中国的外交战略与政策。

人类命运共同体理论以相互依赖、利益交融、休戚相关为依据，以和

[①] 闻言：《深入学习习近平外交思想，努力开创中国特色大国外交新局面》，《人民日报》2020年1月6日第6版。

平发展与合作共赢为支柱，其先进性体现在对传统国际关系的扬弃和超越，是中国对21世纪国际关系理论的又一重大贡献。随着中国推动建设人类命运共同体思想和实践的与时俱进，人类命运共同体的理论内涵不断得到丰富和发展。这些内涵发展包括坚持开放、合作、共赢、融合、创新的发展观，打造互利共赢、包容共进的发展和利益共同体，以诚信为本、坚持正确的义利观，积极承担国际责任与义务、打造责任共同体，共护和平发展大环境，追求全人类共同价值为导向的国际秩序观，坚持共商共建共享的全球治理观等。

（三）人类命运共同理念的国际法价值

人类命运共同体理念是中国对国际法思想和理论的重大贡献，具有深远的国际法价值和意义。

党的十八大以来，习近平总书记立足我国全面依法治国实践取得的重大进展，围绕坚持全面依法治国发表了一系列重要论述，深刻回答了新时代为什么实行全面依法治国、怎样实行全面依法治国等一系列重大问题，形成了习近平法治思想，要求统筹推进国内法治和涉外法治。统筹推进国内法治和涉外法治，旨在更好维护国家主权、安全、发展利益。为此，一方面，要加强涉外法治体系建设。推进涉外法治重要领域立法，完善涉外法律法规体系，完善涉外经贸法律和规则体系，加快推进我国法域外适用的法律体系建设，强化涉外法律服务。另一方面，强化法治思维，运用法治方式处理国际事务、参与全球治理体系改革和建设。始终做多边主义的践行者，积极参与全球治理体系改革和建设，积极参与并努力引领国际规则制定，推动形成公正合理透明的国际规则体系，增强我国在国际法律事务和全球治理体系变革中的话语权和影响力，运用法律手段维护我国主权、安全、发展利益，推动构建人类命运共同体。

人类命运共同理念的国际法价值和意义体现在如下几个方面。[①] 其一，改变了国际法的法理基础。传统国际法理论认为国际社会存在的基础是理性主义而非理想主义，国家制定和发展国际法是基于现实需要而非价值判断。但是，人类命运共同体理念作为一种价值理念，改变了传统国际法的

---

① 李韶华：《习近平构建人类命运共同体新理念的国际法意义》，《长江论坛》2019年第4期。

法理基础，认为国际法上的利益兼具国家利益和国际社会共同利益双重维度。① 这一理念是对"国际社会""国际共同体"理念的补充和发展，② 强调对人类整体和个体的双重关注，突出人本身，指明国际社会发展的终极问题在于人类命运。这一变化表明，在多层次主体之间并不一定是对抗关系，可以是兼容而非替代关系。③

其二，丰富了国际法基本原则的内涵。构建人类命运共同体包含政治、安全、经济、文化、生态五个方面的要求，丰富了国际法的内涵，明确了发展、完善国际法基本原则的方向。传统国际法基本原则包括和平共处五项原则、国家主权原则和平等原则，关注个人、国家和国际组织的利益。在此基础上，人类命运共同体理念提出共同维护人类整体利益的新要求和目标，关注人类命运，体现的是天下观。人类命运共同体理念突出合作与协调，要求主权国家从传统的相互竞争思维转变到相互依存的思维，从唯我发展转到合作追求共同利益上来。这些要求高于传统国际法基本原则以国际社会为基础的站位，与《联合国宪章》第1条第3款的"国际合作"宗旨高度契合。人类命运共同体理念从合作发展到合作、共赢、共享，再到"一带一路"建设，坚持共商共建共享原则，从注重个体到注重人类整体发展，提升了国际合作的价值等级。

其三，完善了国际法的理论体系。2018年人类命运共同体理念被写进《中国共产党章程》和《中华人民共和国宪法》，在丰富中国国内法治体系内容的同时，也成为完善国际法理论体系的标志，为当代国际法的发展带来新的动力，也为国际法理论研究指明了方向。④ 中国需要在推动国际法理论和实践发展的基础上，构建中国特色的国际法话语体系，完善国际法的中国理论体系。

其四，指明了国际法的发展方向。传统国际法以国家利益为本位，忽视了个体和人类整体利益，造成了地区之间冲突。人类命运共同体理念超越国家单方的价值来看世界共同价值，不认为国家利益是各国作为国际法

---

① 李赞：《建设人类命运共同体的国际法原理与路径》，《国际法研究》2016年第6期。

② 张辉：《人类命运共同体：国际法社会基础理论的当代发展》，《中国社会科学》2018年第5期。

③ 李德顺：《人类命运共同体理念的基础和意义》，《领导科学论坛》2017年第11期。

④ 黄进：《这是国际法学人大有可为的时代》，《人民日报》2019年4月17日第17版。

主体的当然以及终极追求。① 这样，需要转变国际法的发展方向，确保将人类整体利益始终作为各国发展的考量因素。而实现上述目标，有赖于民主立法、善意（bona fide）遵约和公正司法的有机统一。

其五，提供了国际法治改革的根本遵循。各国要将人类命运共同体理念始终贯穿于法治建设与改革的各个环节。同时，只有在真正平等、相互尊重、取长补短、求同存异的基础上形成协商民主的氛围，才能真正做到共同推进国际法治，共同构建人类命运共同体。这一理念有助于促进对中国与世界关系的认知，有助于提升中国国际话语权和话语能力，有助于推动国际关系法治化。

其六，拓展了国际争端解决的新思维。应对传统和非传统安全威胁，要采取新方法。人类命运共同体理念提供了解决争端的新方法，将传统与现代纠纷解决机制结合起来，将协商、调解、仲裁、诉讼等方法有机结合。将非诉讼方法运用到国际争端预防和解决中，有利于促进"一带一路"建设和"区域命运共同体"发展。新方法、新举措充分体现了人类命运共同体理念站在人类真理和道义的制高点上，是化解世界冲突、管控国家分歧的"定海神针"，是利用新机制解决人类整体发展中纠纷的中国贡献。

二 人类命运共同体理念对国际法诚信理论的发展

诚信是人类命运共同体理念的必然要求和内在组成部分，作为破解国际治理赤字的金钥匙，促进了国际法诚信理论的发展。

（一）国际法的内在道德——多边主义与诚信的契合

1. 诚信是人类命运共同体中的重要社会资本

作为一种社会资本，② 诚信在人类发展和国际社会形成中发挥着至关

---

① 罗欢欣：《人类命运共同体思想对国际法的理念创新——与"对一切的义务"的比较分析》，《国际法研究》2018年第2期。

② 徐淑芳：《诚信与社会资本》，《江西社会科学》2006年第12期。

重要的作用。社会资本，是指社会关系网以及与此网络相伴而生的互惠和信任的交往规范。诚信有助于增进人际信任与合作关系，提高社会福利水平。信任赤字和信任危机意味着较低的社会资本水平。自 20 世纪 60 年代中期开始，美国的社会资本呈崩溃趋势，美国的社会连接已经全面塌陷，贫富悬殊形成的阶级隔离已经严重危及"美国梦"。从 1964 年起，美国人开始越来越自私。与此相关，美国人彼此不再信任，美国人的社会信任度出现了急剧下降。不仅是美国，当今世界上其他许多国家也存在这一趋势。① 同样，美国人也不再信任其他国家的人，人类社会面临严重的信任赤字。世界前景似乎一片灰暗，需要重燃希望。

在人类命运共同体中，诚信具有道德性和制度性两种特性，具有维护国际社会秩序的独特价值。为破解国际治理中的信任赤字，需要增强人类命运共同体的整体意识，促进诚信系统的开放与发展，走整体、平衡发展的道路。诚信的道德性与制度性呈现出软属性和硬属性互补的特征，人类命运共同体中国家自律与他律的双向运行规律相契合。在人类命运共同体内，诚信正是借助于其道德性和制度性，发挥着调节人类命运共同体各子系统的独特价值。

合法性的诚信（fiduciary）标准与禁止单边主义原则相辅相成，二者结合构成国际法的内在道德。② 诚信原则作为国际法的基本原则，是评估国际公法行为人的行为是否具有规范、合法性的充分标准。该标准要求公共行为需具有代表性，即只有以行为相对人名义或代表行为相对人进行的行为，才是合法的。禁止单边主义作为一项法律原则，拒绝一方对地位平等的另一方享有发号施令的权力。利用诚信理论，可以对国际法规则展开令人信服的说明。

2. 诚信支持多边主义、反对单边主义

主张多边主义、禁止单边主义，是国际法在许多层面和广泛领域内的组织思想。在国家间层面，该原则是主权平等基本原则的基础，各国享有法律上的平等和独立，独立的平等者不得发号施令。因此，国际法禁止各

---

① ［美］罗伯特·帕特南：《社会资本研究 50 年》，孙竞超译，《探索与争鸣》2019 年第 3 期。

② Evan Fox-Decent and Evan J. Criddle, "The Internal Morality of International Law", *McGill Law Journal*, Vol. 63, No. 3 & 4, 2018, pp. 766-781.

国侵犯他国领土完整，禁止单边干涉他国内政。出现争端时，各国要寻求通过善意谈判予以解决，必要时，可以诉诸公正的第三方仲裁或裁断。①

在国内层面同样如此。按照康德的解释，禁止单边主义源于天生的平等自由权利，将个人置于他人意志之下是对平等自由的不当干涉。按照霍布斯的解释，单边主义违反了法律平等原则，足以证明其不正当性。在国内层面，个人和团体作为私主体彼此交互作用，禁止单边主义调整他们之间的横向关系。②

可以从两个方面理解禁止单边主义。一种解释是康德的原则，人不能被视为纯手段，只能被视为目的，这就是非工具性原则。另一种解释是非主宰的共和原则，即人不能屈从于他人随心所欲之下。康德的原则谴责对权力的实际滥用，还谴责使滥用权力成为可能的任意权力，无论该权力事实上是否曾被滥用。而按照柯瑞德等学者的观点，国际法承认并授权国家统治、代表人民，以保护人民不被当成工具、不被统治，从而保障其享有平等的自由和法律的平等。国家提供一种纵向的权力关系，以解决横向不正义问题。③

当然，国家也带来各种形式工具化和统治的严重风险。国际法即是为消解这些风险而生，使国家受保护平等自由和法律平等的各种法律制度约束，包括国际人权、人道和国际法紧急状态法律制度等。在这些法律制度中，禁止种族灭绝和酷刑等规范被视为强行法（jus cogens），这种规范不允许任何限制或克减（derogation）。强行法规范带来两大难题：一是用什么原则区分强行法和非强行法规范？二是如何区分国家的合法行为与构成滥权或统治的不当伪装行为？针对这些问题，依据诚信理论，合法性诚信标准应运而生。

强行规范禁止非以相对人名义或代表相对人通过的，顽固的滥权和主宰政策。例如，种族灭绝和酷刑就无法理解为是以受害人名义或代表受害人而通过的政策。相反，以公开坦白，如以香烟上的健康警告为依据对自

---

① Evan J Criddle & Evan Fox-Decent, "Mandatory Multilateralism", *Am. J. Intl. L.*, Vol. 113, No. 2, 2019, p. 272.

② Evan Fox-Decent and Evan J. Criddle, "The Internal Morality of International Law", *McGill Law Journal*, Vol. 63, No. 3 & 4, 2018, p. 766.

③ Evan Fox-Decent and Evan J. Criddle, "The Internal Morality of International Law", *McGill Law Journal*, Vol. 63, No. 3 & 4, 2018, p. 767.

由言论进行适度限制的政策，可以视为以相对人名义或代表相对人通过的政策。换言之，对某些人权，如言论自由进行公开合理的限制，符合有关公共职权的管理（stewardship）和代表（representation）诚信规范。这些规范包括廉洁（integrity）原则，要求反腐败；形式道德平等原则，要求同样的案件同样对待；关注（solicitude）原则，要求对合法利益的适当关注等。合法性的诚信标准是一种充分性标准，源于构成并调整代表的规范，这些规范也抵制工具化和主宰。这样，合法性的诚信标准就将强行规范与非强行规范区分开来。

合法性的诚信标准，其任务远不止于此。该标准本质上源于国际法律秩序所具有的诚信结构。总体上，国际法律秩序中存在一种诚信（fiduciary）授权规则，简称"诚信原则"，与有约必遵的授权规则类似，后者将国际协定转变成有约束力的条约。诚信原则授权各国拥有并使用公共权力，但是必须以相对人的名义或代表相对人行使权力。这种公权力的性质根本上是代表性的，其范围涵盖受相关职权管辖的人。因此，合法性的诚信标准除了源于构成并调整代表的反单边主义规范之外，还源于诚信原则对公权力有限的、有条件的授权。①

柯瑞德教授认为，诚信标准提供一种规范性标准，对给定政策的道德合法性进行评估。诚信标准具有概念性（conceptual）作用和规范性作用。诚信原则授权国家对地球表面享有联合管理权，但作为授权条件，要求国家作为人类的受信人（fiduciary）参与集体代位保护（surrogate protection）制度。

总之，合法性的诚信标准阐释的是一种代表性理想，是一种规范性、概念性的充分标准。虽然该标准通常关涉忠实于因代表性而产生的基于角色的规范，但也引发对法律与社会事实复杂互动的批判性评估。该标准假设，在满足标准的情况下，相关机关将有权力治理并代表其辖下的人民。鉴于单边主义是公权力机关声称要应对的问题，诚信标准为公权力机关设定了标准，只有满足这些标准才能成功完成其反单边主义的任务，并享有统治权。禁止单边主义与诚信标准相结合，构成国际法的内在道德。②

---

① Evan Fox-Decent and Evan J. Criddle, "The Internal Morality of International Law", *McGill Law Journal*, Vol. 63, No. 3 & 4, 2018, p. 768.

② Evan Fox-Decent and Evan J. Criddle, "The Internal Morality of International Law", *McGill Law Journal*, Vol. 63, No. 3 & 4, 2018, p. 769.

3. 诚信是国际法的内在道德

禁止单边主义与诚信原则是实在国际法法理结构的内在组成部分。这些原则形成国际法中的国家主权，违反这些原则，国家就无权声称自己享有合法权力。国际法具有"内在道德"，以富勒的法治观点为依据。富勒认为法律是一种社会秩序，该秩序利用权威指令"创造出人类理性存在必需的条件"①。在形成法治理论的过程中，富勒强调立法者需要尊重人的自主和理性。尊重人的自主和理性不仅是一种规范性的理想，而且是希望建立法律制度者的实践需要。法律作为一种社会秩序要想成功，公共机关就必须借助人的理性能力，使人们能够理解法律的要求和法律适用方式，以使人的行为与法律需要相符。只有当政府将法律主体视为理性、自决的行为者时，其命令才能得到遵守并培育法制文化。

富勒法律社会理论最重要的特点，是认为政府命令必须具有某些形式特征才能促成法律秩序的形成。不符合八项法治标准的命令是无效的，因为这种命令无法为人们的行为方向提供理性的依据。这八项法治标准同样具有道德影响，因为人们遵守公共机关命令的道德义务取决于该命令采取的形式能合理吸引人们守法。富勒认为，有效法律体系的这些形式特征在政府与公民之间就遵守法律规则确立了一种"交互作用"。②

国际职权的形成还需要某些实质标准。富勒理论背后的关切，即尊重人的自主和理性，也为主权诚信理论提供支持。为了被承认为法律，公共机关的命令必须提供遵守的合理依据。违反禁止单边主义或诚信标准的命令，无法提供这种理由。③ 这种命令无法合理解释为代表相对人采取的行动。因此，奴役、肆意拘留、酷刑和其他违反国际强行规范的行为破坏了必要的"交互作用"，无法在实践和道德上维持法律秩序。禁止单边主义和诚信原则构成国际法内在道德的实质需要。当国家授权酷刑或以其他方式违反国际法强行规范时，其命令就无法生成法律权力和义务。

4. 诚信培育国际法治

禁止单边主义和诚信原则与富勒的国际法内在道德观点相互补充。在

---

① Lon L Fuller, *The Morality of Law*, revised ed., New Haven: Yale University Press, 1969, p. 9.

② Evan Fox-Decent and Evan J. Criddle, "The Internal Morality of International Law", *McGill Law Journal*, Vol. 63, No. 3 & 4, 2018, p. 770.

③ 当然，遵守这些原则，并非产生法律义务的充分条件。

全球层面培育法治，意味着一方面要在国家与其他国际权力机关之间建立正当的关系，另一方面要在国家与相对人之间建立正当的关系。富勒承认，只有公共机关通过建立符合某些形式标准的规则，将人视为理性、自决行为者时，这些关系才能被理解为适用法治。在逻辑上，富勒的法治观还要求公共机关坚守对单边主义的禁止和诚信标准。要言之，国家和其他跨国机关将其辖下的人作为国际法律秩序的平等受益人对待，就是在培育和践行国际法治。[1]

国际法已经包含法治实质维度，只是国际法学界尚未充分认识到这一维度而已。国际法现在以关系方式界定主权，诚信标准在国家权力构成和分配中发挥着中心作用。诚信标准还就主权权力的行使提供评判标准，体现在与人权、武装冲突、移民、环境和其他国际关切领域有关的国际法强行规范上。国家主权的诚信理论提供一种概念性和规范性框架，紧盯国际法中公权机关的关系特性。将国家定性为受信人是有意义的，因为私法和国际法所调整的诚信关系均有共同的法理结构：一方对另外一方的法律或实际利益拥有受托权力时，产生了诚信关系。因此，国际法承认国家与其人民之间的关系为善意的诚信关系，但这种关系自成一格，相关法律要求（如人权、强行规范等）是为了回应该关系中出现的特定统治和工具化威胁。

梳理数百年的国际法理论和实践，可以发现国家主权的诚信概念已经深深扎根于国际法律秩序之中。虽然无人主张诚信理论能解释国际法的每一方面，但该理论确实能够最好地解释、说明国际法的某些构成要素，如强行规范和国家承认的新规则等，这些要素与主权乃不受法律约束的绝对、超级权力的传统概念并不相容。[2] 国际法的合理证成文化通过促进公开、清晰、连贯、稳定与和谐，有助于形成富勒式的法律秩序。需要说明的是，遵守诚信标准虽然是合法国家权力的必要条件，但在国家违反禁止单边主义，通过军事侵略或殖民占领获得权力时，却不足以确定国家的合法性。将国际法的诚信理论与"法学人的政治心态"联系在一起，是没

---

[1] Evan J Criddle & Evan Fox-Decent, "Mandatory Multilateralism", *Am. J. Intl. L.*, Vol. 113, No. 2, 2019, p. 771.

[2] Evan Fox-Decent and Evan J. Criddle, "The Internal Morality of International Law", *McGill Law Journal*, Vol. 63, No. 3 & 4, 2018, p. 775.

错的。法学人心态的核心是履行对法治的承诺，诚信理论涉及的是法治在国际事务中的运行方式。正是基于这一承诺，将诚信标准定性为"国际法宪法"的组成部分，同时强调国际法的宪法化，用科斯肯涅米的话来说，与其说是一个"建筑项目"，不如说是一个"道德和政治重建"的解放项目。①

同富勒的法治观点一样，诚信理论的"主要吸引力"是国际法律人的"托管意识"和"匠人的骄傲"。② 法律人依靠专业训练和作用，最适合培育并保障法治。因此，法治要在国际事务中成功，就要依赖国际法律人承认其不仅是客户的支持者和顾问，还是法治的守护人和人类的受信人。③

将权力纳入"法治"和法律人之治，并非国际社会向好的唯一方式。④ 要想取得真正的进步，国际共同体还必须培育实施法律的政治文化和制度，建立所有人都享有安全和平等自由的全球社会。毕竟，国际法律人推广国际法治文化所做的努力，其对全球正义事业的重要性，可能不及外交官、公务员、社会活动家和人道主义者在培育全球主义政治和道德文化、设计制度、推出经济改革中所开展的工作，这些工作反映了对国内外贫穷无权者的同情、包容和仁慈。⑤

虽然如此，国际法在建立全球公正秩序中发挥重要作用，这一点毫无疑问。正如富勒所言，法律是一种社会机制，政治界据此确认，人人都有权作为自主、自决的行为者而受到尊重。法律通过富勒确认的形式法律规范特征在一定程度上完成这一使命。然而，富勒的八项法治标准并未穷尽法制的要求。国际法的内在道德还要求公权力机关通过遵守对单边主义的

---

① Martti Koskenniemi, "Constitutionalism as Mindset: Reflection on Kantian Themes About International Law and Globalization", *Theoretical Inquiries*, Vol. 8, No. 1, 2007, p. 18.

② Lon L Fuller, *The Morality of Law*, revised ed., New Haven: Yale University Press, 1969, pp. 5-6.

③ See Evan J Criddle & Evan Fox-Decent, "Guardians of Legal Order: The Dual Commissions of Public Fiduciaries", in Evan J Criddle et al., eds., *Fiduciary Government*, Cambridge: Cambridge University Press, 2018.

④ Seth Davis, "The Private Law State", *McGill Law Journal*, Vol. 63, No. 3&4, 2018, p. 759.

⑤ See Samuel Moyn, *Not Enough: Human Rights in an Unequal World*, Cambridge, MA: Harvard University Press, 2018.

禁止和诚信标准,尊重人作为理性、自主的行为者。国际法内在道德的这些特征,在实在国际法中随处可见。这些特征提供了一种规范性、概念性的结构,各民族和个人可以通过这一结构,在平等自由的基础上,走向更加公正的国际秩序。

(二) 人类命运共同体理念与国际法诚信理论的契合

作为国际法的内在道德基础,诚信理论和诚信原则反对单边主义,为人类命运共同体理念提供理论支持。人类命运共同体理念,也推动着国际法诚信理论的发展和创新。

1. 拓展了国际法中的诚信话语权

人类命运共同体理念是一种价值理念,也是新时代打造的具有鲜明中国特色的对外话语[①]和国际法治话语,为国际法中的诚信话语权[②]奠定了理论和现实基础。

强大国家的话语在每一时代都是世界上占主导地位的话语。话语权力与经济硬实力正相关,占主导地位的话语权不过是占统治地位的经济关系在国际话语场域的一种表现,经济硬实力的变化会或快或慢地导致话语权力的同向变化。[③] 话语权本质是意识形态。马克思、恩格斯在《德意志意识形态》中揭示了意识形态运动的规律:"统治阶级的思想在每一时代都是占统治地位的思想。……占统治地位的思想不过是占统治地位的物质关系在观念上的表现,不过是以思想的形式表现出来的占统治地位的物质关系。"[④] 同理,国家在国际经济法律中的话语权与其在全球经济中的力量也是正相关关系,全球政治上层建筑和全球意识形态的主导者与全球话语权力的主要操控者必然是经济大国。随着中国在全球经济实力的增长,中国的发展优势终将转化为国际话语优势。

在国际法律舞台上,话语权有自己的运行逻辑。话语的生命力源于话语的真理性,服从真理至上、内容为王的逻辑。而国际话语权则涉及国

[①] 秦龙、肖唤元:《人类命运共同体话语的多维考量》,《学术论坛》2018年第2期。

[②] 关于话语权与国际法关系的详细论述,参见 Leonard M. Hammer, *A Foucauldian Approach to International Law*, Hampshire: Ashgate Publishing Limited, 2007。

[③] 陈曙光:《论国际舞台上的话语权力逻辑》,《马克思主义与现实》2021年第1期。

[④] 《马克思恩格斯选集》第1卷,人民出版社1995年版,第178页。

力、内容、价值三大要素，服从实力、真理和道义三大原则。①

实力原则表现为"以力服人"的话语逻辑，话语权的争夺最终取决于国力的强弱、力量的大小。在西方操控的国际体系中，边缘国家在国际事务中并无话语权。真理原则，关乎说的对不对，表现为"以理服人"的话语逻辑。当今，马克思主义之所以成为世界性的话语体系，关键在于它依然是我们观察时代、解读时代、引领时代无法绕开的分析工具。② 道义原则，关乎话语的正义立场、意义世界，关乎说的是不是好，表现为"以德化人"的话语逻辑。当今，中国主张义利兼顾、义利兼得，倡导人类命运共同体立场，倡导正确义利观。相反，有些西方国家强调本国优先、本国第一，奉行你输我赢的丛林法则，肆意"退群"、废约、筑墙，置人类公义于不顾，这是一种狭隘的民族主义道德观。

实力原则、真理原则、道义原则，三者统一是理想，二律背反是常态。从国际政治理论来说，现实主义者信仰实力，理想主义者崇尚道义。现实中，有些西方大国掌握了绝对实力就不讲道理、不顾道义，有些国家明明占据了真理制高点和道义制高点，却被国际社会置若罔闻、视若空气。国际话语权博弈的事实一再告诉我们，公理和道义"在国际政治中扮演一个相对较小的角色"，"强权即公理"常常是国际政治现实。国际话语权的大小，更多取决于硬实力，而不是取决于真理和道义。在国际话语场，实力原则凌驾于真理原则和道义原则之上，真理原则、道义原则往往屈从于实力原则。所谓拿实力来说话、弱国无外交、"真理只在炮舰的射程之内"，说的都是这个道理。道义主张常"被当作宣传语言，用以掩盖见不得人的动机"③。特定环境下，道义往往苍白无力。20世纪中叶，国际话语的主导权由英国全面转移到美国。美国掌握了全球最大的话语权，但这绝不意味着美国掌握了全球所有重大问题的真理权，更不代表美国的主张都是正义的。美国非常清楚，"美国需要走进这个不仅要靠原则，更要靠实力主导事态发展的世界"④。比如美国的很多论调主导着全球诸多议题的讨论，亨廷顿的"文明冲突论"长期主导着不同文明交往的国际

---

① 陈曙光：《论国际舞台上的话语权力逻辑》，《马克思主义与现实》2021年第1期。
② 陈曙光：《理论与话语》，《中共中央党校学报》2018年第3期。
③ ［美］小约瑟夫·奈、［加拿大］韦尔奇：《理解全球冲突与合作：理论与历史》，张小明译，上海人民出版社2018年版，第29页。
④ ［美］基辛格：《世界秩序》，胡利平等译，中信出版社2015年版，第323页。

关系认知,福山的"历史终结论"一度垄断了不同社会制度前途命运的话语权,索罗金的"社会趋同论"严重干扰了世界各国对两条道路走向的判断,艾利森的"修昔底德陷阱"几乎被视为大国关系的"铁律","霸权稳定论"是霸权主义横行世界的吹鼓手。现在,"新冷战""脱钩论""实验室泄露病毒"阴谋论等仍然主导着全球主流话语。这些论断强词夺理,在国际上却不乏信众,究其原因,实力就是话语权。

话语天生具有越界的本能、扩张的冲动、殖民的欲望。话语越界,归根结底是资本驱动的结果。马克思认为,资产阶级极度伪善、野蛮、卑鄙,其目的不是将野蛮民族纳入文明世界,其行动"完全是受极卑鄙的利益驱使"[①],他们用"最卑鄙的手段——偷盗、强制、欺诈、背信——毁坏了古老的没有阶级的氏族社会,把它引向崩溃"[②]。美国文化帝国主义有两个主要目标,经济上要为其文化商品攫取市场,政治上则是要通过改造大众意识来建立霸权。

21 世纪,不终结西方话语霸权,就不可能走向全球正义的世界新秩序。中华人民共和国成立以来,我们党先后提出了和平共处五项原则、"三个世界"划分理论、"和平发展"时代主题论、"建立公正合理的国际政治经济新秩序"以及"建设持久和平、共同繁荣的和谐世界"的中国主张,这是中国话语对人类文明的贡献。党的十八大以来,我们又提出了"一带一路"倡议、全人类共同价值、正确义利观、全球治理观、新安全观、发展观、新型国际关系、新型大国关系、构建人类命运共同体等中国话语,为人类文明做出了新的更大贡献。

福柯认为,国家是话语的产物,而不是统一整体的代表。[③] 因此,权力与所有形式的关系共存,国家只是这种权力关系的一个方面,其他主体的行为在可能受到影响的同时,也产生影响。国家主权经历着不断的变化和转移,更像话语和知识形成的社会产物,而不是作为一种有确定地界的实体而存在。[④] 面临国际组织和非政府组织的外部影响力,以及各种政治

[①] 《马克思恩格斯文集》第 2 卷,人民出版社 2009 年版,第 683 页。

[②] 《马克思恩格斯文集》第 4 卷,人民出版社 2009 年版,第 113 页。

[③] Leonard M. Hammer, *A Foucauldian Approach to International Law*, Hampshire: Ashgate Publishing Limited, 2007, p. 3.

[④] Smith, S., "Globalization and the Governance of Space: a critique of Krasner on Sovereignty", *Intl. Rel. of the Asia Pacific*, Vol. 1, 2001, p. 199.

影响力，当今的国际体系尤其如此。各种不同的社会行为者分散着权力，导致由不同社会身份构成的政治领域出现碎片化。① 福柯提出的权力观念及其与知识的关系，有助于非国家主体组成的国际子体系理解周边事件，同时不一定要放弃国家和国际框架。相反，按照福柯的描述方法，其目标是考察一种理解框架，在考虑各种不同观点的同时，强化国际体系。

因此，考察福柯的法律观，立即面临一个观念，评估法律的影响力不只是一个国家主权者命令或实际力量的问题，更像是各种社会力量之间的一种抵抗。② 法律不是一种发布决定或指令的最终结果，而是社会权力体系的组成部分。虽然法律提供某种形式的行为框架，并像其他社会影响力一样协助形成惩戒权力，但法律并不凌驾于惩戒权力之上。法律像其他社会现象或影响力一样，不仅仅是一种预防机制，而且还维持着某些形式的创造和生产面向。③ 因此，需要考察法律的惩戒作用和统治机关施加的惩戒。法律维持某种形式的影响力，而这种影响力又是个人和其他行为者交互作用及其获得影响力的方式相关的更大框架的组成部分。

法律不是在国家与个人之间发挥监管作用，而是塑造个人这一过程的组成部分，并允许个人做出反应以进一步塑造和影响社会过程。在国际背景下，法律的作用同样更像是一个过程导向，而不是监管作用，尤其是各种影响力的存在和执行方法的缺失表明国际法的作用完全不同，无法与国内法体系相比。在福柯看来，治理术（governmentality）超越主权国家，包括根据话语形态组织社会秩序的各种关系，而话语形态又在特定领域产生真理的效果。话语观念是国际框架的一个重要因素，因为话语不是源于主体，主体在话语领域充当许多角色。在国际法和国际关系中，权力是一种主观观念，其源头在国家之外的层面。

虽然权力在微观层面并不稳定，但却是一个在所有社会关系中流通的

---

① Newman, S. "The Place of Power in Political Discourse", *Intl. Pol. Science Rev.*, Vol. 25, 2004, p. 139.

② Baxter, H., "Bringing Foucault into Law and Law into Foucault", *Stanford Law Review*, Vol. 48, 1996, p. 453.

③ Tadros, V., "Between Governance and Discipline: The Law and Michel Foucault", *Oxford Journal of Legal Studies*, Vol. 18, 1998, pp. 77-78.

常量。福柯认为,权力的存在就是一系列多点抵抗,① 这些抵抗有助于识别权力。权力是一种关系问题,取决于多重目标和影响力。现在,权力散布在广泛的互动层面,包括国家、国际组织、非政府组织和个人。这一重要论断表明,国际体系必须面对影响着国家的各种内外因素的作用和相关性,还要考虑全球化体系框架内的各种地方性发展。国际法的创建,要承认各种不同的影响因素,有时国家并非中心,只是整个发展的组成部分。

随着新信息技术的出现和技术手段的变化,出现新的权力模式。结果,权力不仅仅作为国家规定的惩戒机制发挥作用,本身还成为分配货物以满足相关行为者既定目的这一过程的组成部分。权力是人的行为总体条件的组成部分,在周边各种影响力和社会互动的影响下,权力也受以前和当下人的行为限定条件的影响。

权力分布在社会网络之间,无所不在。主张依赖某一项权利或某种形式的新国际规范,反映的是不同实体对权力的认可。福柯认为,在复杂的社会关系中,权力生产现实;权力生产着客体的领域和真理的仪式。② 权力与知识之间的联系,源于一种认识,即知识的作用产生于话语,形成有关我们物质现实的一种永远变动的观念,强迫人们对知识创造的各种变化进行解释。社会获得知识,也将创造出相关各方的一种更加深邃的话语。知识的作用不仅是充当向其他行为者传播信息的手段,而且知识还发挥一种重大的功能,通过改变人们对某一事件的理解和解释,从而对人的行动产生重大影响。由于权力无所不在,具有如此深远的影响,权力会侵入生活的所有领域,影响人们的思想和获得知识的方式。作为知识与权力之间这种联系的结果,权力不再是一种对特定群体施加超级形式控制的权力,而是创造出一种由相关各方之间相互影响、相互变化组成的相互联系的系统。

因此,作为一种理解形式的知识与作为一种行使该知识手段的权力之间,存在内在的关系。福柯认为,权力不是一个展示人拥有什么权力能力的问题。权力也不是一种零和游戏,最强者留下来或产生最大的影响。重

---

① 福柯引用克劳塞维茨(Clausewitz)的观点,认为根据当下世界的结构,政治是战争的延续。

② Foucault, M., *Discipline and Punish: The Birth of the Prison*, N. Y.: Pantheon Books, 1977, p. 194.

要的是对特定目标使用权力的方式。① 福柯将这一方法同知识连接在一起，原因在于随着我们获得更多的可支配知识，我们获得了更大的控制能力。正因如此，新的知识形式创造出新的权力形式。②

需要考虑的是，这种意义上的权力是如何形成的。为什么人们将一种思想理解为真理，这比理解权力的最终使用更重要。社会话语在权力的网路中运行，以产生影响和变化。人们普遍认为，各种社会力量将借助自己的地位肯定自己，损害着其他人。例如，国家一般掌握较大的控制能力。然而在福柯看来，权力更像是一种侵入工具，而不是一种征服，因为组成权力的主体实际上是整个机制的组成部分。③ 权力不是一种主客体之间的两分法，而是一个使用权力的问题，作为随权力的潮流波动的整个过程的组成部分。福柯的权力方法论，本质上依赖于国际法中发现的持续张力和内在冲突，不创造一种限制性的两分框架。某种形式的客观规范与施加主观国家利益之间的紧张关系并非中心焦点，甚至不是要考虑的理由。相反，要采取一种侵入方式，考虑同一层面的各种行为人和影响，说明其话语发展形式和持续、永远变动的关系。客观标准或主观感觉的目标并不是法律或规范的界分点。也就是说，福柯认为关键的分析不是各要素的结构性相互关系，而是认识到各要素被嵌入关系结构之中，是一种相互构成和交互作用，尤其是考虑权力有不同的来源。

考察各实体在国际体系中的交互方式，不仅包括国家与国家之间的关系和各种规范的形成，还包括与个人和国际组织等其他实体之间的互动，可以发现采取侵入式的方法似乎大有益处。这样，不仅可以纳入不同的观点，还承认不同行为者的作用和影响。采用这一方法的目的，主要不是对法律本身进行分辨，而是解释不同行为者的持续话语所见证的持续变化和发展。国际法理论中发现的问题主要是客观规范性和具体性，自然反映在国际法的形成和适用中。

国际体系已经变成复杂而分散的活动和关系网络，牵涉不同行为者的

---

① Pasquino, P., "Political Theory of War and Peace: Foucault and the History of Modern Political theory", *Economy and Society*, Vol. 22, 1993, pp. 77-88.

② Rouse J., "Power/Knowledge", in Gutting, G. ed., *The Cambridge Companion to Foucault*, Cambridge: Cambridge University Press, 1994, p. 96.

③ McHoul, A. and Grace, W., *A Foucault Primer: Discourse, Power and the Subject*, N. Y.: New York University Press, 1997.

各种影响。发声和影响政策的能力非常实在,表明福柯对权力和知识的理解是恰当的起点,至少可以提供一种理解国际体系的情景。本质上,福柯提供了各种分析工具和不同的解释,作为考虑替代方法的手段,这些替代方法虽然不一定能够提供现成的答案,但却包含了国际体系中内在的斗争和抵抗。

福柯的话语权理论可以用于分析国际法的不同方面,包括借国际法上的承认解释国与国之间的关系,借习惯解释国际法渊源及其发展的观念,借宗教和信仰自由解释人权和国家与其他行为者之间的关系,借考虑非政府组织和全球民间社会解释替代范式的出现以及人类安全问题。从福柯视角考察这些问题,可以在变革背景下阐释各参与主体之间的关系方式,尤其是说明话语的重要性和权力与知识在运行中的作用。采用侵入式的方法,能够增加包容性,缓解社会紧张和冲突。福柯的视角至少反映了这些方法,有助于改善现行人权制度。利用福柯的方法还能够发展和巩固人类安全,承认对不断变化和评估的需要以突出外部边界,而不是寻求规范性解决方案。福柯式的方法打开了承认公司是国际法主体的大门,提供了考虑其在国际体系中积极作用的手段。

在更广意义上,福柯在国际法的其他领域同样有价值。例如,考虑国家主体之外维护运营设施的司法类机构,如国际刑事法院,有助于增强其职能。同样,尤其是随着政治和法律在联合国国际法院(ICJ)这类所谓中立机构中进一步交织在一起,可以通过福柯方法对各种不同国际组织的运行方式进行更好的考察。

随着通信能力的增长和信息的快速获取,不同学科开始出现自然融合。这些能力方面的变化明显波及所有国际主体,以求应对变化的替代框架。然而,国际话语权通常仅限于自由主义传统,将民主制度作为国家、国际组织和非国家主体的唯一合法形式。国家利益和政治话语往往隐藏在所谓利他主义运动背后,不考虑所提出诉求的实际,也不考虑自由主义传统及其资本主义市场导向加固西方导向方法的方式。因此,有必要采取替代性的权力方法,以改变这一趋势,不是要阉割国际体系,而是预防不同国际和国家主体存在的,可能导致国际体系崩塌的不安和幻灭。重要的是提供观念,兼容更加广泛的观点和思想,而不是径直排除与所理解的实质上与主观解释相连的合法体系具有内在矛盾的认知。采用福柯式方法有助于推进国际话语,考虑某种形式的设计,借此掌控国际体系,并走向新的广度和高度。虽然对于本质上追求某种形式确定性的国际体系而言，这是一项并不容易完成的任务，但福柯的话仍然值得记在心中："不是为已经存在的东西提供依据，不是用粗线条重描已有的图画……人们必须走出熟悉的边界，远离自己已经习惯的确定性，走向尚未标记的土地和无法预知的结论。"

福柯有关权力、知识和国际法之间关系的话语权方法论，有利于传播国际法中的人类命运共同体和全人类共同价值话语权。如今，针对西方文化霸权①、文化殖民以及文明优越论、文明冲突论②，中国提出了以全人类共同价值为主体内容，重构世界文明格局的中国话语。这些中国主张为解决人类共同难题贡献了中国智慧，为建设美好世界提供了中国方案。中国的发展优势终将转化为话语优势，美美与共的国际话语时代终将到来。

针对全球治理"四大赤字"，中国提出了构建人类命运共同体的中国话语。其中，针对治理赤字，中国提出了坚持公正合理、推进全球治理规则民主化的中国话语。针对和平赤字，中国提出了坚持同舟共济、秉持共同、综合、合作、可持续的新安全观，摒弃冷战思维、零和博弈的旧思维，摒弃弱肉强食的丛林法则，以合作谋和平、以合作促安全，坚持以和平方式解决争端，反对动辄使用武力或以武力相威胁，反对为一己之私挑起事端、激化矛盾，反对以邻为壑、损人利己，各国一起走和平发展道路，实现世界长久和平的中国话语。针对发展赤字，中国提出了坚持互利共赢，打造开放共赢的合作模式；坚持公平包容，打造平衡普惠的发展模式，让世界各国人民共享经济全球化发展成果；支持对世界贸易组织（WTO）进行必要的改革，更好建设开放型世界经济；坚持"一带一路"倡议下的国际经济合作理念和多边主义等中国话语。

尤其是针对信任赤字，中国提出了"坚持互商互谅""坚持正确义利观，以义为先、义利兼顾，构建命运与共的全球伙伴关系"的中国话语。中国话语要求加强不同文明交流对话，让各国人民相知相亲、互信互敬、相互信任，并肩前行。"信任赤字"实际上点明了国际关系的问题所在，

---

① 关于葛兰西文化霸权理论的分析，参见郭赫男、刘亚斌《葛兰西的"文化霸权"理论溯源及其对它的误读》，《社会科学家》2008 年第 6 期。

② Huntingdon, S., "The Clash of Civilization", *Foreign Affairs*, Vol. 72, No. 3, July/August 1993, pp. 22-49.

作为解决其他三大"赤字"的方向和基础,要把互尊互信挺在前头,把对话协商利用起来,通过坦诚深入的对话沟通,增进战略互信。可见,人类命运共同体话语体系,拓展了国际法中诚信话语权的内涵和外延。

2. 对国际法诚信理论的创新

人类命运共同体理念坚持共商共建共享的共同原则,体现着和平、国家主权、安全等人类共同价值观,推动着"合作共赢""包容""诚信"等成为新的国际法价值。要坚持中国的价值观,坚持走和平发展的道路,决不放弃我们的正当权益,决不牺牲国家核心利益;坚持国际关系民主化,坚持和平共处五项原则,坚持国际地位平等,坚持世界的命运必须由各国人民共同掌握,维护国际公平正义,特别是要为广大发展中国家说话;积极推进"一带一路"建设,加强同世界各国的交流合作,积极参与、引领全球治理体系的变革和发展,打造更加完善的全球伙伴关系网络,为世界贡献更多中国智慧、中国方案、中国力量。[①] 中国倡导人类命运共同体意识,中国人历来"以至诚为道,以至仁为德";坚持对话协商,支持开放、透明、包容、非歧视性的多边贸易体制,构建开放型世界经济;贸易保护主义损人不利己;不同国家的政党应该增进互信、加强沟通。构建人类命运共同体的倡议,已经写进联合国重要文件。[②] 习近平总书记有关人类命运共同体理念的论述,体现着对国际法话语建设的新贡献,尤其是丰富了国际法中的诚信理论,也实现了诸多创新。

随着中国在全球经济实力的增加和经济地位的提升,以美国为首的部分西方国家已经形成打压、围堵中国的共识。新冠肺炎疫情暴发以来,以美国为代表的西方部分政客为了转移国内矛盾、谋取国内、国际上的政治利益,对中国相继发起话语战、贸易摩擦和法律战,打出一套组合拳。疫情期间,美国政府在对中国发起贸易摩擦的同时,利用话语权优势地位抹黑、污名化中国,随即在国内、国际层面对中国发起了法律战。新冠肺炎疫情暴发一开始,美国就在启动国内法律手段寻求制裁中国的同时,模仿2001年"9·11"事件后通过联合国安理会决议引导全球发起反恐战争的

---

① 中共中央党史和文献研究院:《习近平关于中国特色大国外交论述摘编》,中央文献出版社2020年版,第17—23页。

② 中共中央党史和文献研究院:《习近平关于中国特色大国外交论述摘编》,中央文献出版社2020年版,第35—55页。

做法，在抹黑中国的话语基础上，企图让安理会通过"中国武汉病毒"相关的决议，为在国际层面制裁中国提供法律依据，对中国启动国际紧急和危机治理模式。随后，又在谎言话语的基础上，拉帮结派，以中国"强制劳动"和违法人权为借口，联合欧盟发起对中国的制裁。这一切，再次显示强权即真理、谎言即真理的话语逻辑。

面对美国及其几个西方盟友基于谎言对中国发起的法律战，中国政府进行了针锋相对的艰苦斗争。在联合国层面，中国代表团联合盟友，揭露美国为首西方国家有关疫情溯源的谎言，挫败了其在安理会通过相关决议和立法的阴谋。在国内层面，针对美国为代表的西方国家操弄话语权对中国发起的制裁和相关立法，2021年1月9日，商务部公布《阻断外国法律与措施不当域外适用办法》，对于违反国际法、不当禁止或者限制中国企业的行为，一方面不承认、不执行、不遵守相关外国法律和措施禁令；另一方面需要依据实际情况，实行反制裁措施，以维护中国企业在海外的合法权益。面对西方加剧的制裁与围堵，中国加快推进涉外领域立法。2021年6月10日，第十三届全国人民代表大会常务委员会第二十九次会议通过《中华人民共和国反外国制裁法》。中美战略竞争已经全面进入"法律战"阶段。

面对美国及其几个西方盟友的欺骗和谎言，面对这些欺骗和谎言制造的全球信任赤字，习近平主席多次展开论述，丰富了人类命运共同体理念在国际法中的理论内涵和实践价值。2021年，习近平主席在博鳌论坛年会视频演讲中再次强调，人类社会面临的信任赤字等四大赤字有增无减，严重影响国际安全、秩序和发展。

信任缺失在更广的意义上讲，本质是诚信问题。诚信是中华民族传统道德的重要内容。党的十八大以来，习近平就诚信问题发表了一系列重要讲话，提出了新观点。习近平在不同场合，从政治、经济、社会和国际交往等方面揭示和拓展了诚信的时代价值。

随着经济全球化的深入发展，世界各国的相互联系日益加深，人类成为一个紧密联系的"命运共同体"。

习近平总书记敏锐地把握了这一时代特点，将诚信的价值功能从提高国民的道德素质、促进国内社会和谐稳定拓展到维护国家形象和国家利益层面，力促诚信成为国际交往的重要准则。党的十八大以来，我国致力于在国际社会中塑造文明、和谐、有活力、负责任、开放的世界大国形象。① 在国际交往中,习近平主席积极宣传中华民族的传统诚信美德,多次强调要遵守诚信原则。习近平主席 2013 年访问印度尼西亚时指出,"坚持讲信修睦。人与人交往在于言而有信,国与国相处讲究诚信为本"。在周边外交工作座谈会上,习近平主席指出,"我国周边外交的基本方针,就是坚持与邻为善、以邻为伴,坚持睦邻、安邻、富邻,突出体现亲、诚、惠、容的理念"。"诚",就是"诚心诚意对待周边国家,争取更多朋友和伙伴"②。

习近平主席 2014 年出访韩国时强调,"'信'在东方价值观中具有重要地位,'无信不立'是中韩两国人民共同恪守的理念。中韩以信相交,确保了两国关系长期健康发展的牢固基础"③。习近平主席提出了亲诚惠容的周边外交理念。④ "推进'一带一路'建设,要诚心诚意对待沿线国家,做到言必信、行必果。"⑤ "中国将继续通过平等协商处理矛盾和分歧,以最大诚意和耐心,坚持对话解决分歧。"⑥ "要坚持正确的义利观,做到义利兼顾,要讲信义、重情义、扬正义、树道义。"⑦ "各国有责任维护国际法治权威,依法行使权利,善意履行义务""国际规则应该由各国共同书写"。⑧ "我们应该共同推动国际关系法治化。推动各方在国际关系中遵守国际法和公认的国际关系基本原则,用统一适用的规则来明是非、

---

① 李平、张芳霖:《论习近平诚信观:渊源·内涵·特点》,《江西财经大学学报》2020 年第 5 期。

② 习近平:《为我国发展争取良好周边环境 推动我国发展更多惠及周边国家》,《人民日报》2013 年 10 月 26 日第 1 版。

③ 习近平:《习近平在韩媒发表署名文章——风好正扬帆》,《人民日报》2014 年 7 月 4 日第 1 版。

④ 中共中央党史和文献研究院:《习近平谈"一带一路"》,中央文献出版社 2018 年版,第 43 页。

⑤ 中共中央党史和文献研究院:《习近平谈"一带一路"》,中央文献出版社 2018 年版,第 44 页。

⑥ 中共中央党史和文献研究院:《习近平谈"一带一路"》,中央文献出版社 2018 年版,第 126 页。

⑦ 中共中央党史和文献研究院:《习近平谈"一带一路"》,中央文献出版社 2018 年版,第 131 页。

⑧ 中共中央党史和文献研究院:《习近平谈"一带一路"》,中央文献出版社 2018 年版,第 239 页。

促和平、谋发展。""适用法律不能有双重标准""反对歪曲国际法""反对以'法治'之名性侵害他国正当权益、破坏和平稳定之实"。①

2015年4月21日,习近平主席在巴基斯坦议会演讲时提出,中国将坚持合作共赢的理念,坚持按照亲诚惠容的理念,深化同周边国家的互利合作,永远做发展中国家的可靠朋友和真诚伙伴。② 中国始终是国际秩序的维护者,支持扩大发展中国家在国际事务中的代表性和发言权;应高举联合国这面多边主义的旗帜。习近平主席的讲话在国际层面为树立中国"以诚待人、以信为本"的大国形象产生了积极影响,也为推进"一带一路"倡议、亚投行建设、丝路基金建设、构建人类命运共同体打下坚实基础,更为新形势下解决各类国际摩擦和纠纷亮明了中国态度。

国之信,重九鼎,诚信是国与国交往的基石。在改革开放再出发的新时代背景下,诚信在全球外交中的重要价值日益彰显。作为一种国际社会资本,诚信是国与国之间正常交往、维系战略合作伙伴关系、构建人类命运共同体的前提条件。在国际交往中坚持诚信原则,才能赢得国际社会的尊重,彰显大国形象。习近平的诚信外交新思路,体现了我国积极推动建立国际政治经济新秩序的真诚愿望。

习近平以宽广的国际视野和博大的政治胸怀将诚信建设纳入推进"人类命运共同体"构建的具体实践中,高度重视诚信在国际交往中的意义和地位,积极推进大国诚信外交。诚信作为新时代中国文化软实力的核心和全人类共同价值的重要组成部分,为国际关系的发展提供了正确的价值引领。中华民族的伟大复兴离不开更深层次地参与和引领国际合作与竞争,而诚信作为进入国际市场的通行证,正发挥着越来越重要的作用。③

---

① 中共中央党史和文献研究院:《习近平谈"一带一路"》,中央文献出版社2018年版,第209页。

② 中共中央党史和文献研究院:《习近平谈"一带一路"》,中央文献出版社2018年版,第72页。

③ 张彧:《习近平关于诚信建设重要论述的逻辑起点、价值体现与实现路径》,《太原理工大学学报》(社会科学版)2020年第3期。

三 人类命运共同体理念下国际经济规则建构的诚信理论架构

以上分析表明,习近平对人类命运共同体理念和全人类共同价值下诚信法治的论述主要包含信用、善意、诚信、信义和信任等不同概念。作为正式的法律术语,相关概念包括诚信、善意原则和信用。

(一)国际经济规则建构中诚信和诚信原则的含义

诚信与信用是两个相关联又有区别的概念。诚信反映的是主体诚实守信的品德和人格,信用体现的是主体双方建立的一种社会关系,虽然在经济交易中两者都涉及实际利益,但各自的着力点不同。诚信多属于道德范畴,是主体的主观意识,是价值观,法律中主要体现为作为帝王条款的诚信原则;信用则主要涉及信用信息,客观色彩更浓。

马克思指出,资本主义信用制度"在它最简单的表现上,是一种适当或不适当的信任,它使一个人把一定的资本额,以货币形式或估计为一定货币价值的商品形式,委托给另一个人,这个资本额到期一定要偿还"[①]。可见,资本主义信用制度首先是一个道德问题。此外,由于社会存在决定了包括道德在内的所有社会意识,所以信用还是一个经济问题。"因为阶级社会中道德始终是阶级的道德,信用制度虽极大地推动了资本主义生产方式的发展,可在资本疯狂追逐利润的作用下,资本主义社会必然会存在大量弄虚作假、暴力掠夺等不诚信现象。"[②] 我国领导人讲话和政策文件中,往往在相互包含的意义上使用诚信和信用这两个概念和范畴,不做法律意义上的区分。

诚信原则适用于国内法和国际法,是世界各大法系和各国法律共有的一般法律原则。广义诚信原则包括主要适用于平等主体间权利义务关系的

[①] 马克思引用了英国经济学家图克·托马斯《对货币流通规律的研究》一书中的一段话。马克思:《资本论》(第三卷),人民出版社1975年版,第452页。

[②] 《马克思恩格斯文集》第2卷,人民出版社2009年版,第621页。

善意原则和适用于权力领域的诚信（fiduciary）原则①两大组成部分。权利—权力的双重构造是基本法律概念的中枢,②而广义诚信原则恰好是统辖权利—权力双重构造的核心。我国大多数国际法学者往往只关注善意原则，很少关注源于信托理念的权力诚信原则。权力诚信原则要求各国和国际社会共同承担确保人类安全和基本人权的责任。按照国家主权的诚信概念，国家有责任保护其人民不受滥用权力的损害，国际法对人类基本权利的保护应当在保证国家主权的前提下展开。诚信原则对国家的承认、军事占领、国际人权保护等领域的国际法理论和实践也具有重要指导意义。

诚信原则广泛适用于以公司证券法为代表的私法领域和宪法、行政法等公法领域，不仅是各国国内法和区域法的基础，而且构成国际公法、国际私法和国际经济法的核心。③ 然而，虽然诚信原则在欧美学者的国际法著作、教材或论文中已有比较广泛的论述和传播，但是在中国的国际法学界则鲜有系统的阐释。中国学者对于诚信原则的理解大多存在明显的狭隘性，缺乏系统、全面和深入的认识，与国际主流的观点存在一定距离。④

为此，曾令良教授专文对国际法中的诚信原则进行了较为系统的研究，⑤ 该文也是目前我国学者对国际法诚信原则进行的最为系统的研究。"中国学者应高度重视国际法中诚信原则的研究，以科学的态度在中国的国际法学话语体系中实事求是地体现和表达诚信原则的理念、价值、含义和意义，从而促使中国的国际法教学与研究在保持中国特色的同时，又能准确地反映国际法的精髓和规律，与世界主流的国际法研究相一致。"⑥

我国大多数国内法学者心目中的诚信原则实质上是善意原则；绝大多数国际法学者心目中的诚信和诚信原则实质上也是善意和善意原则，很少探讨权力领域的诚信原则。作为一般法律原则，国际法与国内法中的诚信原则在法理逻辑上是相通的。因此，本书有关诚信原则的一般理论同样适

---

① 如无特别说明，本书在后一意义上使用诚信原则。
② 刘杨：《基本法律概念的构建与诠释——以权利与权力的关系为重心》，《中国社会科学》2018年第9期。
③ 曾令良：《论诚信在国际法中的地位和适用》，《现代法学》2014年第4期。
④ 曾令良：《论诚信在国际法中的地位和适用》，《现代法学》2014年第4期。
⑤ 曾令良：《论诚信在国际法中的地位和适用》，《现代法学》2014年第4期。
⑥ 曾令良：《论诚信在国际法中的地位和适用》，《现代法学》2014年第4期。

用于国际法。[①]

我国法律语境中的诚信原则存在分裂，不仅体现为私法领域中诚信原则存在分裂的含义，而且还体现为私法领域的诚信原则与公法领域和权力领域的诚信原则有别。学界存在这种分裂和差别的原因是，没有区分诚信原则在英美法系中的两层含义：权利领域的善意原则和权力领域的诚信原则。[②] 我国公司法、证券法、行政法、宪法中的诚信原则与大多数学者所理解的民法诚信原则并非同一概念。此外，学界还有"信义原则"[③]之说。

中国民商法学者认为："诚实信用原则是指从事民事活动的民事主体在行使和履行义务时必须诚实，善意行使，不侵害他人和社会利益，履行义务信守承诺和法律规定，最终达到当事人之间的利益、当事人与社会之间利益平衡的基本原则。"[④] 这是大一统的诚信原则。有学者则指出诚信具有层次性特征，[⑤] 还有学者指出诚信原则具有最低、中庸和最高三个层次的要求。[⑥] 这种分层诚信说在承认统一诚信原则的前提下，指出了诚信原则中的不同行为标准，实质上是诚信原则分裂的另外一种表述。

可见，在私法领域，我国法学界对诚信原则和善意原则的界定存在分裂，名义上所说的诚信原则，有时实质上并非具有内在一致性的同一概念。立法、司法实践以及学者们眼中，诚信原则有时指善意原则，有时指权力诚信原则，有时两者兼而有之。

诚信原则的分裂，还表现为公法与私法领域的诚信原则在含义和功能上存在差异。有学者主张诚信原则应当作为行政法的法源之一。[⑦] 诚信原则在我国行政法规中渐渐得以确立。宪法本身是公权力领域的诚信法，[⑧] 作

[①] 关于私法诚信原则与公法诚信原则的关系，参见 Ethan J. Leib, David L. Ponet & Michael Serota, "Translating Fiduciary Principles into Public Law", *Harvard Law Review Forum*, Vol. 126, 2013, p. 91。

[②] 张路：《诚信法初论》，法律出版社 2013 年版，第 6 页。

[③] 实际上是英美法中 fiduciary 原则的翻译，即本书中的权力诚信原则。

[④] 姚欢庆：《民法精义》，中国法制出版社 2007 年版，第 7 页。

[⑤] 陈甦：《证券法专题研究》，高等教育出版社 2006 年版，第 302 页。

[⑥] 刘俊海：《强化资本市场诚信建设的若干思考》，《证券法苑》2012 年第 7 卷。

[⑦] 闫尔宝：《行政法诚实信用原则研究》，人民出版社 2008 年版，第 1—2 页。

[⑧] "正如诚信法是私权力的宪法，宪法是公权力的诚信法。"参见 Tamar Frankel, *Fiduciary Law*, Oxford: Oxford University Press, 2011, p. 279。

为一种诚信工具,含有诚信原则。① 公法中的诚信原则也包含善意原则和公权力诚信原则两层含义。

权力诚信原则与善意原则并存,共同构成完整的诚信原则。然而,与主要调整平等主体之间权利义务关系的善意原则不同,权力诚信原则调整的是受信人(fiduciary,含受托人)与委托人之间以权力不对称性为特征的诚信关系,旨在为委托人和社会利益,限制受信人盗用受托财产或滥用受托权力。因此,权力诚信原则的实质在于调整权力关系,制约监督权力。

权力诚信原则既关涉私权力领域,又关涉公权力领域。在公权力领域,宪法和法律均源于诚信原则。诚信原则要求受托人承担忠实义务和注意义务,统称诚信义务。② 在英美法系中,权力诚信原则已经演化成自成体系的诚信法,调整以权力为根本特征的诚信关系,诚信关系的原型包括代理、委托和合伙关系等。③ 合伙和伙伴这两个中文术语对应的英文只有partnership,因此可以认为,广义上《区域全面经济伙伴关系协定》(RCEP)、④《全面与进步跨太平洋伙伴关系协定》(CPTPP)⑤ 和《数字经济伙伴关系协定》(DEPA)⑥ 等区域伙伴关系协定,本质上都是诚信关系。权力诚信原则涵盖的国际法法律规则包括忠实、注意、公开、透明,反腐倡廉,协商对话,比例原则,等等。

总之,无论是私法领域还是公法领域,诚信原则均包含权利善意原则和权力诚信原则两大部分。

---

① Robert G. Natelson, "Judicial Review of Special Interest Spending: The General Welfare Clause and the Fiduciary Law of the Founders", *Tex. Rev. L. & Pol.* Vol. 11, 2007, p. 281.

② 有关诚信义务的详细说明,参见张路《诚信法初论》,法律出版社2013年版,第116—194页。

③ 有关诚信法和诚信关系的论述,参见张路《诚信法初论》,法律出版社2013年版。

④ 2020年11月15日,东盟十国和中国、日本、韩国、澳大利亚、新西兰共15个国家正式签署RCEP,标志着全球最大规模的自由贸易协定正式达成。RCEP正式于2022年1月1日生效。

⑤ 在美国退出TPP近两年后,由日本主导、TPP其余11国参与的CPTPP于2018年12月30日正式生效,CPTPP的成立改写了国际贸易规则。

⑥ DEPA是2020年6月12日新加坡、智利、新西兰三国共同签署的区域伙伴关系协定。DEPA致力于发展便利化无缝的端到端数字贸易,允许可信任的数据流动;构建数字系统的信任,以电子商务便利化、数据转移自由化、个人信息安全化为主要内容;加强人工智能、金融科技等领域的合作。

（二）国际法中的善意原则

一般认为，善意原则的出现可以追溯至人类社会初期，但是法律意义上的善意原则最早体现在罗马法的诚信契约和诚信诉讼中。后来，善意原则进入民法领域，在大部分大陆法系国家成为一项成文的一般法律原则，在英美法系中则大量出现在判例中。由于日渐频繁的国际交往，双边条约和多边条约数量不断增加，善意原则也进入国际法领域。

善意既是道德兼法律概念，由于其主观性较强，至今法学界并没有对法律意义上的善意概念达成一致。所谓"诚信"，就是法律主体或法律行为者以忠实于自己目标的方式遵守承诺，并为实现达成的目标真诚和有效地开展工作。① 善意原则是国际法的一般原则，与公平、正义等概念一样，体现了法律的根本价值追求。布朗利认为，虽然善意原则是国际法重要的一般原则，但并不是国际法的基本原则，不是强行法的组成部分。② 相反，曾令良教授认为善意原则是国际法的基本原则。③

我国学者研究国际法诚信原则时存在的问题，与研究国内法存在的问题类似，国际法研究内容相对更少、更不充分。国际法诚信原则包含权力诚信原则和平等主体间的善意原则两部分。我国绝大多数学者通常将"诚信"与"善意"交替使用，探讨诚信和诚信原则，通常就是善意和善意原则，④ 基本没有触及或关注权力诚信原则。

1. 善意在整个国际法体系中的地位

善意原则作为国际法上的一般法律原则，主要功能是解释习惯国际法规则和条约条款，并在国际法规则缺失的情况下起到填补空白的作用。国际法鼻祖格劳秀斯在《战争与和平法》中专门探讨过善意观，联合国系列文件反复重申善意是习惯国际法规则。联合国关于《天然资源永久主权宣言》决议、联大1970年《关于依联合国宪章建立友好关系及合作之国际法原则宣言》决议、联大1974年关于《各国经济权利和义务宪章》决

---

① 曾令良教授这里所说的"诚信"，实为 good faith，即本书中的善意。参见曾令良《论诚信在国际法中的地位和适用》，《现代法学》2014年第4期。

② Brownlie, I., *Principles of Public International Law*, 5th ed., Oxford: Oxford University Press, 1998, p. 515.

③ 参见曾令良《论诚信在国际法中的地位和适用》，《现代法学》2014年第4期。

④ 参见曾令良《论诚信在国际法中的地位和适用》，《现代法学》2014年第4期。

议中,都规定有"善意履行"义务。《联合国宪章》《联合国海洋法公约》《维也纳条约法公约》(VCLT)也规定有"善意""诚意"履行义务。越来越多的条约明确规定善意原则这一习惯国际法。[①] 上述条约和资料中文版本所说的"诚信",实为善意(good faith 或 bona fide)。例如,《联合国宪章》第 2(2)条规定:"各会员国应一秉善意,履行其依本宪章所担负之义务,以保证全体会员国由加入本组织而发生之权益。"

善意构成国际法基本原则,善意原则作为国际法各领域早已确立的基本原则之一,甚至是最重要的基本原则,已经是国际法律学界的普遍共识。"没有这项基本原则,整个国际法就将崩溃。"[②]

善意之所以成为国际法基本原则,首先是国际关系决定的。国际社会在根基上是一个横向关系的社会,国家之间彼此是一种平等的关系,相互无管辖权。其次,善意是国际交往与合作的基础:从国家治理层面强调与他国建立善意合作伙伴关系,实现国家治理的双赢或共赢;强调各种国际行为者之间的善意合作是应对全球各种挑战的基本路径。最后,善意符合国际法基本原则的构成要件。梁西先生也将善意履行国际义务列为国际法原则。依据国际法基本原则的概念、特征和检验标准,善意原则完全符合国际法基本原则的特质。[③]

2. 善意在条约谈判、解释和实施中的适用

在国际法体系中,条约法占据基础和核心地位,国际法主体之间权利和义务的确立主要通过条约的形式表现出来。善意原则贯穿条约始终,包括条约的谈判、解释和实施等基本环节。

国际裁判机构在不同场合反复强调善意在条约谈判中的重要性。ICJ 在"核试验案"中宣告:"创设和履行法律义务的基本原则之一是善意原则,不论其具有何种渊源。"[④] ICJ 认为《核不扩散条约》第 6 条要求缔约国善意完成谈判。[⑤]

ICJ 等国际裁决机构在不同场合阐述了"善意谈判"的基本要素:第一,具有意义的谈判,强调善意对待对方或他方的陈述和观点;第二,达

[①] 参见曾令良《论诚信在国际法中的地位和适用》,《现代法学》2014 年第 4 期。
[②] 曾令良:《论诚信在国际法中的地位和适用》,《现代法学》2014 年第 4 期。
[③] 参见曾令良《论诚信在国际法中的地位和适用》,《现代法学》2014 年第 4 期。
[④] Australia v. France, I. C. J. Reports 1974: 253, 268.
[⑤] 参见曾令良《论诚信在国际法中的地位和适用》,《现代法学》2014 年第 4 期。

成妥协的意愿,强调妥协直接来自谈判各方的真实意愿;第三,遵守程序要求,强调经各方同意或接受的程序规则,必须善意遵守;第四,努力达成协议。

依善意缔结的条约要在实践中得到准确无误的执行或实施,重要的前提是必须善意地解释条约。因此,作为习惯国际法的编纂,VCLT 第 31 (1) 条明确规定:"条约应依其用语,按其上下文并参照条约之目的及宗旨所具有之通常意义,善意解释之。"

任何条约如果最终得不到缔约方的善意实施,就只是双方协议的文字记载,没有任何实际意义或价值。可见,条约的善意实施是其效力的关键,也是实现条约目的和宗旨的根本保障。因此,VCLT 第 26 条以"条约必须信守"为标题,明确规定"凡有效之条约对其各当事国有拘束力,必须由各该国善意履行",从而将这一习惯法原则法典化。①

国际组织章程通常特别强调善意履行章程义务的重要性。《联合国宪章》第 2 (2) 条、《欧洲联盟条约》第 4 (3) 条、《建立 WTO 协定》第 16 (4) 条、《国际货币基金协定》第 1 条均规定或暗含"善意履约义务"。② ICJ 指出:"善意原则使缔约国有义务合理适用(条约),并以这种方式使其宗旨得以实现。"③ "WTO 争端解决机构在不同案件的裁决中认定 WTO 成员被期待善意遵守义务。"④

整体而言,传统上国际法的实施主要靠自我遵守和报复、制裁等自助行为,善意遵守和履行成为国际法效力得以实现的内在根据。然而自我遵守和自助等传统的实施方式缺乏监督和制衡机制,使国际法长期以来被诟病为"软法""弱法",在一定程度上阻碍了国际法的有效实施,制约着国际法的发展。加强国际法的实施,需要多种形式特别是组织化的实施机制。⑤ 国际组织的出现将国际法的发展推向新阶段,催生了新的国际法律

---

① 参见曾令良《论诚信在国际法中的地位和适用》,《现代法学》2014 年第 4 期。

② 曾令良:《论诚信在国际法中的地位和适用》,《现代法学》2014 年第 4 期。

③ Case Concerning the Gabcikovo – Nagymaros Project (Hungary v. Slovakia), *ICJ Report* (*1997*), p. 142.

④ Appellate Body Report on European Communities–Trade Description of Sardines, WT/DS231/AB/R (09-26-2002).

⑤ 饶戈平主编:《国际组织与国际法实施机制的发展》,北京大学出版社 2013 年版,第 6—8 页。

关系，（权力）诚信原则发挥着基础性作用。

（三）国际法中的诚信原则

如上所述，权力诚信原则是国际法诚信原则的两大组成部分之一。国内法权力诚信原则的基本原理同样适用于国际法，国际法中的权力诚信原则同样以委托人和国际社会利益为目的，保护受益人免受受信人滥用权力造成的损害。

目前国际法盛行两种责任理论，即责任主权理论和国家保护责任理论[①]，而且二者正出现合流之势。这两种责任理论均源于国家主权的诚信（fiduciary）品格。[②] 早在20世纪90年代，针对国际领域出现的系列严重侵犯人权问题，非洲政治学者弗朗西斯·邓（Francis Deng）提出了责任主权的概念，本意是指"各国政府有义务保障国民最低水准的安全和社会福祉，对本国国民和国际社会均负有责任"[③]。与责任主权直接相关，联合国近年来倡导"保护弱者的责任"或"保护的责任"，联合国大会和安理会均承认了保护责任思想的核心，承认各国和国际社会在保护人类免受灭绝种族罪、侵略罪、战争罪和反人道罪侵害方面均发挥重要作用。[④]

各国和整个国际社会共同承担确保人类安全和基本权利的责任，这种理念可以追溯到殖民时期国际法的渊源。那时，西方发达国家征服世界各地的土著人，自称是人类慈善的文明化"监护者"或"受托人"，以此作为征服的合法化依据。虽然历史记录表明帝国列强滥用这种诚信托词作为征服、剥削甚至毁灭土著社区的借口，但是诚信概念的持续渗透和扩散，却潜移默化地将主权重新界定成为人类利益而授予各国的一种合法权

[①] 关于保护的责任，需要对其积极意义和消极影响有辩证的认识。参见何志鹏等《国际法的中国理论》，法律出版社2017年版，第309页。

[②] 参见 Evan J. Criddle & Evan Fox-Decent, "A Fiduciary Theory of Jus Cogens", *Yale J. Int'l L.*, No. 34, 2009, p. 331。

[③] ［美］布鲁斯·琼斯等：《权力与责任——构建跨国威胁时代的国际秩序》，秦亚青等译，世界知识出版社2009年版，第9页。

[④] 参见 2005 World Summit Outcome, G. A. Res. 60/1, A/RES/60/1, 24 Oct. 2005, 138-39; S. C. Res. 1970, S/Res/1970, 26 Feb. 2011; S. C. Res. 1973, S/Res/1973, 17 Mar. 2011。

力。① 进而，有关国家主权的这一诚信概念促进了人道保护措施在国际法许多领域的逐步发展，这些领域包括对国家的承认、国际领土管理、军事占领和国际人权等。②

虽然各国被委以主权权力，担当人类的第一监护人，但为了调解各国与人民之间的诚信关系，确保这一关系不被统治或工具化（即任意行使权力）所腐化，国际法和国际组织不可或缺。如果各主权国家悍然玩忽职守，忽略保护人民的责任，或断然侵犯人民的人权，则国家主权的诚信品格就会面临严峻考验。此时，国际法即授权整个国际社会——主要在联合国安理会的领导下，承担辅助责任，介入保护受压迫的人民。虽然国际社会的保护责任尚需进一步朝着制度化方向发展，但是这种责任构成国际法律秩序诚信架构的本质特征。③

随着国际交往日益紧密，全球化更加深入、区域化更加明显，国际组织在国际事务中发挥不可或缺的重要作用。国际组织的产生催生新的诚信关系，就像公司法、宪法是诚信法一样，国际经济组织法也是国际诚信法。④

（四）诚信原则在国际经济法各分支部门中的体现

同样，国际经济法中的诚信规则也包括善意原则和权力诚信原则下的相关制度规则建构。习近平人类命运共同体理念同样拓展了国际经济法中诚信理论的内涵和外延。以下将按照国际法治话语与中美法律战近况、诚信法律制度规则的特征与缺陷、诚信规则建构中国方案三大步骤，系统分析善意原则和权力诚信原则在国际经济法不同分支部门的体现和运行。这些分支部门主要是国际贸易法、国际投资法、国际金融法、国际环境法等。国际货币制度在国际金融法的重要地位和作用，与货币国际信用的本

---

① Andrew Gold & Paul Miller eds., *Philosophical Foundations of Fiduciary Law*, Oxford: Oxford University Press, 2014, pp.404-422.

② Andrew Gold & Paul Miller eds., *Philosophical Foundations of Fiduciary Law*, Oxford: Oxford University Press, 2014, pp.404-422.

③ Andrew Gold & Paul Miller eds., *Philosophical Foundations of Fiduciary Law*, Oxford: Oxford University Press, 2014, pp.404-422.

④ 国际组织治理结构和国际组织与成员国之间的关系，如同公司治理结构和公司与股东之间的关系一样，是一种诚信关系。

质特性密切相关，因此，围绕美元分析国际货币信用规则，也是国际金融法规则建构中要研究的重要内容。

围绕上述六大分支部门中诚信规则的建构，本书的主要观点如下。

（1）国际经济法分实在和应然两种形态，横向和纵向两个层面，而诚信规则兼具这两种属性。在实在法层面，国际法是一种话语，第二次世界大战后美国主导着国际经济法秩序的构建，维护美国的国际霸权和强权政治；近年来，美国操控国际法治话语权打击假想敌，不遵守国际法和国际准则，破坏国际法律秩序，使国际经济法陷入合法性危机。

（2）应然国际经济法以全人类共同价值为基础，习近平主席提出并经多次论述形成的人类命运共同体理念，正是这种共同价值的浓缩和升华。诚信价值观是全人类共同价值的核心基础，是破解当前国际经济治理信任赤字的一把金钥匙。

（3）诚信是国际法的内在道德要求，支持多边主义，国际经济诚信规则分为横向善意规则和纵向治理诚信规则两类，是纵横交错、相辅相成的有机规范网路。国际经济善意规则调整的是国家间的经济共存关系，纵向诚信规则调整的是国家间融合、一体化中的经济治理关系，旨在谋求合作共赢共同发展。这两类关系和两类规则是贯穿国际经济法各部门法的主旋律，有着不一样的表现形态。

（4）在国际贸易法中，横向善意原则主要体现为有约必遵；纵向治理诚信规则主要体现为以 WTO 为代表的国际贸易组织内部管理运行规则和宪法性规则，强权国家对国际贸易组织的控制和影响导致国际贸易组织失灵、国际贸易法出现合法性危机、国际贸易关系出现信任赤字。

（5）国际投资法旨在维系投资者私权与东道国监管权之间的合理平衡，其中的善意规则主要用于从宽解释公平公正待遇（FET），以保护投资者私权；投资安全审查制度则放大了东道国的监管权，需要以诚信原则和规则对其进行制衡。

（6）在国际金融法中，主要依据诚信原则对金融中介的权力进行制约监督，是国际金融监管领域功能性诚信法的主体；霸权国家不仅滥用国际货币信用谋取暴利，还将国际货币用作制裁的工具。

（7）在国际环境法中，以信托和管家理论为支撑的诚信规则要求大公司、国家和国际组织等强势实体对人类承担特别的环保义务和责任。

（8）善意原则适用于国际经济条约的解释和司法、仲裁，诚信原则支持国际组织发挥仲裁等争端解决作用，并对大国在争端解决中的霸权进行制约监督。人类命运共同体理念下的争端解决诚信规则，必然要求多元机制并存，救济与预防相结合，共同维护友好、和谐的局面。

（9）诚信是一种社会资本和话语，诚信规则是弥补实在国际经济法缺陷、应对实在国际经济法合法性危机的把手，是构建人类命运共同体的支柱规则。大变局下国际经济秩序和制度规则遭到破坏，中国正在以全人类共同价值为导向，以"一带一路"建设为立足点，参与并引领国际经济规则建构，为构建人类命运共同体奉献诚信中国方案。

需要说明的是，作为国际经济法治的重要组成部分，国际疫情治理和国际反腐也要求适用诚信原则，由于篇幅所限，作者将以其他方式展开论述。

第二章

国际贸易法治规则建构的诚信理论

美国及其几个西方盟友不遵守善意原则，对国际经贸规则合则用之、不合则弃之；他们对中国奉行全面打压、围堵战略，使全球贸易问题政治化，导致全球治理出现信任赤字。特朗普政府针对中国等发起贸易摩擦，并在国际领域频频"退群"，成为全球失信的典型。为维护全球霸权和强权，拜登政府利用美国尚存的话语权主导地位，拉帮结派，以所谓的人权问题为借口，将全面经贸脱钩调整为精准定向脱钩；动辄以国家安全为借口，将贸易摩擦升级为贸易制裁，严重破坏了现行国际贸易体系和规则。WTO上诉机构停摆，凸显多边贸易体制面临宪法性危机，重构国际贸易规则已经成为全球共识和共同关注的焦点。[1]

重构国际贸易规则，必须坚持善意原则，并在各国主权平等的基础上，推进国际经贸诚信宪治，构建人类命运共同体。

一 问题的提出

WTO自成立以来，对全球贸易合作和发展发挥了积极作用。但是如今，WTO及其确立的国际贸易规则正面临着巨大的挑战。一方面，自1994年乌拉圭回合贸易谈判结束之后，多边贸易自由化未有实质性进展；

---

[1] 陈喜峰：《约翰·杰克逊的WTO宪法思想和WTO当前的宪法问题》，《国际经济法学刊》2018年第2期。

另一方面，受新冠肺炎疫情和保护主义的影响，国际贸易规则受到冲击。自 2018 年起，美国出于自身利益优先的考量，对中国、欧盟等发动贸易摩擦。在中美贸易谈判过程中，美国还背信弃义、出尔反尔。拜登上台后，注重利用盟友和国际影响力，联合抵制中国发展；美国还打着人权和民主等价值观的旗号扩大实体清单范围，动辄以"国家安全"为由制裁中国企业。美国背信弃义，破坏国际贸易规则。随着 WTO 在协调国际贸易上作用趋于弱化，全球多边贸易规则进入重构阶段。

美国认为多边贸易规则不利于"美国优先"政策，主张建立"无差别 WTO"；同时，还出台许多单边贸易政策，企图将各类充满保护主义色彩的国内贸易规则凌驾于国际贸易规则之上。特朗普政府时期，在美国的国际贸易规则优先改革事项中，要求中国和印度等发展、新兴经济体放弃利用特殊与差别待遇条款。美国贸易代表戴琪在 G7 峰会上表示，要在美欧大飞机领域重塑新的合作关系，形成应对中国非市场经济威胁的稳定模式。美国和英国打出了更加紧密合作以应对来自中国等国家不公平做法的旗号。美国上述行为违反国际法诚信原则，想建立以美国为中心的国际贸易新秩序。美国主导国际经贸规则重构，实质是对抗中国。

面对新一轮国际贸易新秩序的构建，为争夺全球经贸治理话语权，中国作为负责任的大国，坚持人类命运共同体理念，提出了一系列旨在推动国际贸易合作共赢的诚信规则改革方案。推进构建人类命运共同体和实施"一带一路"倡议，使世界各国的利益相互交融，国际社会正在进行着一场个人本位—国家本位—国际社会本位的历史演进，新的国际社会本位与经济全球化理念正在向纵深发展。

二 国际贸易法中的善意原则

有约必遵是公认的国际法原则，要求各国要善意履行所缔结的国际条约和法律文件。此外，善意原则还适用于条约的谈判过程。

（一）国际贸易法中善意原则的含义

在国际贸易体系中，善意原则一直是一项重要的一般法律原则，不论是在条约解释、程序权利还是各国间权利义务关系的确定上，都有着重要作用。同时，该原则可以弥补国际法律规定的不足，对实现自由贸易、促进国际贸易公平健康发展起着十分重要的作用。相应地，国际贸易法中的善意规则是基础性规则。

上一章有关国际法善意原则的一般解释，同样适用于国际贸易法。以下主要以 GATT/WTO 为例，分析国际贸易法中的善意原则，通过对 WTO 法律中善意原则的分类，梳理国际贸易法的善意规则体系。

(二) WTO 法中的善意原则及相关推论

WTO 法中明文规定了善意原则，另外还有部分善意原则的认定及应用体现在专家组和上诉机构的决定中。但是时至今日，WTO 法并没有对善意原则的概念及内容做出统一的规定。理解 WTO 中的善意原则，要进行个案分析。

对于 WTO 案例中的善意原则，派内森教授总结道，此类善意原则包含了以下几个方面：善意原则的一般法律原则、有约必遵的习惯法规则、善意协商原则、善意履行 WTO 义务的原则、禁止权利滥用、禁止反言和合理期待保护等。[①]

1. WTO 法中善意原则的含义

第一，作为一般法律原则的善意。作为一般法律原则的善意原则有的直接明确规定在 WTO 协议条款中，有的则暗含在条文中。同时，也有与此原则相关的 WTO 判例，US-Shrimp 案是代表性案例。上诉机构认为关贸总协定（GATT）第 20 条的帽子条款（Chapeau）表达的是善意原则，该原则是一项国际法一般原则。当 WTO 成员以最惠国待遇或国民待遇为由援引 GATT 94 第 20 条规定的具体例外情形时，该条款提供了针对保护主义的安全阀。

第二，有约必遵（Pacta Sunt Servanda）。有约必遵原则是善意原则的主要体现。该原则包含两个推论，即善意协商原则和善意履行条约义务原则。作为一项习惯法律原则，该原则是对含 WTO 协定在内的国际条约成员有约束力的法律规则的组成部分。在 WTO 法律体系中，有约必遵原则对成员的约束主要体现在非歧视原则、主权限制和对文本解释的限制上。

[①] Marion Panizzon, *Good Faith in the Jurisprudence of the WTO*, Oxford and Portland, Oregon: Hart Publishing, 2006.

在 WTO 判例法中，有约必遵原则要求的非歧视原则主要体现在两个方面。其一，排除外国经营者与本国经营者之间的歧视；其二，消除外国市场参与者和竞争者在本国市场受到歧视。

除了非歧视原则外，有约必遵原则还对国家主权的其他方面进行一定的限制，将本应由国家主权管理的事项过渡到 WTO 法律中，使国家主权受 WTO 法律限制。主要的受限事项是单边解释条约和单边终止国际条约。通过使 WTO 成员适用 VCLT 规定的善意履约规则，该原则确保 WTO 协定在国际条约法律体系中的可预测性和法律安全性。

VCLT 第 26 条规定的有约必遵原则和第 31 条规定的一般条约解释规则相关，在一定程度防止对法律规则的解释导致不适用条约，限制文本解释产生的影响。有约必遵不仅要求当事国不从事某些行为，而且还要求当事国承担使条约精神发挥作用的义务。但是，该原则也使条约的解释在修辞上具有一定可操控性。在裁决中，专家组或上诉机构可以根据想要强调的原则操控解释条约内容。

第三，善意协商。在 WTO 法律与实践中，善意协商原则是国际法有约必遵原则习惯规则的必然结果，且与非歧视原则密不可分。善意协商是 GATT 94 规定的非歧视原则的构成要素之一。为了使协商满足善意和合理预期的要求，非歧视原则在一定程度上对协商过程起指导作用。实践中，上诉机构在美国综合拨款法第 211 条案（简称 US-Section 211 案）中明确了 GATT 94 第 20 条帽子条款的意义，认为根据该条款的非歧视原则，善意行为禁止的是"仅与部分人进行协商"的行为。① 本案中，美国区别对待 WTO 成员的行为构成了不合理的歧视。

第四，善意履行 WTO 义务原则。善意履行 WTO 义务原则是有约必遵原则的另一结果。在 WTO 实践中，上诉机构 2002 年承认了 WTO 成员必须善意履行 WTO 协议。在某种程度上，善意履行 WTO 义务原则保证了国际贸易体系的运行。在关于 US-Shrimp 案中，专家组表明善意履行 WTO 义务的原则隐含规定在 TRIPS 第 7 条中。在上诉报告中，上诉机构以善意履行 WTO 义务为基础，认为违反善意义务的原因是美国法院对非美国公民的歧视待遇。②

---

① US-Shrimp, AB Report, para. 172.

② US-Section 211, AB Report, paras. 264, 267, 269.

第五，禁止权利滥用。禁止权利滥用原则是善意原则的另一个推论，也适用于 WTO 判例。US-Shrimp 案第一次明确承认禁止权利滥用原则，上诉机构将其与违反 GATT 94 第 20 条帽子条款关联。此案中，美国的海龟保护法虽然符合 GATT 规定，但却存在歧视和任意行为。禁止权利滥用原则发展至今，上诉机构已经将其认定为一项义务，并且与善意原则视为一枚硬币的两面。也就是说，当上诉机构认定成员国行为不合理时，该国同时也就违反了善意义务。至今，关于禁止权利滥用原则是否是善意原则的一部分，及其范围与善意原则哪个更广等问题，还是存在争议。在某种程度上，该原则处于 WTO 协议明确规定的善意原则和 WTO 实践中运用的一般善意法律原则之间。

第六，保护合理期待规则。从功能上看，保护合理期待原则保证进口商品与本国商品之间的平等竞争关系，具有弥补法律空白的作用，确保现有交易和未来交易的可预测性，保护贸易伙伴免受因竞争条件的不利变化带来的利益损失。

在 WTO 实践中，专家组利用 GATT 规定的保护合理期待原则，扩大了 GPA 和 TRIPS 规定的关于竞争条件合理预期的概念。然而，根据 GATT 94 规定，只有 EC-Lan 案专家组证实保护合理期待与违反 GATT 第 2 条相关。India-Patents 案专家组证实与谈判达成的关税优惠相比，保护合理期待原则与更普遍的利益相关联。而 EC-Asbestos 案专家组和 Korea-Government 案专家组则都拒绝有关合理期待保护的索赔诉求。上诉机构承认合法期待保护原则是一项"既定的 GATT 原则"，但却把合理期待保护限制在关税减让方面。

2. WTO 法中善意规则的分类

根据善意原则在 WTO 法中的功能，可以将具体规则分为以下三大类。

第一，实体善意规则。实体善意规则主要包括保护合理预期规则、有约必遵的习惯法规则和禁止滥用权利规则。[1] 在 WTO 实体法中，善意的实体保护功能首先表现为保护合理预期规则。GATT 第 2 条和第 3 条规定了作为竞争条件的合理期待保护，并对因非违反 WTO 规则而使协商减让

---

[1] Marion Panizzon, *Good Faith in the Jurisprudence of the WTO: The Protection of Legitimate Expectations, Good Faith Interpretation and Fair Dispute Settlement*, Oxford: Hart Publishing Ltd., 2006, p. 7.

利益受到损害的缔约国提供保护。GATS 也对合理期待保护做出了明确规定。与 GATT 相比，GATS 不仅依据国民待遇禁止外国与国内服务提供商之间的歧视，还对违反非歧视义务而修改竞争条件做出相应规定。①

第二，善意解释规则。WTO 法律中的第二类善意是解释善意。为了确定当事方的真正意图，在条约解释过程中需要遵循善意原则。善意解释规则是 WTO 条约解释的必要工具。

在美国汽油案中，上诉机构确认善意解释是条约解释过程中的工具、要素和来源。此后，善意解释规则被普遍适用于解释 WTO 协定。② 但是案中上诉机构报告并未承认善意解释是每个条约解释必须运用的工具。在 WTO 实践中，专家组认定 VCLT 第 31（1）条规定了善意解释规则，但是上诉机构对此态度谨慎，除了文义解释、意图解释和目的解释之外，上诉机构并没有承认善意解释的工具性地位。

第三，程序法的实质善意规则。在 WTO 程序法中，善意规则的保护作用主要体现在三个方面。一是，善意解决贸易争端；二是，不得随意进行申诉，争端需具有实质性争议；三是，每个争端解决程序都以磋商为前置条件。

在 WTO 争端解决机制运行过程中，程序善意义务主要体现为确保当事人正当行使程序权利。这不但有利于保护参加诉讼的其他成员利益，还有利于争端的公正解决，并且有利于提高争端解决机制处理案件的效率。

与国内诉讼法中对诉讼条件常常有明确规定不同，在 WTO 争端解决机制中，争端解决谅解书（DSU）并未明确规定成员向 WTO 争端解决机构提起诉讼的具体要素和条件，仅对相关诉讼的时效做出规定。由于 DSU 对 WTO 争端机构管辖案件的要素等规定相对宽泛，WTO 成员可相对自由地提起诉讼，起诉限制较少。在这种背景下，DSU 第 3（7）条对善意行使诉权的规定有利于保证争端得到公正高效的解决。善意原则有弥补程序性立法不足的功能，其在程序性事项中的运用有利于防止申诉方滥用争端解决机制，提高了争端解决机制的效率。

在 WTO 判例中，上诉机构主要通过以下方式适用程序善意规则：其

---

① GATS Art XVII, para 3.

② United States-standards for Reformulated and Conventional Gasoline, WT/DS2/AB/R, January 1996, para. 127.

一,通过善意解决争端限制当事人对另一方行使程序权利的范围和限度;其二,进一步明确专家组获得申诉相关信息的权利;其三,GATT 确立的保护合理期待原则对 WTO 法律具有程序作用,该原则认为专家组和上诉机构通过的报告具有判例价值,成员国基于对报告的信赖利益应得到保护。从这种意义上讲,合理保护原则为 WTO 适用遵循先例原则扫除了一定的障碍。

(三) 善意原则对 WTO 管辖的作用

善意的所有法律概念都源于 WTO 专家组和上诉机构的法理,但有两个例外。DSU 第 3 (10) 条明确规定了善意解决争端的义务,第 4 (3) 条则规定了善意进行协商的义务。

1. 善意原则的管辖功能

善意原则在一定程度上塑造了世界贸易规则,在世界贸易规则的运行过程中,善意原则起着举足轻重的作用。如果善意原则可作为一般法律适用于成员国之间的贸易关系,那么在一定程度上就拓宽了 WTO 的管辖范围。善意原则可适用于成员国之间的贸易关系,因为条约解释和适用本身就像硬币的两面,二者之间联系紧密且无十分明确的区分界限。[①]

2. 善意原则的其他功能

除了影响 WTO 法律的管辖范围之外,善意原则及其推论还有其他作用。程序善意作为善意的重要内容,在 WTO 法律及实践中都有体现。在法律规定方面,DSU 规定的善意协商原则和善意解决争端义务,有利于防止成员国因滥用争端解决程序而妨碍争端的公正、有效解决。

无论是程序善意还是解释善意、实体善意,都是 WTO 吸收国际公法、完善自身规则的典型例子。WTO 专家组及上诉机构的相关实践促进了 WTO 法律与国际法一般法律渊源之间的相互联系,与此同时,WTO 的司法实践也影响着国际法的其他领域。例如,北美贸易协定和双边投资条约的制定就受到了 GATT 中保护合理期待原则的影响。

此外,WTO 法中的善意原则在 WTO 与其他国际协定之间的谈判、制

[①] Marion Panizzon, *Good Faith in the Jurisprudence of the WTO: The Protection of Legitimate Expectations, Good Faith Interpretation and Fair Dispute Settlement*, Oxford: Hart Publishing Ltd., 2006, p. 368.

定贸易规则以及探索 WTO 法律与国际公法渊源之间的关系等方面也有着重要作用。

(四) WTO 善意原则的可执行性

虽然善意原则及相关推论在国际贸易规则中都发挥着重要作用,但是并非所有的善意原则及相关义务都能得到同等程度的严格执行。实践中,上诉机构和专家组关于善意义务的执行判例可以分为四个层次。[①] 首先,对善意的最严格保护是 DSU 规定的程序善意。其次,合理期待保护、有约必遵和禁止权利滥用也具有可执行性,但是对这些原则提供的保护并不像法定权利那样严格,上诉机构对这些原则的执行具有不确定性。再次,上诉机构指出 WTO 条约规则中隐含的善意也具有一定的可执行性,这些善意具有一般原则的地位。最后,执行力最弱的一类是解释善意。

1. DSU 规定的程序善意

在专家组和上诉机构援引 DSU 善意规定进行论证的过程中,善意原则的作用大多是限制成员国正当行使程序权利,这种程序善意使得争端能够更迅速、公平且有效解决。专家组和上诉机构认为,善意解决争端避免了成员国滥用争端解决机制,维护了 WTO 法律制度的可预测性和法律安全。

2. 基于"有约必遵"相关的善意义务

WTO 专家组和上诉机构认为,此类善意的约束力来源于"有约必遵"原则和"禁止权利滥用"原则。在有约必遵的相关推论中,WTO 专家组和上诉机构都承认成员国有义务善意谈判,有义务善意执行 WTO 协定。他们认为,善意谈判和善意履行协议义务应该纳入有约必遵的范围,因为二者都要求成员国尊重协商一致的条约内容。

3. 上诉机构所称的"一般善意法律原则"

实践中,上诉机构通过将某些善意功能归于特定的 WTO 条约规定,检验接受一项新 WTO 善意原则的基础。例如,GATT 94 第 20 条帽子条款、ADA 第 3 (1) 条、第 5 (4) 条、ASCM 第 11 (4) 条、ATC 第 6 (2) 条、SPS 第 5 (2) 条和 TRIPS 第 7 条。例如,善意原则在 US - Shrimp 案中因 GATT 94 第 20 条帽子条款,在 US - Japan 热轧钢案中因

---

① 关于 WTO 争端解决机制中的善意原则,详见第六章第二节分析。

ADA 附录二第 2—5 段而具有平衡性规制功能；在伯德修正案一案中因 ADA 第 5（4）条和 ASCM 第 11（4）条，在美国—棉纱案中因 ATC 第 6（2）条而具有纠正功能；在欧共体—荷尔蒙案中因 SPS 第 5（2）条而具有构成功能。①

4. 解释善意

解释善意是最薄弱的善意保护形式，根据 VCLT 第 31（1）条的一般解释规则，应善意解释 WTO 协定。同保护合理预期一样，专家组和上诉机构对这种善意解释有不同意见。虽然专家组认定这种"善意解释"，但是为了优先适用文本解释，上诉机构限制并推翻了专家组的上述结论。上诉机构的这种做法，使善意原则在条约解释中失去了作用。

（五）WTO 法争端解决中的善意原则与中国

2012 年 3 月 13 日，美国、日本和欧盟就中国稀土、钨矿及钼矿的出口限制措施向 WTO 争端解决机构起诉（案件编号：DS431、DS432、DS433），2014 年 8 月 7 日，WTO 公布上诉机构报告，宣告中方败诉。该案本质上是国家经济主权受经济全球化的影响而与 WTO 规则博弈的结果，暴露出中国对 GATT 94 第 20 条一般例外和第 21 条安全规则及其适用的理解不充分，在争端解决的诉讼程序中举证能力不足等问题。

WTO 争端解决机构就乌克兰诉俄罗斯过境交通运输限制措施案（DS512）作出的报告首次就安全例外条款的适用问题做出了裁决，影响深远。② 争端解决机构在 DS512 案中，初步确立了对援引安全例外的单边贸易制裁的有限治理。对中国而言，该案最大的影响是为 DS544 提供了借鉴和指导，美国以所谓"国家安全"为由对包括中国在内的众多国家实施了加征钢铝关税的措施。③

从 DS512 案来看，虽然专家组对成员方的自决权作出了一定的限制，但所谓解释和适用安全例外条款应当秉持的善意原则，既缺乏客观标准，

---

① Marion Panizzon, *Good Faith in the Jurisprudence of the WTO: The Protection of Legitimate Expectations, Good Faith Interpretation and Fair Dispute Settlement*, Oxford: Hart Publishing Ltd., 2006, p. 372.

② 刘美：《论 WTO 安全例外对单边贸易制裁的有限治理——基于"俄罗斯过境限制案"的分析》，《国际经贸探索》2020 年第 1 期。

③ 有关善意原则在 WTO 争端解决机制中作用的详细分析，参见第六章。

又要避免过于主观,否则将与赋予成员方的自决权产生实质冲突。善意原则在 WTO 法中发挥作用,必须与权力诚信原则结合,考虑 WTO 本身作为一种诚信宪法制度设计的特点。

三 国际贸易诚信宪法规则

国际贸易诚信规则由主要调整平等主体间横向关系的善意规则和调整不平等纵向权力关系的诚信规则组成。这两套规则密切相关、交互作用,共同构成国际贸易规则的经纬网络。一方面,横向善意规则是基础,纵向权力诚信规则是国际经贸关系一体化、全球化、复杂化的产物,是全球治理高级阶段的多层次治理的多边规则;另一方面,诚信规则含有善意的内在要求。诚信原则强调在特别权力治理关系中,被人信任、委托,享有权力、优势或拥有不对称信息的一方需要向对方履行诚信义务。在国内法中,这种特殊义务主要体现为公司法规定的公司董监高的忠实、勤勉义务和证券法规定的披露义务。诚信原则广泛存在于各种权力关系中,对弱势群体保护有不可忽视的作用。国际法中,随着第二次世界大战后大量国际组织的出现,国际组织内部建立了各种权力关系,这种权力需要通过诚信规则进行制约、监督,以保护国际组织的正常运行,维护国际社会的合法利益。

相应的,国际经贸规则的高级阶段是经贸宪法。宪法本质上是诚信法,是一种诚信工具。[1] 正如诚信法是私权力的宪法,宪法是公权力的诚信法。[2] 国际层面贸易诚信宪制的标志是 WTO 多边贸易体制。[3]

(一) 国际贸易诚信宪法的定义与理论演化

1. 宪法是一种以诚信原则为基础的工具

国内、国际宪法本质上都是诚信法。"宪法是作为一种诚信

---

[1] Robert G. Natelson, "Judicial Review of Special Interest Spending: The General Welfare Clause and the Fiduciary Law of the Founders", *Tex. Rev. L. & Pol.*, Vol. 11, 2007, p. 281.

[2] Tamar Frankel, *Fiduciary Law*, Oxford: Oxford University Press, 2011, p. 279.

[3] 有关 WTO 争端解决诚信理论的详细分析,参见第六章第二节。

(fiduciary）工具而设计的，在可能的限度内建立诚信标准。……其中最重要的目的之一，是为美国采取联邦制度，联邦政府的行为将模仿私人受信人。"① 政府以信托方式为人民持有权力这一理念，可以追溯到亚里士多德、西塞罗和柏拉图的共和国思想。"按照柏拉图的思想，国家的目的是促进整个社会的利益"②，而社会的监护人则应该将自身的利益置于社会利益之下。约翰·洛克指出，公民向政府让与某些权力，以便能够更为充分地享受所保留的权力，而政府则承担一种诚信义务，适当管理所授予的委托。林肯早在1863年葛底斯堡演讲中就提出了"民有、民治、民享的政府"理念。③

美国《独立宣言》通过之后，大多数州的宪法起草者均借用"公共信托"原理。④……有几个州的宪法甚至还使用"信托"或者"公共信托"作为公共职务的同义词。政府工作人员对其所服务的人承担一种公正义务，这一基础标准是立宪时就非常明确的政府服务诚信理想的组成部分。⑤ 1787年联邦宪法大会召开时，大多数州的宪法均已包含有"诚信"用语。在联邦立宪大会上，政府作为受托人的理念得到众人支持。在随后就宪法举行的公开辩论中，美国新政府的主要倡导者反复将政府官员定性为人民的公仆、代理人、监护人或者受托人，但美国宪法的反对者对此也无异议。他们通常也以诚信原则支持自己的反对意见。⑥

诚信原则与"自由"和"共和"理念一起，构成美国建国时期的理想。⑦ 美国的建国者在借用监护、主仆和代理等比喻描述选举人与被选举官员之间的关系时，最常使用的术语是"公共信托"。美国宪法的"基本

---

① Robert G. Natelson, "Judicial Review of Special Interest Spending: The General Welfare Clause and the Fiduciary Law of the Founders", *Tex. Rev. L. & Pol.*, Vol. 11, 2007, p. 281.

② Plato, The Republic, H. D. H. Lee trans., 1961 (1955), p. 164.

③ See *Gettysburg Address* by Abraham Lincoln, November 19, 1863.

④ Robert G. Natelson, "The Constitution and the Public Trust", *Buff. L. Rev.*, Vol. 52, 2004, p. 1134.

⑤ Robert G. Natelson, "The Constitution and the Public Trust", *Buff. L. Rev.*, Vol. 52, 2004, p. 1083.

⑥ Robert G. Natelson, "The Constitution and the Public Trust", *Buff. L. Rev.*, Vol. 52, 2004, pp. 1083-1084.

⑦ Robert G. Natelson, "The Constitution and the Public Trust", *Buff. L. Rev.*, Vol. 52, 2004, p. 1086.

宗旨",即宪法旨在提倡的价值观,应当成为法院解释宪法的助手。[①] 作为诚信原则核心范畴的公共信托,是美国建国者制定宪法的一个"宗旨",以便对联邦政府施加诚信行为标准。

2. 国际经贸诚信宪制理论的演化

(1) 经济一体化中信任理论的演化

除WTO之外,世界卫生组织(WHO)、粮农组织(FAO)和国际劳工组织等,也开展了许多重要的国际经济组织规范性活动。运用"一体化的信任理论"分析欧盟和WTO的宪制进程和特征,是西方学者新的研究进路。对复杂的服务贸易监管和多边、区域救济的出现等复杂现象进行理论分析,有赖于庞大的认知结构,而认知结构则与各种叙事("镶嵌的自由主义")、故事("相互承认")和全球叙述理论(功能主义、新功能主义)的发展相连。

欧盟服务领域经济一体化的概念化,其目标是在一体化过程中不同主体之间建立较高的信任水平,必应掩盖经济一体化信任理论在WTO和其他区域经济一体化等情境下的相关性。信任的建立在不同形式的经济一体化中虽然可能发挥不同的作用,但其作为构成性要素却是不变的。关键时刻,长期受新功能主义理论忽视的欧洲法院(现在的欧盟法院)成为新的"英雄"。[②] 法院为欧洲联邦型结构提出了一种"宪法框架",[③] 开发了欧洲宪制的建筑模块,包括直接作用、欧洲至上、一般原则和基本权利的保护。

与现实主义思想相反,自由主义者认为行为者因自我利益而密切互动,实现共同利益。通过制度互动,他们逐渐建立起信任,只不过欺骗通常是可行的选项。[④] 新自由主义考虑更多的行为者、更广的时间维度、多重互动渠道和日益增加的相关依赖关系,为理解国家与其他行为者间的关

[①] Stephen Breyer, "Madison Lecture: Our Democratic Constitution", *N.Y.U.L.Rev.*, Vol.77, 2022, pp.247-248. ("[宪法]的宗旨有助于对不直接提及相关一般目标的许多条款进行司法解释。")

[②] J. H. H. Weiler, "The Transformation of Europe", *Yale Law Journal*, Vol.100, 1991, pp.2403-2483.

[③] E. Stein, "Lawyers, Judges, and the Making of a Transnational Constitution", *American Journal of International Law*, Vol.75, 1981, pp.1-27.

[④] A. A. Stein, *Why Nations Cooperate*, Ithaca, N.Y.: Cornell University Press, 1990, p.53.

系提供一种高度复杂、有用的方法。该理论认为，为了实现共享的利益，国家密切互动，形成组织降低交易成本，建立国际经济一体化制度。现实主义观点则认为权力决定国家之间的所有互动，在观点上似乎是简化论者，忽视了国家之间跨国联系的复杂性。然而，有几个方面仍然存在争议。[1]

区域一体化方法不同于全球方法。新功能主义和联邦主义似乎适合第一种方法，二者均假定能在专家精英（新功能主义）或政府（联邦主义）之间形成共同的理解和共享的含义。相反，现实主义方法和自由建制主义或制度理论则强调外在于相关行为者个人动机的因素，如交易的性质和发生、不同国家及其所代表的利益之间相互依赖或竞争的发展。

这些理论还强调软法的重要性。关于一体化概念有两种替代理论，兼顾近期经济一体化整体观的回归和一体化过程中不断增加的软法作用——有效组织创造理论和信任增级理论。第一种选项更关注组织创建过程的性质：一体化可能预示着有效组织创建的过程。第二种选项超越组织制度的概念，采取一致更广泛的"信任"概念。后一种选项有许多潜能，在就国际合作保留该概念特定性的同时，兼容不同形式的经济一体化。

第一种一体化概念有个主要缺点，分析的基本单位是国家："效率被界定为国家政府偏好的最大化，却没有直接考虑个人主体的偏好。"[2] 公民的偏好在国家层面汇集在一起。在国际关系中，国家是个人的代理人。而且，这一方法没有考虑一体化对个人偏好的转换作用。公共选择理论也表明，内部政治过程和个人偏好在国家层面的汇聚可能受利益集团政治的扭曲。

故此，一体化的替代概念应当打开国家这个黑匣子，考虑国家的构成要素。这就需要在国家内部增加一层偏好考量。而且，还要考虑个人偏好的内生特性。基于这种考虑，可以将一体化界定为在国家边界内互动的行为者之间构建增加级"基于组织制度"信任（或系统信任）的过程。这一理论并不忽视国家的概念，设定国家边界、界定国际和区域辖区交换中

---

[1] J. M. Grieco, "Anarchy and the Limits of Cooperation: A Realist Critique of the Newest Liberal Institutionalism", *International Organization*, Vol. 42, No. 3, 1988, p. 487.

[2] J. P. Trachtman, *The Economic Structure of International Law*, Cambridge: Harvard University Press, 2008, p. 195.

行为者之间的交互作用。

信任的功能是减少社会交流体系中的不确定性和复杂性,"因为有信任,可以对其他行为者未来的行为进行特定(而不是任意)的假设"[①]。因此,可以将信任视为媒介,减少复杂性。信任可以分为个人信任和制度信任等不同形式,制度信任依赖制度而不是个人互动产生信任。基于制度的信任是产生信任的更高级阶段,其功能是在大规模的基础上产生信任。但尤其是在对受托人的未来行为只能提供有限信息时,信任也产生风险。

信任与权力并非相互排斥,系统权力表现为法律、组织的形式或一种结构,在社会行为者之间形成共享的意义,进而"批量生产"信任。专业标准是"系统信任"的主要来源。因此,制度是中心前提,而不是"系统信任"的替代品。信任的形成,最终依赖强大组织制度的存在。由于基于制度或系统的信任是有效产生高度信任的条件,"跨国组织关系可以重新建构为受信任和/或权力机制模式控制"[②]。

就欧洲内部市场而言,由于监管者在不完全信息游戏中运行,似乎高度信任的存在是适用等效(equivalence)原则的前提。东道国监管者通常缺乏母国监管者准则和做法的信息,只能根据等效原则信任母国的准则和做法。利用母国监管体系的信息,成为建立信任的有效工具。透明、持续的交换和监督将增加母国和东道国之间的信任水平。信息成本越重要,准则的协调就越有吸引力,尤其是法院不适合以较低的成本建立这种信任。这就能够解释,技术复杂的体系,如金融服务、交通和通信等,在其他领域的服务贸易之前达成协调。谈判的过程将减少不确定性,并增加行为者之间的信任度。

总之,一体化的信任理论提供一种有前途的思考平台,不仅适用于欧洲一体化项目,而且适用于所有其他一体化项目。[③] 更重要的是后国家集群对法律带来的挑战。必须关注推进法律的双重任务:授予并保障个人和社会自由。这就要求各种形式的个人自由在公共民主程序中找到发声口。

[①] R. Bachmann, "Trust, Power and Control in Trans-organizational Relations", *Organization Studies*, Vol. 22, 2001, p. 337.

[②] R. Bachmann, "Trust, Power and Control in Trans-organizational Relations", *Organization Studies*, Vol. 22, 2001, p. 337.

[③] Ioannis Lianos & Okeoghene Odudu, *Regulating Trade in Services in the EU and the WTO—Trust, Distrust and Economic Integration*, Cambridge: Cambridge University Press, 2012, p. 5.

后国家集群一方面导致社会产生的规范与公共宪法化的法律出现垂直冲突，另一方面导致社会规范之间出现横向冲突。在这种多元背景下，只有当社会规范的生成通过行使公共机关授予的自治权进行背书时，法律才能保持其民主合法性。而且，在碎片化的全球多级体系中，还存在公共法律秩序冲突。此时，法律只有在保护民主自治权并弥补政治分裂导致的民主赤字时，也能保持其民主合法性。①

（2）国际经贸组织运行的诚信理论

欧盟是宪法性国际经贸组织的典型代表，欧盟组织机构与受其行动影响的人之间的关系，本质上是一种诚信关系。② 欧盟委员会与受其行动影响的人之间的关系，同欧盟理事会与这些人之间的关系又存在很大不同。与欧盟委员会不同，欧盟理事会是代议机构，代议机制旨在使欧盟理事会的决策服务于人民的利益。在不同的诚信关系中，可以施加的诚信义务并不相同。当欧盟理事会通过必要的实施立法时，就授权和实施立法施加的诚信义务也可以适用于该理事会。③

有关欧盟机构运行的适当关系机制是具有前述制度信任性质的机制。制度信任可以说明向欧盟委员会授予的独立权力，是通过授权和实施立法的权力。同时，通过呼唤信任，这种框架提供规范性指引。反映这种制度性信任关系的法律框架，是诚信法框架。诚信法能够说明欧盟委员会通过授权和实施立法的权力。

将欧盟委员会的权力描述为诚信权力，使欧盟委员会处于受信人的角色。实际上，欧盟委员会有权直接影响无数人的生活，这些人面对欧盟委员会的决定处于弱势地位。受影响的相关人员包括欧洲公民、作为欧洲内部市场组成部分的法人，他们是欧盟委员会忠实义务的受益主体。有些政策体系寻求进一步保护特别弱势群体，如少数民族原居民或难民等。

受信人权力的正当性在于其忠实义务的具体条件，因此要将这一义务程序化。欧盟法律已经将欧盟委员会置于忠实义务之下，这种义务完全可

---

① Ioannis Lianos & Okeoghene Odudu, *Regulating Trade in Services in the EU and the WTO—Trust, Distrust and Economic Integration*, Cambridge: Cambridge University Press, 2012, p. 399.

② R. Eljalill Tauschinsky, *A Fiduciary Approach to Delegated and Implementing Rule-Making in the EU—How to Trust the Commission*, Berlin: Springer International Publishing, 2020.

③ R. Eljalill Tauschinsky, *A Fiduciary Approach to Delegated and Implementing Rule-Making in the EU—How to Trust the Commission*, Berlin: Springer International Publishing, 2020, p. 91.

以按照诚信条款理解。然而，欧盟委员会的这种义务针对的是其他机构和成员国。

对这些立法适用对象承担的忠实义务，应当归为公正无私的义务和公平义务。公正无私和公平旨在防范特别利益引起的自我利益或工具化导致的不忠实行为。

公正无私的机制要求欧盟委员会对其动机和利益展开说明。公平的机制要求授权和实施立法过程更加透明。关于诚信关系的法律后果，有必要探寻确定违反义务的可能性。忠实义务应当进一步具体化和程序化，以便能够得到强制执行。

欧盟委员会要坦诚地进行商议，商议的场所与欧盟委员会要有必要的独立性。专家团体并非由知识渊博的独立人员组成，因此，基于各种理由，应当创建新的问责机制。立法透明度可以通过扩充推理要求予以实施，包括有义务说明特定程序的理由和集团代表参与程序的理由。

虽然欧盟法律目前并未说明欧盟委员会通过授权和实施立法的权力有适当的正当性，但是这种正当性可以进行建构。将欧盟委员会与成员国内作为欧盟委员会制定规则直接适用对象之间的关系构建为一种制度性信任关系，并在诚信法的范围内展开说明，就提供了这种正当性。

为了使欧盟委员会证明其这一忠实义务，欧盟法中的忠实义务需要予以扩展，超过其当前的限度。欧盟委员会与个人之间的关系所遵循的动态，不同于欧盟委员会与成员国之间的关系，但是个人不应被视为在根本上与欧盟的规范性秩序欠缺相关性。通过说明动机和程序透明的机制，可以相对容易地将公正无私和公平的义务融入立法过程。然而，这代表着一种规范背景和信号的转变，表明欧盟委员会与受其制定规则约束的人处于一种制度性信任关系。[1]

3. WTO 宪法学说

关于 WTO 的宪法理论，众说纷纭，主要有 WTO 制度宪法论（又称职能宪法论）、WTO 权利宪法论和 WTO 司法宪法论三种理论。[2] 国际经济宪

---

[1] R. Eljalill Tauschinsky, *A Fiduciary Approach to Delegated and Implementing Rule-making in the EU——How to Trust the Commission*, Berlin: Springer International Publishing, 2020, pp. 20-23.

[2] 陈喜峰：《WTO 宪法化的第三条道路：WTO 司法宪法论及其批评》，《国际关系与国际法学刊》2012 年第 2 卷。

法的两大泰斗是彼得斯曼（Petersmann）和杰克逊（Jackson）教授，他们是好朋友。二人由于所在国家的历史经历和国际地位不同，"存在路径上的根本分歧"，但他们之间突出的是"共同主张"，[①] 尤其是在国际经济宪法以诚信为原则对政府权力进行制约监督的主题上高度一致。彼德斯曼教授更重视人权在国际法中的作用，主张以国际宪法规则对权力进行制衡，属于WTO权利宪法派。相反，杰克逊教授生活在有不同人权传统的强大美国，基于美国对外政策的"权力本位"倾向，更多考虑美国"国家利益"而非"国际宪法"的需要，属于WTO制度宪法派或职能宪法派。彼德斯曼基于中国国力不断上升的趋势，认为中国与美国对国际宪法的态度可能会有更多的相似性。[②]

关于国内宪法与国际宪法之间的关系，彼德斯曼认为，国际经济宪法的研究为国内宪法的研究开阔了视野，使国内宪法的功能更加切合实际。无规则的市场自由导致市场自我毁灭，这就是所谓的市场"自由悖论"。市场与人权彼此依赖，对人权的尊重和竞争，只有在法律自由、正当救济、法治和社会正义受宪法保护时，才会催生有效市场。全球化、WTO与国际经济法律体系对世界的用处，仰赖于恰当的国内与国际市场经济法制。宪法保护人权，制约权力滥用，保护民主自治和市场竞争，国内、国际层面莫不如此。

彼德斯曼认为，宪制民主国家的对外贸易法律和政策问题，旨在关注基本人权的保护，并通过限制政府权力的行使，确保政治平等。在国际社会和日益相互依赖的世界经济中，国内和国际经济法的辩证互动对跨国经济关系产生了深远的影响。个人在国内和国际法律秩序中的地位，以及通过国内和国际宪法对其经济自由和财产权的保护，是国际经济宪法的核心组成部分。

因国内政治决策中私人利益的代表不对称，导致政府在提供自由、透明、非歧视性法律框架上频繁失灵，出现了"新的贸易重商主义"。其主要特点是采用不成比例、相互恶化的工具，重返"权力导向的"单边主义和"管理贸易"，摆脱议会和司法控制，使用秘密、歧视性的贸易限制

[①] M. Hilf & E. U. Petersmann eds., *National Constitutions and International Economic Law*, Amsterdam: Kluwer Law and Taxation Publishers Press, 1993, pp. 569-576.

[②] ［德］彼德斯曼：《国际经济法的宪法功能》，《当代法学》2004年第4期。

措施。由于国内宪法规则不足以对个人提供有效保护,就需要在国际层面提供附加保障。

国际经济"宪法规则"主要由 GATT 和其他国际经济组织提供,发挥着重要的国内宪法功能,是使政府广泛的贸易政策自由裁量权宪法化的手段。图姆利尔（Tumlir）提出,将个人权利纳入欧共体法律,提供了"宪法堡垒的第二道防线";彼德斯曼进而认为,国际经济规则提供宪法堡垒的第三道防线,有助于确保在国内秩序中对个人权利和自由提供对称的保护。自由的国际贸易规则应当融入国内立法,公民个人应当有权在国内法院请求获得这些国际自由,原因是国内、国际贸易自由应被公认为一项个人基本权利,而不仅仅是一种经济理论。

杰克逊指出,WTO 设立了遵守 WTO 裁决的国际法义务,捍卫了 WTO 法的效力;就多边贸易体制的制度、机构设计提出规则导向模式,为多边贸易体制中权力政治和法律控制之间关系的演变提供了指南。杰克逊的 WTO 制度宪法论针对 WTO 成员和 WTO 贸易监管权的构成与限制的原理,主要采用功能性权力分配分析方法。后期,杰克逊更侧重于运用国际公法原理和国际法宪制的新近发展,回归 WTO 宪制的本意。美国以 WTO 上诉机构停摆为手段,要挟其他 WTO 成员对美国的"体制性关切"给予特殊考虑,这一做法不仅没有法理依据,也与多边贸易体制的历史发展背道而驰。

(二) WTO 宪法论的评判

近年来,宪法论已经成为国际经济法学研究的核心话语之一。三种主流 WTO 宪法理论,均认为 WTO 宪制能够引导贸易政治的走向,将贸易政治减少到最低程度。然而,困境在于,对宪制的呼吁恰又激发了试图阻止的那类政治纷争。对国际经济法领域宪法话语的祈求,旨在赋予国际法以国内宪法规范所具有的权限和权威。但是,这种策略可能弄巧成拙。国际经济宪法必须重点关注国际经济组织乃至国际法的合法性。国际宪法问题是当今国际法哲学家面临的最重要挑战。

1. WTO 权利宪法论的评判

WTO 相关宪法问题分为两类,即 WTO 在制度、机构方面的"内部宪法问题"和 WTO 与成员之间、与其他国际法制度之间的"外部宪法问题"。[①] 彼得斯曼提出的 WTO 权利宪法论一直处于持续发展状态。WTO 的宪法功能是该理论的起点,以"宪制的经济自由主义"替代"深嵌的自由主义",已成为多边贸易体制新的理论基础。诚然,不对实质意义的经济宪法进行论证,不分析 WTO 法中贸易自由与社会政策之间的关系,就无法应对 WTO 及其规则本身的正当性问题,这是 WTO 权利宪法论在国际经济宪法理论建构上的主要缺失。基于权利的 WTO 宪法化的理论转向表明,应对 WTO 宪法问题和建构 WTO 理想图景不仅应关注符合经济效益的贸易自由,更应关注受 WTO 不利影响的群体的民主民生。

除宪法学和国际法学的传统原理之外,彼得斯曼将政治、经济的自由主义理论、法律的经济分析、多种一体化论、多层次治理论以及正义理论和世界主义民主理论都纳入自己的研究视野。他一直坚持国际经济组织的宪法化,并以各种角度不断发展、不断更新、循时渐进。彼得斯曼将 WTO 的宪法化置于国际经济组织、国际经济法和国际经济秩序的整体框架中展开分析,并扩大到经济领域之外更广泛的全球一体化法范围。

与多边贸易体制的制度变迁相对应,彼德斯曼的 WTO 权利宪法理论分两个发展阶段。与宪制民主中的对外贸易政策及其法律有关的宪法问题,是其宪法论第一阶段(1986—1999 年)所提出的主要问题,主要观点是贸易自由应被承认为一种基本的个人权利,以此重建自由的国际贸易秩序。因此,需要在国际和国内宪制民主中将国家的对外贸易政策和法律加以宪法化,从而遏制和克服贸易重商主义的"市场失灵""政府失灵"。宪法化的主要方法是:针对自由裁量的对外政策权,成员相互提供自由、非歧视和法治的宪法保障。提出 WTO 乃至国际经济组织对其成员方"自由裁量的对外政策权力"的宪法功能和宪制的"自我束缚",是权利宪法论最重要的理论洞见之一。

在第二阶段(2000 年至今),彼得斯曼的理论转型非常迅速。这一阶段仍然传承了第一阶段的理论内容,但在研究重心、理论基础、主要观点以及论证方式和结论上都有所不同。其宪法化的主要理论观点是人权促进

---

① E. g., "The WTO Institution and Constitution: Evolution and Prospects", in M. Matsushita and Dukgeun Ahn ed., *WTO and East Asia: New Perspectives*, London: Cameron May Press, 2004, pp. 12-23.

对自由、非歧视和法治的国际保障起到宪法功能,在宪法上限制国内和国际的管制权滥用。因此,不仅要求国际社会和国家在所有政策领域保护和促进人权,承认不可剥夺的核心人权具有国际法中的"宪法至上性",而且在全球一体化法的框架中人权和 WTO 应该进行整合。另外,国际正义论和民主治理论也促进了国际组织的宪法化及其民主合法性。宪法化的主要实践建议在于继续提高人权在国际法中的法律地位,强调人权不仅是国家也是国际组织所必须承担的义务,将贸易自由理解成一种全球一体化法意义上的经济人权,而法应以与人权要求相符合的方式来解释。彼得斯曼认为,区域一体化法律也认可全球主义(cosmopolitan)宪制。同以国家为中心、将政府权力置于公民权利之上的"威斯特伐利亚法律体系"相比,全球法律体系更加有效地保护国际公共物品;尊重合法的个人、民主和宪法多样性,如双边投资和区域经济、人权体系的多样性;通过对冲权利(如个人获得正义和政府对个人自由限制需具有公共合法性)和宪法"制衡"(包括司法救济),更加有效地限制"政府失灵"和"市场失灵",相反,政府间的布雷顿森林协定和 GATT/WTO 协定根本没有提及人权、消费者福利,以及需要通过竞争、环境和社会规制限制私人经济权力滥用等。[①]

权利宪法论奉行"宪制的经济自由主义",在制度设计上比鲁杰(Ruggie)提出的深嵌的自由主义[②]更为精巧。由于彼得斯曼在第一阶段没有对实质意义的经济宪法进行论证,更没有分析贸易自由和其他宪法权利之间的关系,恰恰无法权衡代表社会政策的各类"经济权利"乃至更为广泛的"宪法权利",从而成为彼得斯曼理论转向的实践原因。正因如此,在权利宪法论的第二阶段,彼德斯曼主张的"权利"还包括社会权利、民主治理和可持续发展的权利等,试图解决第一阶段的缺失,特别是作为经济自由权的贸易自由与其他经济权利、社会权利之间的关系。无独有偶,自 20 世纪 90 年代以来,鲁杰也修订了自己的理论,成为全球契约

[①] E. U. Petersmann, *Constitutional Pluralism and Multilevel Governance of Interdependent Public Goods*, Oxford: Hart, 2012, chapters Ⅱ、Ⅲ、Ⅶ、Ⅷ.

[②] 陈喜峰:《WTO 权利宪法论——经济宪法视角的一种批评》,《国际经济法学刊》2008 年第 2 期。

运动的吹鼓手。① 全球契约在经济全球化的背景下提出，强调企业社会责任，呼吁工商界遵守商业道德、尊重人权、劳工标准和环境方面的国际公认的原则。在此意义上，深嵌的自由主义理论的修订和权利宪法论的理论转向实为殊途同归。

对国际经济组织权利宪法论的批评，提出了多边贸易体制各种层面和意义的合法性和正当性问题，焦点是 WTO 宪法功能和经济宪法的民主合法性问题。对此，贸易自由和代表社会政策的经济权利及其他宪法权利之间的关系，必须置于贸易自由、贸易民主和宪制整体的理论框架中予以分析，同时应考虑到国家层面和国际层面的不同背景。

从主要理论路径看，对国际组织民主合法性问题的批评集中体现为民主赤字，主张国际法不仅应符合国际法的合法性标准，而且应符合国内民主性宪法标准。正如宪制经济学所论证的，宪法一旦确立，通过削减国际安排的交易成本和策略性成本，就可能使一系列本不受欢迎的安排变得有吸引力。宪制并非在政治和法律关系上做出非彼即此的选择，相反，作为一种制度设计，宪制具有整合政治和法律关系的功能。宪法化并不能简单地被理解为是贯彻法律化或者增加政治因素，两者之间的关系可以简化为"宪法化"在某些情况下与"法律化"等同，但"法律化"无疑削弱了"宪法化"的政治功能。②

2000 年以来，随着多边贸易体制实践和理论的发展，WTO 权利宪法论经历着理论的转向，也成为研究批评的焦点，主要分为四个方向。第一，托马斯（Thomas）等主张因 WTO 本身存在"民主缺陷"问题，不应发挥所谓的宪法功能。第二，格哈特（Gerhart）等认同彼德斯曼的理论路径，但研究结论却几乎相反。第三，豪斯（House）等对 WTO 权利宪法论提出全面批评。豪斯指出 WTO 的宪制是一种"白日梦"，WTO 宪法化只能激化合法性危机或限制对这类危机的适当反应；丹诺夫（Dunoff）则认为 WTO "宪制"不过是一种隐喻甚至幻象，WTO 的宪制转

---

① 1999 年 1 月，联合国秘书长安南提出"全球契约"计划，要求企业在各自的影响范围内遵守、支持并实施一套人权、劳工标准、环境及反贪污方面的十项基本原则。

② Judith Goldstein, "Legalization and World Politics", *International Organizations*, Vol. 54, 2000.

向是作茧自缚，因为这正引发了其试图预先阻止的那类政治活动。[①]第四，杰克逊等从理论建构或者方法论的角度，提出了与WTO权利宪法论平行的理论路径。

宪制安排的前提是需要一定的宪法价值，问题的实质在于如何达成这种预设的宪法价值。就多边贸易体制而言，这实质上成为一种贸易价值与非贸易价值之间在国际层面的"宪法决断"以及如何达成这种决断的"宪法策略"问题。WTO宪法化诸理论及其批评，共同点是都针对这种"宪法决断"问题，主要区别之一是如何达成这种决断的"宪法策略"问题。

2. WTO制度宪法论的评判

作为与WTO权利宪法论相平行的理论代言人，塔奇曼（Trachtman）认为宪法化的重要方面是如何处理广泛的社会价值的相互包容程度，特别是将市场利益与非市场利益整合的方法。塔奇曼以管制经济学和宪制经济学的分析为基础，将这类社会价值之间的关系理解为一种管制性竞争，设想了一种宪法辅助性（subsidiary）原则，[②]关注应该在哪种层面和在哪种职能背景内发挥宪法职能，并据此提出职能宪法促进了不同种类的偏好在部门间的权衡。杰克逊则提出了WTO制度宪法论，又称为WTO职能宪法理论。

杰克逊一直主张以多边贸易体制的制度性结构作为基础的宪法理论框架。就贸易自由和社会政策之间的关系而言，该理论主张，一方面，WTO应积极采取协调、遵从和结合等方式，在纵向上与成员的国内贸易法律和政策、在横向上与其他相关的国际制度相互促进，以实现贸易政策与社会政策的权衡和管理；另一方面，WTO在立法方面的规则和程序可以对司法造法进行制衡。因此，应在WTO内部宪法的制度设计上，解决司法和立法之间的不平衡关系，以促进贸易关联问题的立法决策或司法裁判。科蒂尔（Cottier）也认为，WTO的宪法化是"一种态度和框架，能够对不

[①] Jeffrey L. Dunoff and Mark A. Pollack, "The Judicial Trilemma", *American Journal of International Law*, Vol. 111, 2017, pp. 267–268.

[②] 指成员没有能力履行某项任务时，欧盟才承揽该任务。这一原则有深远的历史根源和宗教背景，体现的是民主制度尊重人民的自治能力，目的在于限制（比如欧盟或国家）公共权力，激励人们行使参与权。Joel P. Trachtman, *The Future of International Law: Global Government*, Cambridge: Cambridge University Press, 2014.

同的然而同样合法地经过民主确定的基本价值和政治实体的政策目标进行权衡,旨在促进广泛意义上的自由和福利"[1]。

就多边贸易体制的制度和机构设计而言,杰克逊最重要的一个贡献是提出了规则导向模式。杰克逊等学者将规则导向模式推崇为多边贸易体制中权力政治和法律控制之间关系演变的指南,引导了乌拉圭回合结束时多边贸易体制的重生。权力分配形式多样,WTO 成立后,杰克逊主要运用功能性权力分配分析法对 WTO 制度和宪法展开分析,务实地理解不同治理层面的权力分配。权力分配分析涉及各种价值方面的考虑。

彼得斯曼认为,杰克逊的研究"超越了国际法的传统观念,采取了一种市民导向的宪法路径,考虑到贸易商、生产商和消费者的需要,也考虑到民主合法性以及国际组织和规则的宪法节制的需要"[2]。实际上,在学术生涯的最后十几年,杰克逊更关注国际公法原理的运用和国际法宪制研究的新近发展,甚至还提出了国际组织自身的善治、透明度、参与、权力制衡、民主合法性,以及国际法的法源、国际法规范的正当性等更为广泛的主题,使 WTO 制度宪法论体现宪制的本意。对于近 20 年来国际贸易政治环境的变化,杰克逊注意到单纯的制度和机构设计及其权力分配,如果缺乏宪制价值的引导,多边贸易体制的宪法化进程不仅会遭遇反复,也可能失去前行方向。"具有合法的善治特征的国际制度和机构,可以在一定程度上作为民族国家主权行使的替代。"这类特征包括民主合法性要素,施行制度目标的效率和能力,必需的司法制度性结构等。本质上,这就是国际法的宪法模式。[3]

这是杰克逊第一次实质性地提出国际法"宪法模式",也是其 WTO 制度宪法论的一种总结和拓展。此后,杰克逊全面阐述了其"宪法思想",指出"宪制"至少具有四种不同的类型:第一,适用于具有一部宪法的民族国家;第二,宪法在规范性意义上的应有内容,诸如民主或人权等特性;第三,国际或跨国的政府间机构或国际组织的发展,例如联合国

---

[1] Thomas Cottier, "Multilayered Governance, Pluralism, and Moral Conflict", *Indiana Journal of Global Legal Studies*, Vol. 16, 2009, p. 647.

[2] Ernst-Ulrich Petersmann, "On The Constitution of John H. Jackson", *Michigan Journal of International Law*, Vol. 20, 1999, p. 149.

[3] John H. Jackson, "Sovereignty—Modern: A New Approach to an Outdated Concept", *The American Journal International Law*, Vol. 97, 2003, pp. 782-802.

和欧盟；第四，作为整体的国际法体系的规范创制及其演进适用的过程。他认为，第四种意义的宪制指明了重构国际法基础的总体方法。与问题重重的主权概念和国际法创制的"同意理论"相比，特别是就世界不同层级的治理实体内部及其之间进行权力分配而言，宪制提供了一种务实的功能主义路径。针对国际制度和机构面临的种种挑战，杰克逊指出：与"制度、机构"相比，"宪法"可用于广泛的，指称更稳定和重大的人类制度和机构性框架；同时，也涵盖经验上值得关注的实体。

WTO 的制度和宪法发展，仍然任重道远。WTO 及其协定并非唯一重要的国际经济法制度和工具，"该体系并不完美，面临以下批评：制度结构和 WTO 的治理；对各参与者间权力分配的影响，劳动和人权问题等；WTO 过于扩张，日益涉及主权国家的内部监管和治理事项；WTO 不足以应对解决世界市场的政府扭曲等内部治理问题，农业出口和国内补贴等扭曲对贫穷国家尤其不利；WTO 完成其任务的有效性等"[①]。

也许欧盟的宪法发展取得的成功将是第二次世界大战后"创新期"以来对世界和平的最大贡献，在制度发展上带来了更大的世界和个人福利。究其原因，部分在于 20 世纪经历了两次灾难性的"欧洲内战"，避免欧洲再次发生战争和促进包括人权和善治在内的价值观，将通过直接、溢出和示范效应，为整个世界带来利益。[②]

然而，在某些现实情况下，传统的核心"主权"与国际组织之间产生巨大的紧张关系。这种紧张关系不断显现，在许多情况下得到解决，其中有些非常尖锐地体现在 WTO 争端解决机构等国际司法机构的工作中。[③] 近年来，国际经济组织的发展苦乐参半，需要继续用新的理念对现行国际法和国际经济法律概念进行深入的分析。其中的一个概念要素是国际司法制度越来越重要，大有发展国际组织"必要"作用之势。然而，国际法 30 年来的总体发展表明，同经济趋势相比，与政治和地缘政治/军事问题相关的事件较为令人沮丧。这些明显对经济图景影响巨大，其影响

[①] John H. Jackson, "The Changing Fundamentals of International Law and Ten Years of the WTO", *Journal of International Economic Law*, Vol. 8., 2005, pp. 6-8.

[②] John H. Jackson, "The Changing Fundamentals of International Law and Ten Years of the WTO", *Journal of International Economic Law*, Vol. 8., 2005, pp. 9-10.

[③] John H. Jackson, "Dispute Settlement and the WTO: Emerging Problems", *JIEL*, Vol. 1, 1998, p. 329.

远大于国际经济组织本身对世界和各国经济产生的影响。

总之，奥尼尔（O'Neill）等曾指出，"所有政治都具有地方性"①。相反，德鲁克（Drucker）也曾指出，"所有经济都具有国际性"②。这种重要的紧张关系对民主国家也许是系统性的，对寻求解决问题的政府构成严重问题。但是，随着世界努力管理21世纪的各种危机，这对国际事务的未来及其改善也可能意味着机遇。

3. WTO 司法宪法论的评判

有些学者明确提出以司法为基础的 WTO 宪法化理论（简称"WTO 司法宪法论"），并指出 WTO "宪法化"通过司法解释发展出宪法性规范和结构，进一步推进法律发展。这种"宪法化"含义强调，司法性的争端解决机制并不单纯是一项宪法化的制度，而是提供了司法造法的宪法化模式，并引导着宪法化的进程。③

如果上诉机构抓住"宪制时刻"，作出推进 WTO 宪法化的裁决，即使仅仅引发了 WTO 成员的"宪法商议"，对于 WTO 宪法化的政治变迁和话语体系的影响也不容低估。④

（三）国际贸易诚信关系的历史演变与美国主导下的规则建构

1. 国际贸易诚信关系的演变历程

国际贸易诚信关系的演变主要分为三个阶段。第一，合作共赢阶段。由于历史等多方面因素的影响，美国及其几个西方盟友在政治、军事、经济、文化等多方面有着较强优势，并在国际社会中形成了霸权地位。一方面，在制定 WTO 规则时，这些国家由于掌握了话语权，所以会尽可能地在规则中体现自己国家的利益。此外，为了提高发展中国家的积极性，避免发达国家的发展处于疲软状态，在 WTO 规则中也有部分规则向发展中国家倾斜。另一方面，发展中国家由于自身在多方面处于明显劣势，不会

---

① See Thomas P. O'Neill and Gary Hymel, *All Politics is Local*, N.Y.: New York Times Books, 1994.

② Peter F. Drucker, "Trade Lessons from the World Economy", *Foreign Affairs*, Vol. 73, No. 1, 1994, p. 99.

③ 有关 WTO 司法宪法论的详细分析，参见第六章四三节。

④ 陈喜峰：《WTO 宪法化的第三条道路：WTO 司法宪法论及其批评》，《国际关系与国际法学刊》2012年第2卷。

也不可能要求在国际贸易中建立自己的话语权体系,所以在与发达国家交往中只能处于相对服从地位。这样的服从,不仅是希望能够在贸易自由化中促进经济发展,享受国际组织提供的国际公共产品,更希望大国维护国际和平与安全,保护发展中国家的利益不受侵犯,提高发展中国家的实力。

第二,竞争合作阶段。霸权国家在国际贸易规则中的适当让步,通常会使发展中国家抓住机遇迎接挑战。因此,当霸权国家发现在自己的话语权体系下,发展差距开始变小,他们往往会采取措施,利用自己的霸权地位限制这种发展。但是,发展中国家在这一过程中各方面实力都有了显著提高,于是开始寻求双边或区域性合作以对抗在霸权国家的话语权体系中遭受的不公待遇,便有了下一阶段的贸易摩擦。比如,中国自2001年加入WTO以来,在全球的经济地位迅速上升,而美国经历2006—2007年次贷危机,由其主导的国际货币基金组织(IMF)和世界银行(WB)中的许多规则都是以其自身及相关利益团体的利益为导向形成,早已引发了许多成员的不满。中国坚决维护世界和平与发展,争取更多的发展中国家的利益,其崛起引起美国警觉,最终导致中美贸易关系由合作共赢走向竞争合作,再到贸易摩擦的发展变化。

第三,贸易摩擦阶段。发展中国家和新兴国家的迅速崛起,使美国及其几个西方盟友国家感受到前所未有的冲击。美国认为WTO规则存有诸多限制,会使发达国家处于劣势,应当构建"无差别"的WTO。为此,美国甚至以退出WTO相威胁,使WTO面临被边缘化和解体的危险。2008年次贷危机使美国遭受重创,为了经济复苏,美国迅速展开了一些有损国际信誉的措施。比如,美国针对中国国有企业的"反补贴"措施进一步强化了单边贸易管理制度。实施四次货币量化宽松(QE)政策,导致新兴经济体出现通货膨胀,出口成本大增等负面效应。2009年奥巴马政府宣布加入《跨太平洋伙伴关系协定》(TPP),强调将中国排除在外。随着双边贸易与区域贸易自由化的兴起,WTO在协调国际贸易上虽然有弱化趋势,但目前WTO仍然是各国争夺国际贸易规则话语权的高地,国际社会纷纷要求改革WTO,以此为基础重构国际贸易规则。

2. 美国主导下的国际贸易规则建构——严重背离诚信原则

美国及其几个西方盟友目前迫切需要重构国际贸易规则,目的不仅在于走出经济发展的困境,更想借规则打压、围堵中国,维持全球经济霸主地位并继续主导新一轮国际贸易规则话语权。具体路径有两条：第一，构建以"美国优先""双边多元"体制的国际贸易新规则。2008年金融危机爆发，国际贸易由多边贸易转向区域贸易安排，美国主导的TPP、《跨大西洋贸易与投资伙伴关系协定》（TTIP）等旨在架空WTO和亚太经合组织，占据区域性贸易规则的主导地位。特朗普政府时期，美国贸易政策转变为贸易保护主义，"美国优先"，突破WTO、IMF与WB等中心化经济金融谈判平台，主张一对一谈判，最终形成《美墨加协定》，进而逐步形成以西方国家利益为导向的国际贸易新秩序。第二，构建无差别WTO规则，取消对发展中国家的政策倾斜。2017年美国提出"不公正对待"问题，拉开了WTO改革序幕。发达国家主张其在WTO中受到了不公平对待，要求重新界定发展中国家与发达国家的区别，且过于低效的WTO多边争端解决机制不利于现代国际贸易的发展。美国改革WTO规则的诉求，是想导入美国主导的国际贸易新规则理念。

美国主导下的国际贸易规则建构，形式上是贸易摩擦规则。中美贸易摩擦开始于美国日益严重的贸易逆差与制造业的"空心化"。美国不愿在国际贸易中处于被动局面，于是选择打压中国。美国对中国发起的贸易摩擦，大致可以分为三个阶段。第一阶段是2018年3月到2019年5月，从科技战开始，对中国的加税商品主要集中在核心科技领域；第二阶段是2019年5—9月，主要涉及中国的低端制造业；第三阶段是2019年9月至今，WTO争端解决机制停摆，中美贸易摩擦局部降温，定点脱钩和制裁中国高科技企业成为主要形式。中美贸易摩擦的实质是美国及其几个西方盟友打压以中国为代表的新兴发展中国家，是美国重塑利己主义国际贸易新秩序的战略举措。

美国主导下的国际贸易规则重构，旨在围堵、打压中国，严重背离国际法诚信原则。首先，美国主导全球贸易规则重构是倡导零和博弈、树敌、分裂世界的过程。美国已将中国列为战略性对手，主张"双边多元"的贸易政策。其次，美国及其几个西方盟友企图通过WTO体制内外两种途径构建新的国际贸易规则，重塑经济霸主地位。特朗普政府奉行"美国优先"和贸易保护主义，先后退出了TPP、《巴黎协定》《移民问题全球契约》以及《维也纳外交关系公约》等。不仅如此，美国还以"受到不公平对待"为由首先将与中国的贸易争端诉诸国内法，而非提交WTO争端解决机制。这表面看为了寻求公平待遇，实质是无视WTO框架下的多边贸易规则。美国"以退为进"争取谈判筹码，试图将国内法变为国际贸易标准。

美国主导下的国际贸易规则重构，更是不择手段拉帮结派，将国际经贸和法治关系政治化的过程，造成国际治理信任赤字。美国的这种做法，不仅失去了身为大国的责任感和历史使命感，还会让其他国家对美国在国际贸易交往中是否会诚信产生怀疑。美国不断"退群"，已无善意可言；美国不断编造谎言，针对中国发起包括贸易在内的各种制裁，毫无诚信可见。

中国自2001年加入WTO后，抓住机遇不断提高自己的参与度，迎来了大发展大变革，在国际贸易中的地位和作用显著提高。面对美国主导的围攻和打压，中国如何寻找突破口，重构国际经贸诚信规则，提升话语权，是一项影响深远的巨大挑战。

四 国际贸易诚信规则建构

如果缺乏宪制价值的指引，只有单纯的制度设计和权力分配，多边贸易体制的宪法化进程不仅会遭遇反复，还可能失去前行的方向。[1] 在"贸易共同体导向"利益观缺失的情况下，WTO的制度和宪法发展仍然任重道远。[2] 中国倡导的全人类共同价值和人类命运共同体理念应运而生，是重构国际经贸规则的价值基础和根本遵循。其中，善意原则是重构国际贸易规则、实现国际贸易宪法化的基本依据；在此基础上，权力诚信原则肩负着引导国际经贸权力配置、制约监督权力行使和确保国际经贸公平正义的重大使命。

如第一章所述，善意和诚信是中国传统文化的基本内容，是经济交往最基本的要求；诚信观是社会和谐的基石和国际交往的重要准则。在国际贸易规则建构的过程中，中国始终坚持诚信原则，主张在互利的基础上，

---

[1] John H. Jackson, *The World Trading System: Law and Policy of International Economic Relations*, Oxford: The MIT Press, 1997.

[2] 陈喜峰：《WTO宪法化的第三条道路：WTO司法宪法论及其批评》，《国际关系与国际法学刊》2012年第2卷。

共同建立互相信任、合作共赢的国际贸易新秩序，抵制西方阵营的压力，发出中国声音。

中国推动构建人类命运共同体和"一带一路"建设的伟大实践和成就，也为中国主导、参与国际贸易规则建构提供了扎实的现实基础。为了进一步促进国际贸易的发展，维护自由稳定的国际贸易秩序，解决"世界怎么了，我们怎么办"这个问题，提出中国方案是切实必要的。

习近平在2017年1月18日在联合国日内瓦总部的演讲中指出，"中国将坚持维护以联合国为核心的国际体系，坚定维护以联合国宪章宗旨和原则为基石的国际关系基本准则""要维护世界贸易组织规则。支持开放、透明、包容、非歧视的多边贸易体制，构建开放型世界经济"。

面对美国及其几个西方盟友的敌对思想和打压中国的战略，为此，我们要"注重策略方法，强求斗争艺术，坚持团结一切可以团结的力量"①，从全球、区域和国内涉外多个层面，引领国际贸易诚信规则的建构。

（一）推进 WTO 关键领域改革

1. WTO 宪制的中国话语

左海聪教授认为，西方有关 WTO 宪制化的三大理论都不符合民族国家的宪制化概念的全部核心要素，应当将"贸易民主"作为 WTO 宪制化重构的重心。② 当前的 WTO 宪制化理论研究似乎是西方学者之间的自说自话，将西方宪制传统引入国际组织和国际法，几乎完全忽略了东方国家的政治制度和文化。宪制化最基本的作用在于设定一系列关系的元规则。中国学者应当从中国和发展中国家的利益出发，打破西方学者独占的话语权，争夺研究高地。本书认为，上述左海聪"以贸易民主为基础的宪制"与彼得斯曼"以权利为基础的宪制"本质上属于同一类，都强调以主权国家的平等权利为基础，充分发挥各成员国民主在 WTO 治理中的作用。虽然凯斯提出的发展议题，改变了西方学者眼中发展中国家视角下理解 WTO 宪制化问题的"集体失语"局面，但加强 WTO 的合法性或许还有新

---

① 中共中央宣传部、中华人民共和国外交部：《习近平外交思想学习纲要》，人民出版社、学习出版社2021年版，第75页。

② 左海聪、范笑迎：《WTO宪政化：从"司法宪法论"到"贸易民主论"》，《当代法学》2013年第6期。

的思路。习近平提出的人类命运共同体和全人类共同价值就是一种新思路、新模式,与西方普世价值观不同,这种新模式更具包容性、尊重差异性,强调和平发展、公平正义、民主自由的多元价值。我们不仅应当打破现有WTO宪制化三大理论的固化模式,更应当打破西方的话语权垄断,按照这种适合中国和广大发展中国家国情的新模式,坚持诚信理论和原则,为构建人类命运共同体和"一带一路"建设提供制度规则支持,贡献中国的全球经济治理方案和智慧。

2. WTO制度规则改革的中国方案

中国已从国际贸易规则的适应者转变为重要的参与者乃至引领者。面对美国提出的WTO改革提议,中国方案必须坚持WTO的最惠国待遇关税约束、透明度、特殊与差别待遇等基本原则,捍卫贸易自由化的总体方向;坚决反对美国及其几个西方盟友国家提出的贸易保护主义和提高关税的措施;改革WTO的争端解决机制和规则;① 在WTO的组织架构中体现诚信理念,加大对大国滥用影响力的约束;团结一切可以团结的力量,在WTO框架下展开合作,包括就特定议题达成诸边协议等,促进国际贸易的可持续发展。

自2015年WTO陷入困境以来,中国作为关键参与方积极推动WTO框架下的诸边谈判。2021年12月2日,中国、美国、英国和欧盟成员国等67个国家在经过长达4年的谈判后,终于在WTO达成一项"历史性"协议。新协议的意义并不局限在服务贸易领域。WTO长期未能在所有164个成员中达成多边贸易协议,一部分国家开始转向"诸边谈判",以期在国内服务监管等领域取得进展。WTO"回到了规则制定的岗位上,这将增强我们努力实现目标WTO的信心"。中国在WTO发挥着积极作用,在所有领域的影响力越来越大。中国积极参与WTO部分成员开展的各种自愿倡议,包括上述国内服务监管协议,协议将大幅减少跨境服务提供商面临的许可和资格要求相关的烦琐程序与成本。中国积极参与并协调其他倡议,如有关投资便利化、塑料污染、电子商务小微企业(MSMEs)和贸易与性别等问题的持续讨论。中国还帮助新成员学习更好地融入多边贸易体系。入世20周年,"中国是教科书式的案例,充分展示融入全球贸易体

---

① 关于WTO争端解决机制和规则改革的详细分析,参见第六章第四节。

系能推动增长和发展"①。

（二）签订区域贸易协定

除继续维护 WTO、促进其关键领域改革之外，中国还通过签订、申请加入区域贸易协定，充分利用区域国际贸易规则，减缓单边主义势力对国际贸易的阻碍和破坏。目前，我国的区域贸易协定伙伴既包括发达经济体，也包括发展中经济体。2021 年 4 月 15 日，我国正式完成 RCEP 核准程序，成为非东盟国家中第一个正式完成核准的国家。RCEP 有利于亚太区域贸易发展，同时有利于我国吸收外资，改善外资环境。为了进一步推动"一带一路"建设、应对全球贸易发展中的挑战，我们要积极构建区域贸易伙伴关系，加强已有区域贸易协定对潜在区域贸易协定形成的影响，扩大区域贸易范围。以中国—东盟自贸区为例，中国海关总署发布的 2020 年上半年货物进出口数据表明，东盟成为中国第一大贸易伙伴。

商务部务部 2021 年 9 月 16 日消息，中国向 CPTPP 保存方提交了中国正式申请加入 CPTPP 的书面信函。申请加入 CPTPP，有利于中国扩大国际贸易活动的舞台，进一步提升中国在国际贸易领域的话语权。此外，2021 年 11 月 1 日，中国还正式提出申请加入 DEPA。申请加入 DEPA，展现了中国积极参与数字经济国际合作及相关规则制定的建设性姿态，也反映出中方致力于扩大开放、对接国际高水平规则标准的坚定决心。

（三）发挥自贸区在贸易方面的积极作用

积极推动国内自贸区试验，化解当下国际贸易规则挫折带来的风险。新冠肺炎疫情冲击下，百年大变局加速演进，外部环境更趋复杂严峻，自由贸易区能够维护相对稳定的贸易关系，有助于抵御单边主义、霸权主义行为。应充分发挥自贸区国际贸易规则在深化改革和对外开放中的积极作用。自贸区是我国在国际贸易领域对最新贸易现象和最新贸易规则以及监管进行的重要探索。区域自贸协定在投资和贸易标准方面比 WTO 有所提高，致力于解决最近十多年来国际贸易投资中出现的一些新问题。

---

① WTO ｜ News-Speech-DG Ngozi Okonjo-Iweala-20 Years of China's WTO Membership: Integration & Development — High-Level Opening session（virtual），https://www.wto.org/english/news_e/spno_e/spno19_e.htm，Dec.，20，2021.

第三章

国际投资法治规则建构的诚信理论

目前，全球有 3000 多个双边投资条约。贸易与投资密切相关，许多自由贸易协定含有投资章节，① 就连 WTO 也有与贸易有关的投资措施协定（TRIMs），含有投资章节的区域性投资协定目前已有数百个。最有影响力的区域性投资协定是 USMCA②、CPTPP 和 RCEP、CAI③ 等。在国际经贸关系中，投资是贸易的延伸和经济活动的深化，无论对投资者还是东道国而言，都具有更大、更长远的影响。不同形态的投资协定和条约，围绕投资保护与监管之间的平衡，④ 明晰主权国家管理外资的权利和保护外资的义务，从而改善投资环境、促进国际资本安全流动、增强投资者信心，为国际投资提供法治保障。

与国际贸易诚信规则一样，国际投资诚信规则也由善意规则和权力诚信规则组成，但具体内容和表现形式又有所不同。国际投资善意规则主要涉及投资待遇，包括 FET（含稳定条款）、国民待遇和最惠国待遇；投资者的义务，包括可持续发展、环保、人权、反腐等义务。国际投资权力诚信规则主要涉及东道国对外资并购等进行的国家安全审查等外资管控措施。

---

① 《国际经济法学》编写组：《国际经济法学》，高等教育出版社 2016 年版，第 311 页。
② 2020 年 7 月 1 日，《美墨加贸易协定》（USMCA）正式生效，取代 1994 年生效的 NAFTA。
③ 2020 年 12 月 30 日，中欧领导人共同宣布如期完成 CAI 谈判。
④ 张庆麟：《论晚近南北国家在国际投资法重大议题上的不同进路》，《现代法学》2020 年第 3 期。

一　问题的提出

发展中国家与发达国家关于投资保护与监管之间的平衡点不同，集中体现在东道国对外资的监管权、投资准入、投资待遇、间接征收标准、投资者与国家间争议解决（ISDS）机制改革等方面。以 FET 条款为例，[①] 从投资者和东道国的不同视角，学术界对这种平衡存在不同的意见和激烈争论。[②]

作为国际投资准入自由的例外规则，国家安全审查被泛化，已然危及全球贸易投资秩序的正常运作。[③] 国家主权在国际交往中如何维护本国利益这种旧观念，会导致形成与其他国家是"对手关系"的观念，也会导致各国对外经济法律政策呈现出"权力主导型"而非"规则主导型"的特征。[④] 国际规则提供国际公共物品，对有害于他国的国内政策手段施以国际合意约束，具有遏制"贸易保护主义偏见"等方面的重要功能。由于缺少国际约束和协调机制，各国安全审查制度存在泛化乃至滥用的可能性。[⑤] 缺乏约束的国际安全审查，已对全球化市场构成一个新的障碍，可能引发国家间的矛盾和对抗。过度安全审查事实上阻碍了国际资本的自由流动，助长了投资保护主义，破坏了国际投资法律秩序。从目前美国安全审查打压、围堵中国的动机来看，美国正在破坏国际投资领域的信任基础，为国际投资领域带来了巨大的损失和社会成本。美国滥用安全审查措施，使投资领域的法律问题被政治化，具有明显的民族主义色彩，为霸权主义和国际强权提供"保护"，明显构成对监管权的滥用。

[①] 该条款已成为投资者在 ISDS 仲裁中援引最为频繁的条款。

[②] 《国际经济法学》编写组：《国际经济法学》，高等教育出版社 2016 年版，第 315—316 页。

[③] 漆彤、刘嫡琬：《外国投资国家安全审查制度的国际协调：必要性、可行性和合作路径》，《国际经济评论》2021 年第 5 期。

[④] ［德］彼得斯曼：《国际经济法的宪法功能与宪法问题》，何志鹏、孙璐、王彦志译，高等教育出版社 2004 年版，第 20—21 页。

[⑤] Richard, G. R., "Practitioners Should Advise Clients That Any Transaction Involving Foreign Investment May Come under the Purview of CFIUS", *Los Angeles Lawyer*, Vol. 33, No. 6, 2010, p. 47.

当前，国际投资规则失灵主要体现在以下三个方面。

1. CAI 遇冷

2021年3月，欧盟附和美国，以人权谎言为基础，针对中国发起制裁，冻结了原定对CAI的核准审查，使中欧投资及相关法律关系蒙上了阴影。目前，CAI尚未正式生效，而从文本审核到协议签署、各国批约再到落地执行，仍面临多方面的挑战。在欧盟内部，协定本身已被高度政治化，批约演变为各方势力新的博弈焦点。各派反对力量阻挠协定的签署和批准，尤其是煽动欧洲议会否决协定或借此粗暴干涉我国内政。

美国是影响CAI生效的最重要的第三方变量。2020年9月22日，美国国会众议院通过法案，在谎言的基础上针对中国企业和个人发起制裁。随后怂恿欧盟，冻结对原定CAI的核准审查。在CAI正式批准生效之前，美方会持续施压阻挠。为了实施围堵、打压中国的战略，美国在国际投资规则领域将玩弄国际政治权术发挥到极致，成为世界最大的失信者。

2. 中美经贸协议断层

《中华人民共和国政府和美利坚合众国政府经济贸易协议》（第一阶段）已于2020年1月15日在美国华盛顿签署，并于2月14日正式生效，这一协议的签订初步改变了中美双方自2018年3月以来在经贸摩擦中博弈的态势。中美两国自2008年启动双边投资协定（BIT）谈判以来，谈判进展非常缓慢，这与两国仍然在外资国家安全审查、国有企业、投资者与东道国争端解决机制、劳工保护以及环境标准等多方面存在一些分歧密切相关。BIT能否尽快达成，取决于两国对各自国家利益的妥协。

另外，美国认为中国政府对国有企业的各类补贴和政策优惠造成资源配置扭曲，构成对外资企业的不公平竞争，希望通过投资协定中的相关条款制约中国政府对国有企业的扶持并削弱国企的竞争优势，将国企纳入缔约方范围，承担投资者和缔约方的双重义务。

3. 国家安全审查趋严

现阶段我国企业在美投资遇到的最大障碍是美国对外国投资的国家安全审查。美国认为其有权自行裁决涉及国家根本安全的投资项目，将涉及外资审查的问题直接排除在BIT谈判之外。美国宽泛的国家安全定义为其监管外资留下了极大的任意解释权和自由裁量权，并且拒绝公开针对我国赴美投资企业所进行安全审查的法律依据和具体程序。美国将涉及国家安全利益的投资项目直接排除在仲裁解决机制之外,不利于我国企业在美投资正常权益的维护,增加了赴美投资的不确定性。

在美国审查的中国交易中,收购成功的例子少之又少,无法通过审查的案例比比皆是,如华为公司被迫退出美国市场等。在蚂蚁金服并购速汇金(MoneyGram)案中,蚂蚁金服曾三次向美国外国投资委员会(CFIUS)提交收购申请,但 CFIUS 以稳定美国金融市场和保护消费者信息为由阻止并购,2018 年蚂蚁金服被迫放弃收购计划,并支付 3000 万美元作为给速汇金的"分手费"。《外国投资风险审查现代化法》计划试点,使中国赴美投资企业面临更大的风险和更严格的外资安全审查,风险和成本陡增。

近年来,美国对中国企业的审查更多集中在高新技术以及科技创新领域,针对"2025 中国制造"计划。自 2017 年美国对中国发起"301 调查"以来,美国频繁以"中国窃取美国知识产权和商业秘密"为由,对中国企业加征关税,迫使中国在贸易逆差、知识产权保护、双向投资等问题上向美国做出重大让步。从国家安全的审查对象来看,我国企业海外投资被审查案件主要包括以下几种类型:一是对触及敏感信息的安全审查,如联想集团收购 IBM 电脑案;二是对敏感行业安全审查,如中国海洋石油股份公司收购美国优尼科石油公司案,美国政府认为并购带有极强的政治目的;三是对敏感技术的安全审查,美国认为核心技术的知识产权转移到中国,构成对国家安全的威胁;四是对投资者军事背景的安全审查,最著名的是华为并购美国三叶系统科技公司案。

为此,需要对国际投资法核心规则展开研究,尤其是以 FET 条款为线索,分析国际投资法中的善意规则,并围绕国际投资安全审查制度,分析国际投资诚信监管规则,为国际投资诚信规则建构的中国方案提供理论、制度参照与支持。

二 国际投资法中的善意规则

(一)国际投资法中的善意规则概说

善意描述的是国际法中的规范价值,可以在国际法争议大的各个领域提供指引。国际投资法本身存在合法性危机,[1] 而美国及其几个西方盟友在国际投资规则领域的政治操弄加重了这种危机。研究的意义,在于显示善意能在困难领域发挥多大的作用。

这种研究对国际法有更广泛的意义,除说明善意与解决国际投资法争议问题相关之外,还与条约的解释相关。在国际法中,如第二章分析所述,善意具有许多方面的相关性。法律的合法性取决于其内在连贯性,而国际投资法缺乏这种连贯性。[2] 善意有助于提供标准,对不一致的裁判进行判断。困难在于,无法就整体假说达成一致。然而,善意可以提供基本思想,如避免以不诚实的方式求助法律,不通过国际法推翻东道国法律的目标。以这些善意价值观检验法律后果,有助于恢复国际投资法的合法性。

善意还有助于限制决策者举棋不定,使其能够对事实情况进行客观评估,通过客观推理做出决定,根据事实适用法律。近期越来越多的批评认为,仲裁员倾向于某些有利于企业而不利于东道国公共利益的方案。原因是仲裁员来自狭小的圈子,[3] 其偏好的方案对大企业有利。还有指控认为,仲裁员寻求设立跨国治理准则,而实现正义就设立这些准则的任务而言只处于第二位。善意可以就这些情况提供纠正功能,使仲裁员做出与客观原理保持一致的分析。对此,有批评意见认为,偏好企业的仲裁员能够拿善意为我所用。常见的主张是,仲裁员提倡新自由主义议程,确保创建保护商业和投资利益的法律。通过提供中性标准,善意可以提供纠正方法。但是,善意也可以来促进新自由主义议程的论点,因为提高契约神圣性或保护财产的基础是承诺,而履行承诺与善意目标一致。由此可见,善意并非灵丹妙药。

除有利于条约解释之外,善意对国际投资法的相关性还体现在仲裁程序或管辖阶段。善意能降低交易成本,全球交易当事人善意行事并履行承诺时,可以促进相互利益。进而,有利于实现交易目标,提高透明度,并

---

[1] See, eg, Susan Franck, "The Legitimacy Crisis in Investment Treaty Arbitration: Privatizing Public International Law through Inconsistent Decisions", *Fordham L. Rev.*, Vol. 73, 2005, p. 1521.

[2] Andrew D. Mitchell, M. Sornarajah and Tania Voon, *Good Faith and International Economic Law*, Oxford: Oxford University Press, 2015, pp. 2-3.

[3] See, eg, Anthea Roberts, "Clash of Paradigms: Actors and Analogies Shaping the Investment Treaty System", *American Journal of International Law*, Vol. 107, 2013, p. 83.

促进对商业和投资的运行具有重要作用的其他价值。善意还有利于确立实体法。有主张认为,国际投资法实体法是在仲裁裁决中发展的,超过了相关条约成员国的原始意图。在投资仲裁中发展先例体系的趋势,导致投资法体系的司法化。[1] 由于精选的仲裁员团体主导着法律发展的进程,实体法产生的过程不可预测。国家努力限制这种趋势,但有时难以奏效。许多扩张主义的解释涉及保护投资的传统实体法,如征收或外国人最低国际待遇标准等。这些解释遭到的批评不及 FET 这一无形公式的遭遇,[2] FET 有半个多世纪没人注意。突然间,FET 标准活跃起来,对其解释的含义以前绝对不可能。该待遇标准已经成为现代投资仲裁的主体部分,大量裁决依据其广泛解释授予赔偿。可以将这一趋势认定为投资仲裁合法性危机的主要基础原因。关于近年来出现这一现象的原因,有许多猜想。但事实是,法律仅因解释而获得了新的驿站,这种现象已经引起许多焦虑。问题是,善意的观念是否能就化解这一焦虑提供任何指引。

善意要求法律具有内在一致性。国际投资法合法性危机的一个原因是缺乏这种内在一致性,缺乏一致性的原因则是不同条约中的相同条款存在相反的解释,或者涉及类似事实的争议却有不同的解决方案。善意原则的作用是要求达成一致,但又不对特定方案表达主观偏好。不幸的是,业界讨论认为,裁决的依据是少数主导投资仲裁的仲裁员偏好。善意要求终结这种情况,并消除主观性。投资仲裁中,善意通过合法期待、禁止反言、默认、权利滥用、程序滥用、干净的手等具体化的概念,防止滥用法律制度。

尤其是,FET 标准是国际投资法最重要的规则之一,然而其文本表达的模糊性导致解释和适用出现大量问题。在没有文本明确指导的情况下,仲裁庭和学者有时求助善意和滥权等更一般的概念,来明确 FET 的范围和含义。善意在说明 FET 既定内容上肯定有用。同时,将 FET 与善意对待投资者的义务等同起来,具有误导性。善意是 FET 解释过程的组成部分,可以说明该待遇某些要素的结构,尤其是在该待遇发展的早期阶段;

---

[1] Walter Mattli and Thomas Dietz (eds.), *International Arbitration and Global Governance*, Oxford: Oxford University Press, 2014, p.15.

[2] See, eg, Martins Paparinskis, *The International Minimum Standard and Fair and Equitable Treatment*, Oxford: Oxford University Press, 2013, pp.251-256.

当然，在 FET 与善意之间不存在特殊的规范关系。

总之，善意是一个棱镜，可借以观察国际投资法中的合法性危机。虽然善意并不提供解决方案，但至少突出了问题。按照折中观点，善意确实为已经出现的发展可识别的各个面向提供了解决方案。可以认为，当前国际投资发展的每一个面向都应通过善意的棱镜进行探视，以便为国际投资法的合法性危机提供适当的纠正措施。

（二）善意与 FET

1. 引言

FET 不仅是海外投资保护领域众所周知的法律术语，[①] 其在投资条约基础上解决国际争端方面具有相当大的实际作用。从公开的投资裁决看，FET 原则经常遭到违反。[②]

国际投资仲裁和裁决在投资条约法中的职能仍存在争议，但是无论如何，投资仲裁对于阐明关键法律问题的作用十分重要。[③] 投资条约仲裁庭在处理善意和 FET 问题时表明，善意在推理过程中发挥着特殊作用。善意可能涉及不同的来源，并且在义务内容的争议中起到了一定作用。为了避免混淆，人们应该明确区分善意采用的不同形式法律条款。

2. 善意与 FET 的不同渊源

对外国投资提供 FET 的义务，包含在现有大多数涉及外国投资保护的条约中。但由于制定规则的方式大不相同，引发了关于条约与习惯法之间相互作用的问题。[④] 为了简化在条约实践、仲裁裁决和法律著作中采取的不同立场之间和不同立场内的差别，对于条约法概念 FET 与习惯法概念国际标准之间的关系，有两种主流观点。一种观点认为，关于 FET 的条

[①] *Oil Platforms（Iran v. United States）*（Preliminary Objections）［1996］ICJ Rep. 803, 847 para 39（Higgins J.）. See generally Martins Paparinskis, *The International Minimum Standard and Fair and Equitable Treatment*, Oxford: Oxford University Press, 2013.

[②] Martins Paparinskis, *The International Minimum Standard and Fair and Equitable Treatment*, Oxford: Oxford University Press, 2014, p. 4.

[③] See Anthea Roberts, "Power and Persuasion in Investment Treaty Arbitration: The Dual Role of States", *American Journal of International Law*, Vol. 104, 2010, p. 179.

[④] Paparinskis, Martins Paparinskis, *The International Minimum Standard and Fair and Equitable Treatment*, Oxford: Oxford University Press, 2014, pp. 90-96.

约规则可能被认为是指习惯最低标准；另一种观点认为，对自主条约条款的解释不需要考虑习惯标准。然而，这种分类无法解开围绕 FET 的规范网络。可以依据实践中条约法和一般国际法作用之间的区别，将善意的讨论分为三个部分：条约法、一般国际法和法律内外的衡平。

第一，善意与条约法。VCLT 第 31（1）条规定，条约应善意解释。① 解释善意通过具体的准则和解释的总体方法发挥作用，但同时也为解释的合理性提供了另一种偏向。尤其是在 FET 方面，负责解释条约的仲裁庭有时会因条约语言的松散而陷入困境。其他投资义务具有明确的模式，与其相比，FET 不要求进行干预（征用、占有等概念中明确或必然隐含干预）、比较不同情况下的待遇（国民待遇和最惠国待遇）、保护特定法律关系（总括条款）或关于其结构的指示（充分保护和安全）。

有关善意解释的论点，包括三个方面。论点一，从字典中的普通含义开始："公正"（just）、"平等"（even-handed）、"无偏见"（unbiased）、"合法"（legitimate），② 只是词义的同义反复，有观点认为这种解释不具有司法操作性，因为它们可以随时适用于具体的投资事实情况。③ 然而这种观点低估了善意通过普遍意义发挥作用的重要性，即保护普遍和预期的含义，并排除引入不寻常和意想不到的含义进行解释。④ 如果条约规则的普通含义在司法上不具有可操作性，那么表面上的含义是该规则没有强加这种性质的义务，而不是普通含义的技术已经失败。如果将该条款解读为强加一项广泛的义务来解决这一困境，则违反作为善意组成部分的合理解释原则，要求一方当事人做出无法合理设想的事情。

论点二，以一种非常不同的方式依赖善意。有效性原则要求通过解释，使"条约具有适当的效力"⑤，这也是善意和条约目的隐含

---

① Vienna Convention on the Law of Treaties, opened for signature 23 May 1969, 1155 UNTS 331 (entered into force 27 January 1980) art 31 (1).

② Saluka v. Czech Republic (Partial Award) (UNCITRAL, 17 March 2006) para. 297.

③ Suez, Sociedad General de Aguas de Barcelona SA, and InterAgua Servicios Integrales del Agua v. Argentina (Decision on Liability) (ICSID Arbitral Tribunal, Case No. ARB/03/19, 30 July2010) para. 202.

④ Robert Kolb, *Good Faith in International Law*, Oxford: Hart Publishing, 2017, pp. 272-273.

⑤ International Law Commission, "Draft Articles on the Law of Treaties with Commentaries" [1966] Ⅱ Yearbook ILC 112, 219 para. 6, UN Doc. A/CN. 4/SER. A/1966/Add. 1.

的要求。[1] 这一原则从否定的角度来看是有帮助的,因为它要求拒绝接受"不能使条约产生适当效果"的解释。[2] 在某种程度上,有效性原则在确定整个相互推定行动的合理性时,可能对条约的背景、条约的目的和宗旨,或许还有更广泛的投资保护制度的宗旨做出贡献。除其他事项外,解释者可能注意到:FET 是根据一项义务确定的,投资条约中的其他义务也是如此;FET 不受其他义务所涉及的人的限制;人们可以通过从序言部分的叙述中倒推来确定其内容,只要其他规则没有处理这些问题,法律制度的稳定性和透明度可以从东道国发展的目的来理解。[3] 最后,语言含糊的一般意义是分配裁决者解决争端的权力。[4] 从这一点来看,善意使解释者利用模糊性赋予的权力来决定条约规则的适当效力,而不必过多阐述其内容。[5] 也可以强调善意的合理性和可预测性,转向更广泛的投资争端解决制度,力求依靠其他条约对 FET 的解释来促进法律的发展。[6] 还可以通过直接利用善意及其尊重合理期待的主要组成部分,来阐明义务的内容。总的来说,善意有助于明确一项意义深远的义务。

论点三与上述方法类似,但又不同。善意解释原则将指导解释者通过解释模糊术语的过程,进入国际争端解决结构中不可分割的适用过程。[7] 解释的合理性集中体现在两个方面:规则的作用和仲裁庭的作用。广泛的事先陈述和一般规则的作用,使其能够适用于谈判各方在条约谈判时无法列举或考虑的一系列广泛、无限变动的未来情况。投资者与国家之

---

[1] Isabelle Van Damme, *Treaty Interpretation by the WTO Appellate Body*, Oxford: Oxford University Press, 2009, ch 7.

[2] International Law Commission, "Draft Articles on the Law of Treaties with Commentaries" [1966] II Yearbook ILC 112, 219 para. 6, UN Doc. A/CN. 4/SER. A/1966/Add. 1.

[3] CMS Gas Transmission Company v Argentina (Final Award) (ICSID Arbitral Tribunal, Case No. ARB 01/08, 12 May 2005) para. 274.

[4] Timothy Endicott, "The Value of Vagueness", in Andrei Marmor and Scott Soames eds., *Philosophical Foundations of Language in the Law*, Oxford: Oxford University Press, 2013, pp. 14, 26-27.

[5] Eastern Sugar BV (Netherlands) v. Czech Republic (Partial Award) (Stockholm Chamber of Commerce, Case No. 088/2004, 27 March 2007) para 335.

[6] Saipem SpA v. Bangladesh (Jurisdiction and Provisional Measures) (ICSID Arbitral Tribunal, Case No. ARB/05/07, 21 March 2007) para 67.

[7] Frank Berman, "International Treaties and British Statutes", *Statute L. Rev.*, Vol. 26, No. 1, 2005, p. 10.

间仲裁的补救办法,将通过公认的程序对自由裁量权加以约束,并受法律制约,同时提供正当程序和公正性的所有保障,包括源于一般原则和善意的保障。不过,善意解释应该重视自我谦抑,将理智的探索推向适用的方向,并提供相关的程序保障,而程序保障还源于善意的其他方面。即便是这种关注,也仍然留下了一些方法论上的空白,其中一些方法论关注的是特定案件的独特性,而在其他情况下并没有明显地涉及这些方法,而另一些方法论至少是对相关因素和方法的松散提炼。① 总体而言,辩论最重要的方面将在于规则的特定化或其应用的主要识别领域。

第二,善意与一般国际法。关于外国人待遇的习惯最低标准的基本结构要素,是在两次战争期间确定的。在确定这些要素时,不可能不涉及美墨索赔委员会的 Neer 案及其从恶意角度阐述的标准。② 该案是通过类推法发展国际标准的一个重要阶段,诚实、明确地从更为成熟的拒绝司法规则中衍生出程序性暴力标准,然后将其更普遍地适用于关于外国人待遇的所有规则。③ 恶意和善意似乎都没有发挥重要作用。这里使用的"恶意"可能指的是缺点④——一种应受谴责的心理态度。⑤ 如果没有确定义务本身的范围和内容,那么考虑是否存在恶意,并不会增加多少法律价值。

对 Neer 案的另一种解读将"恶意"与"故意忽视"放在一起,作为不歧视这一主要义务的立足点。该义务的存在必须根据传统的习惯法分析来确定,而不是依靠不同的简略说明。⑥ 在一些判决中采取的另一种做法,是更广泛地将国际标准解释为善意的表达:从更广泛的历史基础来看,这个观点可能站得住脚,但并不要求以特定内容的国际最低标准形式

---

① Vaughan Lowe, "Fair and Equitable Treatment: Remarks", ASIL Proceedings, Vol. 100, 2006, p. 73.

② LFH Neer and Pauline Neer (United States v. Mexico) (1926) 4 RIAA 60, 61-62.

③ Martins Paparinskis, *The International Minimum Standard and Fair and Equitable Treatment*, Oxford: Oxford University Press, 2013, pp. 48-54 and generally ch. 2.

④ James Crawford, *State Responsibility: The General Part*, Cambridge: Cambridge University Press, 2013, pp. 24-36, 60-61.

⑤ Giuseppe Palmisano, "Fault", in Rüdiger Wolfrum ed., *Max Planck Encyclopedia of Public International Law*, Oxford: Oxford University Press, www. mpepil. com> accessed 24 September 2014, para 45.

⑥ Martins Paparinskis, *The International Minimum Standard and Fair and Equitable Treatment*, Oxford: Oxford University Press, 2013, pp. 245-247.

将善意具体化。善意还用于支持稳定性或透明度的特定要求。当然,善意可能既发挥着重要的结构性作用,又是特定规则具体化的基础。

第三,法律内外的善意与衡平。不同国家、法庭和学者主张采取不同的办法来实现FET,但几乎所有这些办法都基于一种共同看法,FET是国际法的主要规则。如果需要"公平"待遇,那么似乎就需要在法律中考虑公平问题,而公平概念的宽泛至少可能导致其与善意及其特定化存在部分重叠,两者都将规则和行为目的与精神置于优先地位,放弃盲目的形式主义。在法律之外追求公平,这种方式受到更多质疑。[①] 事实上,有时考察FET,关注点是实际情况的特殊性与有无价值之间的权衡。[②]

3. 善意与违反FET的责任

投资者—国家仲裁庭因违反FET而裁定实施国家责任,是否会引起特殊质疑?[③] 这一问题能从善意的角度展开说明吗?以下将考虑两个例子,每个例子都源自国家责任的两个充分必要标准之一:归属和违约。

第一个例子涉及国有公司行为的归属规则,其中,所有权本身不足以构成归属,还需要更多的东西,如公司是空壳,只是作为政府的一种工具或延伸,或依指示行事。当然,主要规则和次要规则之间的区别,在某些情况下可能比在其他情况下更加属于人为划分。[④] 但作为次要规则,对归属问题进行特别探讨可能同时引起遵守FET这一主要义务的问题。例如,判断公司是否作为一个空壳由政府经营的标准(归属问题),类似于决定该行为是否采取善意形式,而不是故意以不正当手段破坏或阻挠投资时所依赖的标准(违反主要规则的问题)。这两项调查都是基于善意及其重实质轻形式的偏好。

---

① See a summary of different approaches in Hugh Thirlway, *The Law and Procedure of the International Court of Justice*, Oxford: Oxford University Press, 2013, pp. 44–45.

② Ioana Tudor, *The Fair and Equitable Treatment Standard in the International Law of Foreign Investment*, Oxford: Oxford University Press, 2008, chs. 3, 5, 7.

③ Crawford, State Responsibility (n 52), pp. 587–90; Martins Paparinskis, "Investment Treaty Arbitration and the (New) Law of State Responsibility", *European Journal of International Law*, Vol. 24, 2013, p. 617.

④ Eric David, "Primary and Secondary Rules", in James Crawford, Alain Pellet and Simon Olesson (eds.), *The Law of International Responsibility*, Oxford: Oxford University Press, 2010, pp. 27, 29–32.

FET 含糊不清和仲裁庭有时简单推理，可能引起质疑，即裁决在多大程度上遵循国家责任只源于违反国际法规定义务这一基本命题。参照投资者在不确定法律制度下的期待而不是具有约束力的国际义务，以确定是否违约，这确实意味着从根本上背离了传统的国际责任模式。① 当然，这种反对意见也可能被视为过于迂腐，可以通过明确重申期待不受挫是一项主要规则标准来加回应。② 但是，重视期待，不与某一特定法律制度挂钩，也可以从善意视角进行辩护。如果将善意视为通过尊重期待表达的一项原则，那么期待就必然属于每一种法律秩序。

另一个不同但却并非完全不相关的问题，涉及国际法中违反契约义务的国家责任标准。这是一个长期辩论的问题，最好采取中间立场，即承认以合同外公共身份违反契约的国际责任。③ 然而，有些仲裁庭建议，如果国家违反合同是恶意的④或不成比例的⑤，可能会导致违反 FET。国际法能产生国家遵守合同的主要国际法义务，合同侧重于内容而不是违约的性质。关于保护伞条款（umbrella clauses）的条约规则有时被解释为具有这样的功能。⑥ 但是，参照恶意、合法期待和相称性等源自善意的一般、模糊标准，替换和重写合同条款及其后果，确实需要留意。⑦ 发生这种情况时，同样会引起质疑，即受善意启发的概念承担了太多任务：在国内法律秩序中，在有关权利、义务和违约后果的合同条款之外提供另外一层保

---

① See Mona Pinchis, "The Ancestry of 'Equitable Treatment' in Trade", *Journalq World Investmant of Trade*, Vol. 15, 2014, p. 66.

② Martins Paparinskis, *The International Minimum Standard and Fair and Equitable Treatment*, Oxford: Oxford University Press, 2013, pp. 251-259.

③ Martins Paparinskis, *The International Minimum Standard and Fair and Equitable Treatment*, Oxford: Oxford University Press, 2013, pp. 242-243.

④ Gemplus SA, SLP SA, Gemplus Industrial SA de CV and Talsud SA v. Mexico (Award) (ICSID Additional Facility, Case No. ARB (AF) /04/3 and ARB (AF) /04/3, 16 June 2010) paras 7.70, 7.77-7.78.

⑤ Occidental Petroleum Corp., Occidental Exploration and Production Company v Ecuador (Award) (ICSID Arbitral Tribunal, Case No. ARB/06/11, 5 October 2012) paras 384-452.

⑥ See, eg., SGS Société Générale de Surveillance SA v. Paraguay (Decision on Annulment) (ICSID Ad Hoc Annulment Committee, Case No. ARB/07/29, 19 May 2014) paras 133-134.

⑦ James Crawford, "Treaty and Contract in Investment Arbitration", *Arb. Intl.*, Vol. 24, 2008, pp. 351, 372.

护,并导致国际标准的松动。如果这是对发展的准确描述,那么善意及其特定化可能会使法律程序偏离可取的方向。相反,善意正在将松散宽泛注入国内和国际层面具体化的原则、标准和规则之中;侵蚀国内和国际规则制定的准确性和可预测性;甚至可能修补国际法律秩序结构的一些基本基础。

4. FET义务中善意的具体化

法庭和法律人一直尝试在不同场合把握FET的本质,近年来,各国和国际组织也助力探寻善意的定义。没人知道哪些努力最成功,但是Waste Management v. Mexico(Ⅱ)案的裁决无疑是引用最多的裁决之一。该案认为,专断、极不公平、不公正或特别奇怪的行为,具有歧视性,使请求人遭受种群或种族歧视,涉及缺乏正当程序,导致违反司法正当性的结果——司法程序中自然正义明显失灵,或行政程序完全缺乏透明度和坦诚。在适用这一标准时,类似的待遇违反了东道国关于FET的陈述,而该陈述是请求人的合理依赖。[①]

以下探讨善意在多大程度上说明或被转化为FET的要素,具体包括非专断、不歧视、正当程序、透明度和期待的保护。

第一,非专断。关于外国投资待遇的非专断义务,ICJ将专断被描述为"与其说是违反了法治,不如说是……一种故意无视正当法律程序的行为,这种行为冲击或至少震动了司法正当性"[②]。判决中并未明确出现善意,而是借用法治概念来解释专断;独立意见中也没有出现善意。该判决未提及善意,准确反映了美国和意大利诉讼采取的不同方法。凯恩·海特(Keith Highet)代表意大利指出,"仅将申请贴上坏东西的标签,或者说申请是出于恶意或不是出于善意",并不阻碍善意推定。[③] 诉状确实表明,美国和意大利在讨论中主要涉及目标的适当性和特定措施的合理性,但判决中提出、适用的标准却大不相同。对适当性和合理性的审查仅限于"不

---

① Waste Management v. US (Ⅱ) (Final Award) (ICSID Additional Facility, Case No. ARB (AF) /00/3, 30 April 2004) para. 98.

② Elettronica Sicula SpA (ELSI) (United States v Italy) (Judgment) [1989] ICJ Rep. 15, para. 128 and more generally paras. 123 – 30; Paparinskis, *International Minimum Standard* (n 2), p. 239.

③ "Oral Arguments", ELSI [1989] Ⅲ ICJ Pleadings 1, 272.

能说不合理或仅是反复无常"这一非常圆滑的陈述。① 意大利在复辩和口头诉状中说明理由和法律依据、存在更广泛的权限、有效的补救办法等，这对于驳回美国的主张具有决定性作用。② 如果以 ELSI 案作为指南，那么善意即便在提供了制定专断规则的背景下，③ 也不直接影响已有规则的总体结构和内容。

然而，善意可能与专断的某些方面有更直接的关系。裁决认为，国家行为的明确意图是最大限度地破坏投资，作为改变投资者母国政策而采取的一系列对策的一部分，因此被认定为属于恶意。④ 除了这些明确的措施之外，最极端的违反 FET 的专断行为是阴谋，违背了"国家善意行事的基本义务"⑤。Yukos 案尽管没有使用"阴谋"和"善意"等术语，但其责任认定仍是建立在类似义务的基础上，即"俄罗斯联邦的主要目标不是征税，而是让 Yukos 破产并挪用其宝贵资产"⑥。即使没有阴谋，善意也可能将专断解释为一种滥用形式。有仲裁庭将滥用描述为"在捍卫法治的形式正确的外衣下从事的行为，实际上却要求做出与裁定结果无关的让步"⑦。投资义务不是针对惩戒政策的辩论和选择，而是针对这些政策制定和应用的方式。通过详细说明非专断对形式和程序的要求，可以更好地实现这一功能。⑧

概言之，善意可能为更普遍地确设立专断义务提供背景，对解决出于不正当目的滥用形式的专断问题特别具有启发性。但是，善意或至少与善意相关的某些原则，不应贸然进入专断规则的某些领域，尤其是与国家合

---

① *ELSI*（*Judgment*）（n 87）para. 129.

② *ELSI*（*Judgment*）（n 87）para. 129.

③ Robert Kolb, *Good Faith in International Law*, Oxford：Hart Publishing, 2017, pp. 468-469.

④ Cargill v. Mexico（Award）［ICSID Additional Facility, Case No. ARB（AF）/05/2, 18 September 2009］paras. 296-305.

⑤ Waste Management Ⅱ（Final Award）［ICSID Additional Facility, Case No. ARB（AF）/00/3, 30 April 2004］para. 138.

⑥ Yukos Universal Ltd（Isle of Man）*v Russia*（*Final Award*）（Permanent Court of Arbitration, Case No. AA 227, 18 July 2014）paras. 756, 1579.

⑦ Martins Paparinskis, *The International Minimum Standard and Fair and Equitable Treatment*, Oxford：Oxford University Press, 2013, pp. 241-222, 244.

⑧ Achmea BV v. Slovakia（Final Award）（Permanent Court of Arbitration, Case No. 2008-13, 7 December 2012）para. 294.

同有关的领域。ICJ 法官费茨毛里斯（Gerald Fitzmaurice）特别质疑政府承担某种特殊善意义务的论断。他认为"政府的处境不可能比其本国公民更糟或更繁重"①。

实践中的诉求和学术上的观察当然有所不同，但重点放在违约的性质和救济措施的可用性上，而不是国家是否善意，这似乎是大多数人的看法。② 如上所述，一些仲裁庭在讨论违反合同的国际责任时，依赖善意和相关的合法期待与相称性原则。按照费茨毛里斯法官的说法，这是否意味着法律原则现在给政府强加一种特殊善意义务或责任呢？回应的第一点是，即使没有进一步的限定或形容词，适当起草的保护伞条款也可能导致根据国内法对违约行为承担国际责任。第二点是，区分 FET 与有关国家合同的习惯法规则，根据公平的基准及其与善意的重叠程度来判断国家行为的总体情况，包括行为的恶意、意外或无关的程度。第三点是，要么重新思考费茨毛里斯法官提出的对习惯法的传统立场，要么证明习惯法在之后实践中的演变。从历史立法的角度来看，国际法对国家合同的立场一直有争议，但国家和法院设法达成了大致的共识。在考虑回答这些问题之前，在用新的、未经检验的方法替换既定（虽然不完美）的方法之前，应该更加谨慎，重点阐述现有的规则和方法。③ 从这个角度来看，引入善意概念可能并不一定是值得称道的贡献。

第二，不歧视。关于不歧视在 FET 中的作用，存在一些分歧。某些条约规则明确规定了不歧视待遇；不歧视作为征收合法性的标准及其作为禁止"专断和歧视"的一部分，就是这种做法的两个例子。FET 通常不以不歧视的明确术语表达，问题是不歧视的义务是隐含在 FET 中，还是作为 FET 义务的特定部分，表达为要求对不歧视进行分析。在前一点上，实践中出现了分歧，尤其是涉及非歧视是否是最低习惯标准默示要求的问

---

① "Oral Arguments", Ambatielos (Greece v. UK) [1953] ICJ Pleadings 344, 389.

② Stephen Schwebel, "On whether a Breach by a State of a Contract with an Alien is a Breach of International Law", in Stephen Schwebel, *Justice in International Law*, Cambridge: Cambridge University Press, 1994, p. 425.

③ See Jean Ho, "Book Review Essay: Unraveling the Lex Causae in Investment Claims", *Journalq World Investment of Trade*, Vol. 15, 2014, pp. 57, 763-777.

题。从历史来看，从特别禁止司法歧视和一般禁止歧视行为开始，① 新设立规则时，围绕外国人平等的核心展开，也就是有不因国籍而歧视的义务。同时，NAFTA 缔约方和越来越多的法院认为，不歧视不构成投资者待遇方面义务的必要内容。这是一个奇怪的发展，可以有不同的解释。② 由于善意并非在任何解释中都有重要地位，因此接下来将考虑其可能在多大程度上说明非歧视与 FET 之间的重叠。

重叠的第一个例子，是由于投资者的国籍而故意歧视投资的情况。Cargill 案中，针对外国投资者的反措施旨在实施母国的责任，被描述为对投资者有恶意。③ 当然，这种情况比较少见，通常的事实情景很可能涉及（某些类别的）外国投资者和投资与（某些类别的）国内投资者和投资之间的区别，此时，关于情况相似性、待遇差异性和正当合理性的问题将提供推理参照。也许，善意可以在区分合理性与专断上发挥作用。④ 最后一个问题，涉及禁止基于国籍以外的其他标准的歧视，在统一的 CETA⑤ 文本中表述为"基于明显不正当理由的歧视，如性别、种族或宗教信仰等"。就目前而言重要的是，基于特定目的滥用形式不适当性的思想，是通过 FET 对善意的特殊化。

第三，正当程序。正当程序是 FET 最复杂的部分，特别是对于司法管理中的正当程序。关于正当程序的一些要求，可被视为善意的特殊要求。目前人们可能会将有关正当程序的义务视为许多原则的特殊性，有时会有所重叠，其中包括善意原则，但更注重平等原则。司法中的正当程序传统上在不同阶段的要求也不同：提供司法、司法延迟、正当程序、判决的实质和判决的执行。以下为善意与这些问题的相关性分析。

巴塞罗那电车公司案中，莫雷利法官指出，"任何国家将某些权利赋予外国国民后，阻止他们为主张这些权利而诉诸法院，在国际法上就是拒

---

① See generally Martins Paparinskis, *The International Minimum Standard and Fair and Equitable Treatment* (OUP 2013), ch. 2.

② Martins Paparinskis, *The International Minimum Standard and Fair and Equitable Treatment*, Oxford: Oxford University Press, 2013, pp. 246-247.

③ Cargill v. Mexico (n 94) paras. 296-305.

④ Cf Appellate Body Report, US—Import Prohibition of Certain Shrimp and Shrimp Products, WTO Doc. WT/DS68/AB/R (adopted 6 November 1998) paras. 158-160.

⑤ 《加拿大与欧盟综合经济与贸易协定》。

绝司法"①。拒绝司法可以视为善意明确排除不适当的不一致性：国家在确定其在法律秩序中存在权利上，可能有相当大的自由，但同时承认若排除对外国人的保护则是专断行为。善意反对国家拒绝司法的不一致或恶意行为，② 但接受合理的限制。③ 司法延误可以被视为拒绝司法的一个特殊例子，在这一意义上，将进一步阐述权利的存在与救济缺失之间的专断不一致。判决的执行同样可以被视为对提供有效途径保护已有权利之义务的细化，在特定情况下，可能会引发国家其他机关不当干预的问题。④

司法程序保障的更广泛标准在构成上略有不同，根据不同的原则对行为的总体适当性进行评估。⑤ 有的程序不适当性可以被视为对善意要素的细化，涉及不适当目的的滥用形式，强调司法行为的诚信和完整性，处理法官缺乏公正性、在特定问题上从众的情况，或者受到行政部门或当事人腐败的非法影响。⑥ 传统法律中恶意的典型案例，是 Cotesworth and Powell 案。⑦ Yukos 案的调查结果，可被视为阐明了特定案件中对形式的滥用。

正当程序义务最具争议的是所谓的"实质性拒绝司法"：关于判决内容的主要义务。无论是传统还是现代实践，在标准和方法上都没有形成共识，其中一些源于善意。依照惯例，判决书的内容不能成为责任的理由，除非是对外国人明显的恶意所致。中间立场不要求证明恶意，只从判决质量差中推断。在这种情况下，"应该表明判决明显不公正，以至于法院的

---

① Barcelona Traction, Light and Power Company, Ltd. (Belgium v. Spain) [1970] ICJ Rep 3, 222, 233 (Morelli J.).

② "France et Saint-Dominique", (1900) 7 RGDIP 274, 274-276.

③ Martins Paparinskis, The International Minimum Standard and Fair and Equitable Treatment, Oxford: Oxford University Press, 2013, pp. 190-192, 210-211.

④ Martins Paparinskis, The International Minimum Standard and Fair and Equitable Treatment, Oxford: Oxford University Press, 2013, pp. 197, 216.

⑤ Martins Paparinskis, The International Minimum Standard and Fair and Equitable Treatment, Oxford: Oxford University Press, 2013, pp. 193-195, 212-214.

⑥ Martins Paparinskis, The International Minimum Standard and Fair and Equitable Treatment, Oxford: Oxford University Press, 2013, pp. 194, 214-215.

⑦ Cotesworth and Powell (Great Britain v Colombia) (1875) 2 Moore Intl Arbitrations 2050, 2064-2085.

善意可能会受到怀疑"①，并且实质性分析将根据程序不当的推定重新构建。类似的，可将正当程序义务重新表述为要求法院组成适当且法官有能力，将不公正判决的责任归因于未能提供合格法官。最后，另外一种完全不同的做法，是一些权威人士将重点放在推理和证据评估的质量与内部一致性上，明确拒绝明显、间接恶意有任何相关性。②按照传统做法和人权法趋势中的权威观点，最好的办法可能是注重推理的内部一致性和可理解性，完全不考虑恶意推论。③

第四，透明度。与支持正当程序规则的大量实践不同，透明度的依据是相对较少的。与投资保护条约和习惯规则直接相关的权威。关于这一问题的仲裁裁决似乎正在尝试不同的方式。表面上看，Waste Management II案④在行政程序中完全缺乏透明度和诚实，与 TECMED 案⑤中国家与外国投资者的关系中国家完全透明的期待不同。按照 TECMED 案建议，从善意的视角考察透明度也许可以为寻求方法上更大的连贯性提供某种框架。

充分透明的前景使投资者能够理解和回应国家所采取的立场。透明度可能在更广泛的范围内发挥作用，⑥认为交换信息中透明度不够，未能使投资者理解政府有关可接受方案的前提条件，导致以其他实质和程序不适当的方式，总体违反 FET 待遇。

第五，期待。投资者的期待，通常修饰为"合法"或"合理"期待，在解释和适用 FET 待遇方面发挥着非常重要的作用。合理期待可以作为主要义务的组成部分，但是这一过程并非直截了当、显而易见。

当然，解释适用 FET 这样一个含糊不清的术语的过程，可能会受到特

---

① "Responsibility of States for Damage Done in Their Territory to the Person or Property of Foreigners", (1929) 23 AJIL Special Supp 133, 186.

② Martins Paparinskis, *The International Minimum Standard and Fair and Equitable Treatment*, Oxford: Oxford University Press, 2013, pp. 195-197.

③ Martins Paparinskis, *The International Minimum Standard and Fair and Equitable Treatment*, Oxford: Oxford University Press, 2013, pp. 215-216.

④ Waste Management v. US（Ⅱ）（Final Award）[ICSID Additional Facility, Case No. ARB（AF）/00/3, 30 April 2004] para. 98.

⑤ Tecnicas Medioambientales TECMED SA v. Mexico（Award）[ICSID Arbitral Tribunal, Case No. ARB（AF）/00/2, 29 May 2003] para. 154.

⑥ Saluka v. Czech Republic（Partial Award）（UNCITRAL, 17 March 2006）paras. 420-425.

定争端特殊性的影响，进而可能会使问题更加尖锐。然而，至少，VCLT的解释原则并没有明显地推动解释者根据期待来进行调查。例如，"公正"和"公平"的一般含义可以作为合理性和公正性标准的起点，但并不能说明期待问题。选择"投资"而不是"投资者"作为通常的保护对象，表明存在某种系统性的问题。

习惯法很难确定传统规则对外国人期待的立场。更广泛的原则似乎要求"重大变化通常是可预期的，对以前的交易产生有害影响"。在结构方面，传统立场主要关注形式和程序的适当性以及司法补救措施的可用性。总体而言，这种保护期待的做法可以更恰当地解读为在特定方面对专断的细化，而不是独立的视角。

善意可以更好地以几种方式证明保护投资者期待的正当性。首先，ICJ 在 Nuclear Tests 案中的判决是关于国家通过单方面行为约束自己能力的权威案例，这种义务的约束性又基于善意原则。[①] 没有任何原则理由可以阻止国家根据国际法通过单方面行为约束自己对投资者承担责任。[②]

其次，合法期待可以按照禁止反言原则来构建，这一原则源于善意，要么直接在国家与投资者关系上适用禁止反言，要么通过类比选择标准适用。论证的第二点假定自身是正确的，即存在一个关于保护期待的模糊规则，可以通过类比加以澄清。[③] 在当事人为防止一方当事人获得不公平的好处而在正常互动中产生权利和义务的情况下，善意可以成为不容反悔的理由，但在投资保护法的不对称结构中，善意并不适合，因为投资人的行为不同于形成权利和义务。

最后，通过一些一般原则，从国内法律制度中可以得出合法期待。通过仔细观察可能会发现，一旦调查足够广泛，并适当注意结构上的差异，就会发现对概念及其表述的接受程度不足以证明将一项一般原则转换到国际层面具有正当性。[④] 在这些论证中，善意似乎没有预期的那么有用。

---

① Nuclear Tests（Australia v. France）（Judgment）[1974] ICJ Rep. 253, paras. 46-49.

② Pierre-Marie Dupuy et al. (eds.), *Common Values in International Law: Essays in Honour of Christian Tomuschat*, Engel Verlag, 2006, p. 409.

③ James Crawford, *Brownlie's Principles of Public International Law*, 8th edn, Oxford: Oxford University Press, 2012, p. 420 n 26, p. 611 n 27.

④ Michele Potestà, "Legitimate Expectations in Investment Treaty Law: Understanding the Roots and the Limits of a Controversial Concept", *ICSID Rev.*, Vol. 28, 2013, pp. 88, 93-98.

5. 小结

本小节考察了善意与 FET 的关系。一项一般原则,最一般的原则,与一项特殊的主要义务以多种方式相互关联。对这种关系的特殊方面进行分析,并没有使我们对一般国际法律秩序或特别投资保护法的性质有任何特别的洞见。不过,小小的法律分析采用常用方法的最基本方面,虽然可能看上去沉闷乏味,但在大多数情况下,却能够消除观察者与问题解决方案之间的迷雾。[①] 善意在关于 FET 的法律推理中扮演着不同的角色。有时提供推理和解释结构的信息;有时提供更广泛的背景,并就规则特定部分的系统逻辑提供启发;有时,有助于 FET 特定机制的运行;有时,它又显得非常无助,使解释者脱离其自身的特殊情况,甚至脱离建立在不同前提下的规则。总的来说,除了有关方钉和圆孔的通俗比喻之外,并无其他什么意义,一个钉子的系统重要性,并不意味着它应适合每一个圆孔。

善意在国际法中具有巨大的系统重要性,但这并不意味着,关于存在源于善意的原则或规则的各种论断都必须在不满足通常立法标准的情况下予以接受,也不意味着这些断言必须优先于满足这些标准的原则或规则。例如,合法期待可能是善意特别突出的要素,也可能为条约的解释或习惯法的确立提供有用的视角,[②] 但是仍然需要满足通常的立法标准,才能施加尊重合法期待的主要义务。也可以将有关恶意决定的不同要素合并在一起,作为 FET 的一部分,以表明不从事恶意行为是 FET 的一个单独要素。[③] 善意(特别是合理性)可能会告诫人们,不要对构成或助长违反 FET 的特定要素给予过多的权重;[④] 因此,对所有相关因素进行综合情景审查更为适当。

总的来说,更有利于发展 FET 的办法是详细阐述专断及其具体应用中

[①] Ian Brownlie, "Recognition in Theory and Practice", *British Yearbook of Internarional Law*, Vol. 53, 1982, p. 197.

[②] Michael Byers, *Custom, Power and the Power of Rules*, Cambridge: Cambridge University Press, ch. 7.

[③] Deyan Draguiev, "Bad Faith Conduct of States in Violation of 'Fair and Equitable Treatment' Standard in International Investment Law and Arbitration", *Journal of International Dispute Settlement*, Vol. 5, 2014, p. 273.

[④] Patrick Dumberry, *The Fair and Equitable Treatment Standard: A Guide to NAFTA Case Law under Article* 1105, Amsterdam: Kluwer Law International, 2013, pp. 262-270, generally ch. 3.

善意或恶意的特定要素，这些要素包括歧视、正当程序和透明度，而不是将重心再次转移到最一般的原则上。归根结底，FET 需要的不是制定最一般的原则和准则，而是技术法的详细规则，同时不忘记一般原则的系统性价值，但又不完全专注于这些原则。

（三）善意与稳定条款和可持续发展原则

善意在国际投资法稳定条款和可持续发展条款中也发挥着举足轻重的作用。在保护外国投资的国内和国际法框架中，稳定条款作为一种工具，旨在调整东道国行使监管权产生的政治风险。[1] 在实践和法律中，广义稳定条款的存在和适用造成的后果，从东道国监管权的视角来看，引起重要关切。广义稳定条款对东道国监管权产生的负面影响，体现为国家吸引、维护国际直接投资的经济利益与国家在环保和社会福利等领域的非经济权利和义务之间的紧张关系。稳定条款主要被解释为东道国合法监管权的一种例外。

稳定条款通过产生合法期待，有可能将东道国合法的监管行为转换为违反 FET 的行为，但这种转换受许多因素的影响，如东道国行为的歧视性、公共利益动机的支持、东道国行为动机与行为、措施后果之间的比例标准等。依据征收和 FET 标准对稳定条款进行解释，显示这种条款对东道国监管权具有限制作用。充分保护与安全（FPS）标准也可能会强化契约性和法定稳定条款的效果。在案例中，仲裁庭将 FPS 标准的适用范围扩大到投资环境和法律制度（法律安全）的稳定问题。这些条款降低了确定违反 FPS 条款的门槛，最终导致对东道国监管权形成限制。平行条款通过强化稳定条款的法律地位，也可能会对东道国行使监管权产生负面影响。[2]

可持续发展的概念提供了将受挑战国际投资体系中相互竞争的价值整合在一起并进行妥协的方式，无疑能在应对上述紧张关系中发挥作用。国际投资协定中直接采用可持续发展的行文，也表明国家还接受整合价值的约束，但在大多数情况下，直接整合价值似乎无法达到满意的平衡。采取间接的方法，可以使可持续发展的概念在整合和协调竞争利益中发挥最大

---

[1] Jola Gjuzi, *Stabilization Clauses in International Investment Law—A Sustainable Development Approach*, Berlin: Springer International Publishing, 2018, p. 497.

[2] Jola Gjuzi, *Stabilization Clauses in International Investment Law—A Sustainable Development Approach*, Berlin: Springer International Publishing, 2018, p. 510.

潜能，包括稳定条款与监管权对立可能形成的利益。

可持续发展是一种解决冲突的工具；要求"对相反的考量因素进行平衡，要将环境因素与根据有约必遵规则实施已生效条约的义务进行平衡"①。通过案例可以发现，可持续发展原则的整合与协调任务，因其所要求的整合程度存在模糊性受到质疑，这也被视为可持续发展原则的主要弱点之一。间接可持续发展方案也能发挥积极作用。②"可持续发展"能够打开整合与平衡、协调与权衡的大门。虽然可持续发展的概念可能无法就达成整合目标提供现成的答案，但是却使其义务对象声称要实现整合目标，并为此而进行妥协和权衡。正是在这种模糊而又让人期待的可持续发展概念下，对可持续发展间接协调稳定条款与监管权对立的潜在能力展开推定分析。③通过使用可持续发展方法对稳定条款与监管权对立进行协调，被视为与推定可持续发展方法相互补充。两种方法最终有助于实现对可持续发展友好的稳定条款的概念化。

可持续发展概念作为一种广义的理论，有利于以正确、公平、公正的方式整合、平衡、协调各种经济、环境和社会发展目标与规范。国际法协会（ILA）的可持续发展原则是这一概念运行的特别工具，确保发展可持续。④

可持续发展概念的整合和协调使命，其理想目标是所有三大相关支柱最高程度的整合，⑤可能有助于确定性的平衡。这一平衡不应妨碍稳定条款的效果，而是在外国投资者需要稳定与东道国在环境保护和人权领域需要监管灵活性之间提供一种妥协。将可持续发展的棱镜应用于分析稳定条

---

① Barral, Virginie, "Sustainable Development in International Law: Nature and Operation of an Evolutive Legal Norm", *European Journal of International Law*, Vol. 23, No. 2, 2012, pp. 395-396.

② 对外国投资者的经济利益与东道国的非经济利益进行整合和平衡的方法，包括对环保和人权的关切，以寻求依据FET标准在投资者对法律稳定性的需要与东道国为公共利益进行监管的权利之间的平衡，这类方法被仲裁庭称为"间接可持续发展方案"。Jola Gjuzi, *Stabilization Clauses in International Investment Law—A Sustainable Development Approach*, Berlin: Springer International Publishing, 2018, pp. 425-426.

③ 若国际投资协定有明确的可持续发展及相关条款指向不同的可持续发展方法，则不适用推定可持续发展方法。

④ 2002 New Delhi Declaration of ILA Committee on Sustainable Development.

⑤ See also, International Law Association (ILA), "Report on International Law on Sustainable Development. Toronto Conference", 2006, p. 6, http://www.ila-hq.org/, 20 March 2021.

款与监管权的对立，有助于以双方满意的方式协调冲突利益。这一应用将稳定承诺背后的经济利益与监管灵活性背后的环境和社会利益连接起来，打开了两者之间妥协的大门。

在追求妥协的过程中，双方需要让步和权衡。就此而言，为了双方公平、公正，需要考虑两个方面的内容。首先，推动可持续发展方法可能对双方都有利，需要细心对待。一方面，在应对特定时点设定的情况和优先任务而改变法律和政策时，政府监管权有很大的自由裁量空间。[①] 另一方面，在投资者要求稳定背后，也有很大范围的权利使用和滥用。这就要求对东道国行使监管权和外国投资者所依赖的稳定期待进行细心评估。

于是，就出现第二个问题。按照推动可持续发展方法，需要在竞争利益之间达成合法的妥协，将合法性视为一种基于原则的、公平、合理的范畴，而不仅仅是一种实证范畴。为了达成这种合法的妥协，除了从有关稳定条款概念化的一些考量中寻找指引外，还要从大量实体、程序性的概念和法律原则中寻找指引，包括非专断、公平、平等、非歧视、正当程序、公共利益、合理性、比例等，尤其是善意原则。

三 国际投资法中的诚信理论

（一）国家安全的诚信理论

在投资国家安全法律和政策领域存在两种基本理论，一种是个人权利与社会、国家安全平衡理论，另一种是诚信义务理论。[②] 其中，利益平衡理论长期以来一直占主导地位。理查德·波斯纳解释说，天平的一方"包含个人权利，另一方是社区安全，随着两种利益权重的变化，两者之间的平衡需要不时予以调整。越感到安全，就越需要将利益放在个人自由上；越感到危险，就越需要重视安全，同时承认个人自由的利益与社区安全的

[①] See also, Alvik, Ivar, *Contracting with Sovereignty: State Contracts and International Arbitration*, Oxford: Hart Publishing Ltd., 2011, p. 274.

[②] Evan Fox-Decent & Evan J. Criddle, "Interest Balancing vs Fiduciary Duty: Two Models for National Security Law", *German Law Journal*, Vol. 13, No. 5, 2012, p. 542.

利益两者之间相互依存"①。虽然决策者就国家在不同情况下应当对公民自由和公共安全给予多大的权重一直争论不休,但很少有人质疑构成这些争论的一般平衡比喻。②无论如何,自"9·11"事件以来,利益平衡已经成为世界范围内制定国家安全法律和政策的主要模式。

国家在应对国家利益问题时必须平衡相互竞争利益,这一想法基于两个隐含假设:(1)人权利益与其他社会利益是相对而存在的,(2)国家的宗旨是实现社会福利的最大化。如果这两个假设成立,那么国家就可以合理牺牲某些个人的利益,以免对他人造成更大的伤害。波斯纳法官等就使用了这一推理,论证酷刑、歧视和长期任意拘留等做法虽然通常情况下被法律禁止,在道德上令人反感,但在紧急情况下却是可以接受的,以防止可能危害人类生命的恐怖袭击。③一旦接受上述国家安全利益平衡假设,就不难得出结论:所有人权在紧急情况下都可克减。人权很容易受施密特所说的"例外状态"影响,这种状态源于主权国家为应对紧急状态而叫停正常法律规范的特权。④

与此相对的是国家安全的诚信理论。该理论认为,人权是一种法律和关系性术语,人权规范源于国家(或国家类主体)与其权力约束之下的人之间的诚信关系。⑤国家承担诚信义务,以保障其臣民的安全和平等自由,这种义务源于国家主权的制度构造。国家可以代表其人民行使主权权力,其受到的法律限制源于康德的思想,即主权下的人通常要被视为目的(非工具化原则),而且共和思想要求人不应受制于肆意妄为的权力(非主宰原则)。按照这种权力诚信概念,人权是国家承担主权权力的规范性

---

① Richard A. Posner, *Not a Suicide Pact*: *The Constitution in a Time of National Emergency*, Oxford: Oxford University Press, 2006, p. 148.

② Richard A. Posner, *Not a Suicide Pact*: *The Constitution in a Time of National Emergency*, Oxford: Oxford University Press, 2006, p. 83 (主张,"几乎人人都……认可在极端情况下需要使用[酷刑]")。

③ Erica A. Posner & Adrian Vermeule, *Terror in the Balance*: *Security*, *Liberty*, *and the Courts*, Oxford: Oxford University Press, 2007, pp. 183-215.

④ See Carl Schmitt, *Political Theology*: *Four Chapters on the Concept of Sovereignty*, George Schwab trans., University of Chicago Press, 2005, rev'd ed. 1934.

⑤ See Evan Fox-Decent & Evan Criddle, "The Fiduciary Constitution of Human Rights", *Legal Theory*, Vol. 15, 2010, p. 301.

结果,也因此构成了主权的规范性维度。[1]

诚信理论认为,人权不仅仅是可能被其他社会利益抵消的个人利益。相反,人权是保护人的自由和尊严(不是利益或福利)的法律权利,使国家承担保护这些权利的相关法律义务。为了履行诚信义务,国家必须尊重受制于其权力的所有人的平等尊严;在实现社会福利最大化的过程中,不得对其治下的人民厚此薄彼,也不得将其人民视为工具。国家不得克减强行规范,如禁止种族灭绝、长期任意拘押或酷刑等国际规范,因为违反这些规范与国家确保公共安全和平等自由的义务是相悖的。另外,国家可以克减非强行性人权,如言论自由、迁徙自由与和平集会等,条件是克减人权必须一视同仁,严格保证子民的安全和平等自由。[2] 通过强调尊严而非利益,强调安全平等自由而非社会福利,诚信理论成为一种新的选择,与当前主导国家安全法的利益平衡理论相抗衡。[3]

在国家安全决策中,并不一定要借助利益平衡理论,人权的诚信理论表明完全可以不采用利益平衡方法。有判决认为,人权并非仅仅是一种国家在紧急状态下可以用来与其他利益相互权衡的利益。[4] 这些判决与人权的诚信理论相互吻合。

利益平衡理论的支持者认为,从日常道德的角度看诚信理论过度关注人权。在其他条件相同时,国家安全决策者应该选择拯救尽量多的无辜生命,并且选择让有罪的人遭受暴力威胁或更糟的待遇,而不是让无辜者失去生命。这些是驱动利益平衡理论的基本后果主义直觉。

利益平衡论支持者可能无法理解诚信理论之处在于,其他条件并不相同,因为公权力是为了每一个人的利益而持有的。依据诚信理论,使用公权力不能将一些人作为其他人的工具,为了拯救他人而折磨或杀害无辜的乘客恰是这种情况。

诚信理论并不依赖于道义论,即人权是自然的道德权利,其中一些人

---

[1] Evan Fox-Decent & Evan J. Criddle, "Interest Balancing vs Fiduciary Duty: Two Models for National Security Law", *German Law Journal*, Vol. 13, No. 5, 2012, p. 542.

[2] See Evan Criddle & Evan Fox-Decent, "Human Rights, Emergencies, and the Rule of Law", *Hum. Rts. Q.*, Vol. 34, 2012, p. 39.

[3] Evan Fox-Decent & Evan J Criddle, "Interest Balancing vs Fiduciary Duty: Two Models for National Security Law", *German Law Journal*, Vol. 13, No. 5, 2012, p. 544.

[4] Case of Gäfgen v. Germany, App No. 22978/05 [2010] Eur. Ct. HR 759 (1 June 2010).

权是绝对的，因此国家（同其他人一样）必须尊重人权。相反，诚信理论认为人权是一种关系规范，该规范源于国家单边承担并行使主权权力。

诚信关系产生于一方（受信人）[①]对另一方（受益人）的普通法或实际利益享有管理性自由裁量权的情形，受益人容易受到受信人权力的损害，因为无论是在事实上还是在法律上，受益人都无法行使受托权力。管理性的自由裁量权具有利他性、目的性和制度性。他人在严格的利他性上被牵扯进来。受信人的权力是为了有限的目的而持有。例如，代理人有权代表委托人签订合同。最后，权力是制度性的，必须在法律允许的制度内行使。例如，不能在绑架情况下行使权力。

国家的立法、司法和行政部门对受其权力影响的公民和非公民享有行政性质的自由裁量权。主权赋予的立法、行政和司法权力，以各自熟悉的方式具有制度性、目的性和利他性。此外，法律主体，如私人当事人无权行使公权力。因此，法律主体特别容易受公权力的影响，尽管他们有权在民主国家参与民主程序。最终，国家承担主权权力——这是一种私人无权行使的公权力，将其置于与人民的诚信关系之中。

国家对公民和非公民承担的首要诚信义务，是依据法治建立安全与平等自由的制度。人权提供这一制度的蓝图或结构。在人权提供的条件下，个人可以自由生活，不受公共和私人形式工具化和主宰的约束。总之，诚信原则授权国家确保法律秩序，但国家受包括人权在内的诚信约束。

因为诚信原则授权国家代表其治下的每个人行事，国家不能为部分人考虑行使强制权力，而牺牲他人。当某一行动或政策厚此薄彼时，则禁止国家采取行动。换言之，国家对其人民承担诚信义务，要绝对尊重人民的人权，包括无辜的生命权和免于受酷刑的安全权。国家不能在危机时期对人权保护下的利益进行权衡，更不能牺牲这些利益。

根据利益平衡理论，若有利于促进整体福利，可以对人权进行限制。但是根据诚信理论，对权利进行限制必须公开合理，满足情景下的比例性标准，而且从国家提供安全、平等自由制度的总体使命角度来看，限制权利必须合法。

一般而言，根据诚信理论，特定情况下对国家权力的限制是否适当，并非某一政策或决定是否能以最佳方式促进最优利益平衡的抽象道德问

[①] 关于受信人的译法，参见张路《诚信法初论》，法律出版社2013年版，第3页。

题。相反,要精细考察,并采取制度导向。要考虑的问题是:"在具体情况下,国家可以持有并行使什么样的制度性权力,才能与其提供安全和平等自由制度的诚信义务保持一致?"换言之,相关分析框架不是对利益平衡进行开放式评估,国家及其(原则上的)制度的作用在其中没有关系,而是对国家作为受信人可能拥有并行使的合法权力进行更加精细的情景式评估。诚信理论认为,强行性人权与国家确保安全和平等自由制度的诚信义务相关。

诚信理论旨在制约监督国家行动。依据该理论,国家不得为了某些人的利益而牺牲另外一些人的强行性人权。国家对其人民承担诚信义务,依法提供安全而平等的自由制度。因此,国家必须将其治下的所有人视为享有同样尊严的人,而不是可以为了其他人的利益而加以滥用或毁灭的客体。[①] 否则,国家就破坏了其自身为保护国家安全而行使公权力的职能。

诚信理论认为,对国际公约的有些司法解释不必要地限制了各国维护法律秩序的能力。根据诚信模式,允许各国在必要时克减人权义务,以解决威胁国家维持法律秩序能力的区域不稳定问题。另外,诚信理论表明,在一些重要方面,国际和区域法庭在限制国家克减人权上做得还远远不够。例如,一旦宣布进入紧急状态,诚信理论就倾向于要求国家提供、促进更有力的公共通知、理由和辩论。[②]

(二)国际投资诚信规则——基于国家安全审查机制的视角

如上所述,国际投资法中的诚信原则,主要适用于涉外投资中的国家安全审查。为促进本国经济、社会的发展,东道国通常通过制定优惠政策、构建法治化的投资环境为外国投资提供便利。与此同时,外资也会带来诸如环境污染、掠夺资源、垄断市场等问题,甚至会影响、威胁东道国国家安全。[③] 为吸引外资,各国往往力图营造良好的营商环境,而产业准

[①] Evan Fox-Decent & Evan J. Criddle, "Interest Balancing vs Fiduciary Duty: Two Models for National Security Law", *German Law Journal*, Vol. 13, No. 5, 2012, p. 558.

[②] Criddle, Evan J. and Fox-Decent, Evan, "Human Rights, Emergencies, and the Rule of Law", *Human Rights Quarterly*, Vol. 34, 2012, p. 39.

[③] See Christopher M. Weimer, "Foreign Direct Investment and National Security Post-FINSA", *Texas Law Review*, Vol. 87, 2009, p. 667.

入制度作为营商环境评价的重要因素,亦趋于宽松而非缩紧。① 产业准入制度的放宽,使安全审查制度作为"最后一道防线"的重要性有所增加。

实践中,对于安全相关投资措施,各国监管程度及方式不一。有些国家有专门的安全审查制度,如美国;有些国家在整体的国家安全范畴中予以考虑,如奥地利;有些国家在关键基础设施政策中予以规制,如波兰。从各国构建或加强安全审查制度的动因来看,多半由特定国家特殊时期的投资所激发。例如,就美国安全审查机制的历史发展来看,第一次世界大战期间德国公司在美进行了大量对作战十分重要的化学和制药产业的投资,滋生了《1917年与敌国贸易法》;20世纪70年代,石油输出国将通过提高油价赚得的美元大量投资于美国,催生了《1974年外国投资研究法》、1975年美国CFIUS的成立和《1976年国际投资调查法》;20世纪80年代,日本投资的大量涌入促成了《1988年埃克森—弗洛里奥修正案》;2006年前后来自中国和海湾国家的大额并购,催生了《2007年外国投资与国家安全法》。②

尽管各国外资国家安全审查的特点存在较大差异,但防止外国资本对本国重点行业、重点技术、重要基础设施"过度"渗透和扩张,几乎是各国通例。在内容上,除美国较为详细地规定了27个主要限制行业外,③ 大多数西方国家过去的关注焦点主要集中在传统国防安全领域,如英国制造业管控的重点是与国防有关的军火制造部门和航天部门;德国和法国甚至没有"国家安全"一词,取而代之的是"公共秩序与安全",关注重点是与军工行业密切相关的武器、弹药、军事装备;加拿大和澳大利亚也未真正出现"国家安全"概念,判断外资安全与否的标准为"是否与国家利益相悖"。

大变局之下,随着美国各种危机及其综合国力相对下降等原因,美国奉行单边主义和保护主义,美国已经将外商投资安全审查推向了极端,国家安全成为美国脱离国际法规范约束的话语,当作对他国发起经济制裁并

---

① 李思奇、牛倩:《投资负面清单制度的国际比较及其启示》,《亚太经济》2019年第4期。
② 李巍、赵莉:《美国外资审查制度的变迁及其对中国的影响》,《国际展望》2019年第1期。
③ 详见2018年8月13日特朗普签署生效的《外国投资风险审查现代化法》(FIRRMA)。CREC-2018-06-26-pt1-PgH5674-4.pdf, https://www.congress.gov/115/crec/2018/06/26/CREC-2018-06-26-pt1-PgH5674-4.pdf, 2021年10月1日。

行使长臂管辖的借口。2018 年生效的《外国投资风险审查现代化法》就是明显的例子。① 美国打压华为、制造孟晚舟事件，也是以华为公司的技术危害美国国家安全为借口。欧盟为了呼应美国，背信弃义，推迟表决 CAI，背后有着复杂的政治考量。面临国际投资领域诚信社会资本和公共产品供给的缺失，② 中国理应当仁不让，积极参与并主导国际投资诚信规则的建构。

四 国际投资诚信规则建构

基于以上分析，在人类命运共同体理念下，重构国际投资诚信规则的方案是由保护投资者私权的横向善意规则与确保国家监管主权的纵向治理诚信规则组成的纵横交织网络，旨在维系投资者私权与国家监管主权之间的合理平衡。横向善意规则主要围绕 FET 条款的规定和安排展开，还涉及东道国为投资提供持续、充分的保护与安全、不低于国际法要求的待遇、稳定条款及争端解决的程序性规则等。纵向治理诚信规则主要围绕国家安全审查或例外措施条款的规定和解释展开，还涉及可持续发展、环保、人权、征收与相关补偿、东道国公共利益等规则。

（一）国际投资善意规则建构

人类命运共同体理念下国际投资诚信规则建构的方案离不开对现行国际投资诚信规则的深刻把握和分析。需要结合其他法律问题，方能充分理解国际投资法中善意原则的作用。善意是《国际法院规约》第 38（1）(c) 条含义中的"一般国际原则"，还可能是习惯国际法中的法律原则。

---

① CREC-2018-06-26-pt1-PgH5674-4. pdf，https：//www. congress. gov/115/crec/2018/06/26/CREC-2018-06-26-pt1-PgH5674-4. pdf, Dec. 1, 2021.

② 参见 Joseph S. Nye,"The Kindleberger's Trap", *Project Syndicate*, Jan. 9, 2017, http：//www. project-syndicate. org/commentary/trump-china-kindleberger-trap-by-joseph-s-nye-2017-01, December 1, 2020; 石静霞：《"一带一路"倡议与国际法——基于国际公共产品供给视角的分析》，《中国社会科学》2021 年第 1 期。

善意的这一地位和身份得到知名学者的认可,[1] 反映在 ICJ 法理[2]和大量条约[3]中。然而,虽然人们对善意原则的地位并无争议,但该原则的确切边界和内容却存在很大不确定性。而且,即便是善意原则的特别内容,如滥权或禁止反言等,也存在适用于特定情况的模糊性和争议。善意解释条约之要求,作为国际法问题基本没有争议。有关善意原则的复杂问题,在适用于国际投资法中特定事实和法律情况时,更加明显,包括解决"平行"争端的情况等。[4] 可以适当地对善意予以限制,使其仅在特定情况下有具体的后果。可以合法使用善意原则,作为一种公法工具,限制东道国依赖本国法律。善意原则还可以在收购领域发挥作用。即便收购或投资活动符合国内法,但若违反跨国公共政策,也应适用善意原则予以限制。根据善意原则,利益拒绝条款(denial of benefits clause)旨在防止使用欺诈手段获得投资者身份。在人权保护、防止腐败方面,善意原则超出国内法范围时,要求外国投资者遵守国际法或国际公共政策。

"FET"涉及国际投资法中的核心实体义务,要求在适用善意原则时需要谨慎。如何适用善意原则,需要制定并适用"详细的规则"。在评估是否符合 FET 各构成要素时,善意有很大的作用。例如,对于是否存在专断,参照善意概念可以很容易做出判断。善意还与正当程序的某些方面有更密切的联系,这是"FET 最复杂的部分"[5]。

善意与投资者"合法期待"也存在密切关系。认定违反 FET,其依据有时是东道国违反投资者的合法期待。合法期待的观念还出现在国际投资法征收方面,在征收领域进一步考察善意有积极意义。此外,合法期待的观念还使人联想到国际贸易法与国际投资法之间的关系。在 WTO 法中,

---

[1] See John O'Connor, *Good Faith in International Law*, Aldershot: Dartmouth, 1991, p. 2.

[2] See, eg., Nuclear Tests (Australia v. France) (Merits) [1974] ICJ Rep. 253, 268.

[3] See, eg., Charter of the United Nations art 2 (2); Charter of the Organization of American States art 3 (c); United Nations Convention on the Law of the Sea, opened for signature 10 December 1982, 1833 UNTS 3 (entered into force 16 November 1994) arts 105, 157, 300.

[4] Andrew D. Mitchell, M. Sornarajah and Tania Voon, *Good Faith and International Economic Law*, Oxford: Oxford University Press, 2015, p. 174.

[5] Andrew D. Mitchell, M. Sornarajah and Tania Voon, *Good Faith and International Economic Law*, Oxford: Oxford University Press, 2015, p. 177.

合法期待与很少选择的"非违反"之诉①相关。WTO成员的期待也可能涉及更标准的WTO违反协议之诉中不同产品之间的竞争条件。② 此时，WTO成员依据WTO法享有的合法期待，可以与国际投资法中外国投资者的合法期待进行对比。进一步理解这两个领域的合法期待等概念，有利于发挥善意的作用，证明依赖合法期待的正当性，评估合法期待的合法性，并确认是否遵守合法期待。③ 为了更好地把握不同领域合法期待的区别，需要进一步研究国际公法、国际贸易法和国际投资法中善意与合法期待之间的关系。

重构国际投资诚信规则的中国方案，还涉及可持续发展和稳定条款的相关问题。④ 除维护国家主权、安全之外，中国还一贯主张维护国家发展利益。⑤ 国际投资法中的可持续发展原则和相关条款，主要强调的是国家的发展利益，与此密切相关的是以保护投资者为目的的稳定条款。

总之，善意作为国际法根本原则被认可的重要意义，与以合理、连贯方式将善意适用于特定情形的艰难过程之间存在基本的紧张关系。善意原则使用过度，则会掩盖、保护主观偏见和判断，进而降低决策中的可预测性和问责；善意原则若被忽视，则明显与善意存在矛盾的行为可能因依赖狭义的文本解释或技术漏洞而受到保护。善意原则在国际投资法中发挥着不同的作用，在若干领域，需要进一步澄清善意存在的特定形式范围和含义。无论采取学术争论、公共参与还是司法、仲裁裁决的方式，通过使善意原则更加具体化可以在其重要性与需要之间达成更好的平衡。一方面，使其在限制国家和投资者行为上发挥重要作用；另一方面，需要在适用有

---

① Marrakesh Agreement Establishing the World Trade Organization, opened for signature 15 April 1994, 1867 UNTS 3 (entered into force 1 January 1995), annex 1A (General Agreement on Tariffs and Trade) art ⅩⅩⅢ: 1 (b).

② See Appellate Body Report, India—Patent Protection for Pharmaceutical and Agricultural Chemical Products, WTO Doc. WT/DS50/AB/R (adopted 16 January 1998) para. 40.

③ Appellate Body Report, European Communities—Customs Classification of Certain Computer Equipment, WTO Docs. WT/DS62/AB/R, WT/DS67/AB/R, WT/DS68/AB/R (adopted 22 June 1998) paras 80-82; Appellate Body Report, India—Patents (US) (n 9) paras 42, 45, 48.

④ Jola Gjuzi, *Stabilization Clauses in International Investment Law—A Sustainable Development Approach*, Berlin: Springer International Publishing, 2018.

⑤ 《中国共产党章程》，人民出版社2017年版，第14页。

关保护投资的准则和规则中提供明确的指引。

然而，重构国际投资诚信规则，还需要在上述横向善意规则内部平衡之外，使其与涉及国家监管主权的纵向治理诚信规则保持适当平衡。需注意的是，在第二次世界大战后美国主导的国际投资规则建构实践中，投资条约的根本目标是塑造适合西方自由主义意识形态的法律体系。这一目的不仅是保护投资，还要使其他国家脱离社会主义或其他意识形态框架，这些意识形态框架使国家在国内经济中发挥强大的特权作用。[1] 意识形态的影响，在以国家安全审查为主要内容的国际投资纵向诚信规则上表现得更加突出。

（二）国际投资国家安全审查中的诚信要求

迄今为止，与国家安全有关的投资政策方面的国际合作还处于初级阶段，而且是非正式的。各国安全审查制度的差异性一定程度上又构成安全审查诚信协调的具体障碍，安全审查诚信协调机制的建立将是一个充满挑战的长期过程。

1. 美国及其几个西方盟友对中国企业进行投资安全审查的现状

2018年美国将中国视为战略竞争对手，启动了"中国行动倡议"，以打击中资企业的技术"窃取行为"；欧盟国家审议中国企业并购时，往往基于"最坏假定"，将同行业所有中国国企视为"单一经济体"，变相夸大行业市场份额，增加申报被否决的概率。在更加充满挑战的未来国际经济环境中，西方国家不太可能降低对中国企业相关投资的潜在安全风险评估。

历史上，针对国有企业的外资国家安全审查一直是重点。发达国家决策者担心国有企业低融资成本等各种优惠待遇，在全球市场可能产生反竞争的效果。[2] 2021年6月3日，拜登签署行政令，认为需要采取其他必要措施应对国家紧急状态。此外，拜登还认为，在中国境外使用中国的监视技术进行种族打压或严重侵犯人权的行为，也对美国国家安全、对外政策

---

[1] Erik Voeten, *Ideology and International Institutions*, Princeton: Princeton University Press, 2021, p. 138.

[2] 张皎、李传龙、李彤：《美欧外资国家安全审查机制立法趋势：从与安全有关的投资措施到与投资有关的安全措施》，《国际法研究》2020年第3期。

和经济构成异常、严重威胁。拜登政府借扩大国家紧急状态的范围,扩大了对非传统安全手段的运用,① 泛化的国家安全审查已经成为发起单边投资制裁的常用手段。欧盟等其他主要经济体也有类似规定。

2. 安全审查诚信协调机制的路径分析

我国坚持多边主义,致力于构建开放、透明、包容、非歧视性的国际投资诚信规则。2020年9月,二十国集团领导人杭州峰会聚焦全球经济治理等重大问题,通过《创新增长蓝图》,首次将发展问题纳入全球宏观政策框架,并制定了行动计划。我们秉持合作共赢的原则,助推经济全球化的大趋势。对一些发达国家的反全球化声浪要高度警惕、做好预案。变革全球经济治理体系不是要推倒重来,而是不断完善现有的诚信治理和协调体系。②

近年来,中国与国际社会加强合作,旗帜鲜明地反对各种形式的保护主义,以全人类共同价值和人类命运共同体理念引领全球经济治理体系变革。随着世界格局的深刻调整,全球经济治理体系的决策机制正在从美国主导演变为"集体领导"。中国作为新兴大国,将更加积极地参与"集体领导",与各国携手共建人类命运共同体。

尤其是在国际投资安全审查领域,中国应当引领安全审查诚信协调机制的建立。为此,应当秉持构建人类命运共同体的理念,有序推进安全审查协调机制的构建;夯实协调基础,重塑诚信规则;在措施上应先程序后实体;从双边、诸边、多边渠道同时推进。作为新一轮全球化的旗手,中国应以安全审查制度的诚信协调为突破口,适时向世界提出中国的安全审查诚信协调观和全球治理观,倡导并践行以合作共赢为核心的新型国际投资关系。③ 具体而言,首先,在规范、透明、有序、节制的基础上修改、完善本国外资安全审查制度,夯实开展国际协调和制度输出的基础;其次,通过"一带一路"合作,尝试在投资条约中纳入更加平衡的安全例外条款,适度限制东道国的安全审查权;最后,通过G20等多边平台,呼吁各国重塑投资自由与国家安全并重的观念,推广中国关于外资安全审

---

① 参见第四章有关金融监管诚信规则的详细分析。
② 刘静:《美国的外资安全审查制度》,《人民法治》2019年第14期。
③ 漆彤、刘嫡琬:《外国投资国家安全审查制度的国际协调:必要性、可行性和合作路径》,《国际经济评论》2021年第5期。

查的最佳做法,尝试启动国际最低安全审查标准的起草和制订工作,在规则层面引领国际社会走出逆全球化和保护主义泥沼。

面对美国及其几个西方盟友实施重新区域化、重新国家化直至科技脱钩,我国应当以全人类共同价值为导向,重点围绕 WTO 框架下的诸边协定、"一带一路"建设和 RCEP 等区域一体化建设,积极拓展第三方市场合作,通过 FDI 项目为东道国的发展提供积极支持,促进 FDI 溢出效应和当地伙伴合作,最终实现多赢、互利和共同发展,为构建人类命运共同体贡献中国方案和力量。

第四章

国际金融法治规则建构的诚信理论

近年来，美国两届政府置公认的国际诚信原则和规范于不顾，以国家安全和民主价值观为借口，粗暴干预国际金融市场监管。拜登政府延续其前任的对华贸易摩擦和定点经济脱钩政策，国际证券市场上对中国企业继续打压。对此，中国应当坚持诚信原则，加快建构公平、开放、透明、共享、包容的国际金融规则体系，提高人民币的国际信用和中国金融市场的软实力，促进国际金融市场的持续、稳健发展。

一 问题的提出

除了制造中美贸易、投资摩擦之外，美国在全球发起的金融战、货币战一直没有停歇。[①] 美国利用美元国际货币地位，奉行 QE 和超发政策，掠夺全球财富，转移国内金融和经济危机。美国还经常将美元国际货币用作经济制裁的手段。在国际证券市场，美国同样不守承诺，将国际证券监管政治化，动辄以国家安全和民主价值观等为由，强行要求在美国上市的中国公司摘牌。2020 年 12 月，美国国会通过《控股外国公司问责法》（HFCAA），要求外国证券发行人确定其不受外国政府拥有或掌控，并要求在美国上市的外国企业遵守美国上市公司会计师监督委员会的审计标准。2021 年 12 月 2 日，证券交易委员会（SEC）发布修正案，制定最终

---

① James Rickards, *Currency Wars*, N.Y.: Penguin Group US, 2011.

规则，为实施 HFCAA 建立了框架。① 该法律和规则的出台，使在美上市中国企业面临巨大的风险和不确定性。这一切都具有"反噬效应"，侵蚀着全球投资者对美国金融市场和股市的信心，消耗着美国的国家信用。

二 国际金融法中的诚信规则

（一）国际金融法中诚信义务的含义

权力诚信义务的概念与善意观念相互关联。有学者认为，"善意"在国际法上有三种不同的含义，即三个不同的面向。第一，仅仅是与错误主观相信，或误信有关的一种法律事实。换言之，在主观意义上，善意旨在保护一方当事人的误信，确保形式效力。善意并无自己的规范性内容，只是一种规范的构成要素，即一种被某一规范赋予法律意义的事实。第二，善意是评估行为合理性或规范性的一种模糊标准，本身没有多少规范性。此时，善意很容易用其他概念，如"合理性"取代。第三，表示一种强大的帝王式的一般法律原则，主要规范性内容是保护其他主体通过某种谨慎行为自由形成的合法期待。该原则具有规范性，要求存在某种类型的行为，或者至少赋予某种类型的行为以一定的意义。② 客观意义上，善意被理解为主要由法院和裁判机关使用的一种方法，使契约关系道德化，消解国际法中行动自由理论教条造成的不平等。ICJ 认为，善意原则是"创造和履行法律义务的一项基本原则"③。但是在"边境和跨境武装行动"相关的案件中，该院又补充指出："倘若并无义务存在，则善意本身也不是义务的来源"④。总体而言，同"主观善意"相比，"客观善意"更多见、

---

① SEC. gov | SEC Adopts Amendments to Finalize Rules Relating to the Holding Foreign Companies Accountable Act, https://www.sec.gov/news/press-release/2021-250, 2022 年 1 月 1 日。

② Robert Kolb, *Good Faith in International Law*, Oxford: Hart Publishing, 2017, p.15.

③ Nuclear Tests Cases (Australia v. France; New Zealand v. France), ICJ Reports 1974, 253 at 268.

④ Border and Transborder Actions (Nicaragua/ Honduras), 20 December 1988, ICJ Reports 1988, 69.

更重要,"主观善意"只不过是一种可谅解、可免责的错误而已。①

鉴于诚信责任的基础具有契约性,这就意味着合理原则和善意原则澄清了执行国际受信人相关契约义务的方式。有约必遵原则的两个方面已经得到认可,即"必须善意履行条约,以便在正确解释条约条款方面产生合理、平等的效果"②。为此,ICJ 认为,就有约必遵原则而言,VCLT 第 26 条将两个要素结合在一起,每一个要素都同样重要。善意意味着条约的适用应当以条约的宗旨和缔约方的意图为准。善意原则要求缔约方以合理方式适用条约,且以能够实现条约宗旨的方式适用之。③ 换言之,ICJ 认为该第 26 条明确表明,善意履约不仅关涉义务,而且关涉整个条约:要善意履行的是"条约"。④

关于国际受信人功能边界的确定,虽然在国际法若干领域承认一种主客观两分法,但事实上,由于诚信关系存在合意性基础,特定情况下诚信义务的程度和性质必须参照当事人之间的基础契约关系来确定。很明显,作为 VCLT 第 26 条所含原则,善意原则在主客观两种意义上是所有契约义务的内在要求,而在诚信关系背景下,这一概念必然有另外一层含义。这一含义源于"诚信"(fiduciary)这一用语。该用语出自罗马法,与"忠实"(fidelity)、"信任"(faith)派生于同一用词"fides"。也就是说,作为受信人,其所在的地位要求其必须守信、可信。通常,受信人在与对方形成关系时,后者对其有一种信任和信心。这种关系使受信人对信任和有信心的当事人产生一种合法期待,引发受信人善意行事的义务问题。

以上分析显然与国内法概念密切相关,在面临国际社会需要时,行为人自然依赖自己的参照系和想象框架。在此过程中,行为人必然考虑自己本国的法律传统、个人经验乃至独特的个性。通常,通过广义类比引用的国际法概念与原始国内法概念并非完全一致,导致实际解决方案虽然与国内法类似,但对国际法律秩序又有独特性。⑤ "国际法已经借用且继续借

---

① Robert Kolb, *Good Faith in International Law*, Oxford: Hart Publishing, 2017, p.256.

② ILC Yearbook 1959, Vol. Ⅱ, 42.

③ Case Concerning the Gabcikovo-Nagymaros Project (Hungary/Slovakia), ICJ Reports 1997, 79.

④ 即善意原则不仅适用于条约义务,同样适用于行使权利。

⑤ Cf J. Gold, *Interpretation: The IMF and International Law*, Amsterdam: Kluwer Law International, 1996, p.583.

用私法体系的许多规则和制度。《联合国法院规约》第 38（1）（c）条表明，这一过程仍然活跃，而且需要注意，该条授权 ICJ '适用文明国家认可的一般法律原则'。"在借用国内法时，国际法要坚持"自治"观念，在范围和含义上不能与任何国家的国内法相同，必须具有国际意义。①

国际金融法中，诚信义务规则可分为金融服务诚信规则、金融监管诚信规则和国际货币信用规则。

（二）金融服务诚信规则

国际金融服务诚信规则，可以按以下服务形式分为四类。（1）代理：以他人名义或为他人账户履行国际交易；（2）贷款管理（loan administration）：代表记录贷款人承担管理、监督贷款责任；（3）管理账户（administrated accounts）：管理为特定目的提供的指定资源；（4）自治财产信托基金（autonomous patrimonies）：作为政府间基金的受托人。国际金融诚信关系的存在，涉及某人（国家或国际组织）作为委托人授权其他人承担某些国际责任，处理其提供的金融资源。

在代理服务方面，国际实践有各种不同的例子表明国际社会的成员代表他人行事，其对后者的法律后果如同他人自己行事。国家或国际组织同意由其机构或官员为其他国家或国际组织履行服务，但不将其机构或官员置于后者实际控制之下，则适用有关代理的一般规则。② 例如，国际清算银行（BIS）是一家专门多边金融机构，提供广泛的主权证券或高级别资产管理服务。这些服务既可能采取 BIS 与中央银行之间特别组合委托契约的方式，也可能采取开放式基金结构——BIS 投资组合（BISIP），使客户可以投资于共同资产组合。又如，石油输出国组织（OPEC）基金作为一家多边金融机构，其章程授权基金作为成员国代理人履行职能。③ 按照该基金的相关规定，成员国与基金存在代理关系，成员国作为委托人授权基

---

① F. Vanneste, *General International Law Before Human Rights Courts*, Intersentia, 2010, pp. 229-243.

② See AP Sereni, "Agency in International Law", *American Journal of International Law*, Vol. 34, 1940, p. 638.

③ Eg Articles 2.03 and 5.02 (v.) of the Agreement Establishing the OPIC Fund for International Development.

金作为代理人履行相关职能。ICJ确认了国际法中代理关系的存在。[1]

ICJ认为,确认代理关系有五大重要因素。(1)代理关系的存在要求委托人和代理人在整个代理安排期间均是并保持独立的法律实体。[2] (2)以合意性法律文件的方式确立关系这一事实,意味着同意是存在代理关系的前提条件。(3)代理关系的合意性基础和当事方彼此保持独立性这一事实,意味着代理关系可以随时根据条约和其他国际法律文件的终止程序予以终止:"可能确立的任何代理关系适用自由同意规则……在所有情况下均适用因胁迫而作废、强行法、特定情况下的废除权和因情势变迁而终止的规则。"[3] (4)代理关系意味着一方同意代表另外一方履行职责。也就是说,代理人在行使代理授权时,可以改变委托人与第三方之间的法律关系;而且,在授权代表范围内,委托人要为代理人的行为负责。[4] (5)根据原则,代理关系的存在要求代理人承担为委托人利益服务的义务;代理人为委托人利益服务,需尽如处理自己事务般的勤谨义务。

在贷款管理活动中,出资人要确保从发起贷款到最后还款,要有适当的贷款文档、准确的贷款会计体系和还本付息。贷款人与管理人是同一人时,不存在诚信关系的问题。但由于种种原因,贷款人可能发现将贷款管理,包括项目监督外包给第三方更为现实。尤其是,双边开发机构在特定区域或领域的资源或专业有限时,会发现外包贷款管理在控制管理费的同时,能使其开发项目融资能力最大化。使用第三方作为贷款管理人,常见于作为临时附加资源渠道建立的多边金融机构。OPEC国际开发基金(OFID)是采取这种融资渠道的第一例。多边金融机构外包贷款管理实务表明,贷款管理人带来一系列契约责任。[5] 虽然有关多边金融机构之间关系的态度通常礼貌周全,但通常存在贷款机构对贷款管理人不满意的风

---

[1] ICJ Rights of Nationals of the United States of America in Morocco (France v. United States of America), Judgment of 27 August 1952, ICJ Reports 1952, 212, 188.

[2] Cf D. Sarooshi, *International Organizations and Their Exercise of Sovereign Powers*, Oxford: Oxford University Press, 2005, p. 34.

[3] E. Jimenez de Aréchaga, *ILC Yearbook 1964*, Vol. I, 733rd meeting, 60, para. 5.

[4] "Commentary on Article 17, Responsibility of States for Internationally Wrongful Acts 2001", *ILC Yearbook 2001*, Vol. II (Part Two), 2001.

[5] Rutsel Martha, *The Financial Obligation in International Law*, Oxford: Oxford University Press, 2015, pp. 366-367.

险。这一风险主要不是源于国际法规定的一般准则，而是融资机构需要维持其身份，确保项目的实施基本符合经批准的建议。就此而言，金融机构的管理层要对其权力机构负责。这并不是说诚信义务的技术法律问题在国际贷款管理中并无作用。贷款管理人对委托人承担诚信义务，源于其获委托条款所施加责任中涉及的自由裁量权，这种裁量权使出资方处于"弱势"地位。"弱势"一词要表达的是由于委托条款，贷款管理人的行为可能会对融资机构的法律和实际利益有重大影响。故此，需要依法保护这些利益。考察这一领域的实务可以发现，国际贷款管理人任命授权条款基本包含两项内在的基本要求——注意义务和忠实义务，旨在对这些利益进行保护。正是在这一点上，VCLT 第 26 条所反映的善意要素承担着决定性的作用。国际贷款管理人义务的契约基础，要求必须善意履行这些义务，而且作为一项默示的善意义务，管理人的行为不得造成否定对方的契约利益，也不得实际否定这些利益。这一论断在习惯外包贷款管理业务的金融机构实务特定条款中非常明显。

通常，管理人任命条款要求管理人承担责任，审查、批准贷款融资采购的货物和服务，审查借款人的提款申请，以确定是否与融资协议一致。无疑，这就涉及管理人在审查和评估相关事实过程中行使某种程度的裁量权。因此，出资方在向借款人放款中要依赖管理人的审慎和判断，要从以借款人名义建立的贷款账户中支付合格的费用。同样，贷款人也有权宣布违约事件，或对基础项目的有效性进行更一般的监督，而这些在没有必要信息的情况下无法开展。故此，管理人任命条款通常包含监督项目实施的义务和向出资方通报所存在困难或问题的义务。正是在这一方面，注意义务要求管理人在其任何行为可能损害出资方的法律、实际利益时，要坚持合理注意标准。贷款管理人与出资方都是同一借款人同一项目的贷款方时，他们的利益不一定在所有时候都完全一致，此时忠实义务就要求管理人将共同出资方的利益置于自身利益之上。管理人与借款人的关系可能比与贷款人的关系更密切，这就导致存在可能被滥用的信息优势。很明显，在任何情况下，如果这一信息优势能被用于巩固管理人的地位而损害贷款人的地位，那么就需要法律介入以保护后者。

管理账户作为一种法律手段，存在于在既不充分、毫无限制地放弃资源所有权，又不需要确立传统意义代理关系的情形。欧元区主权债务危机的处理提供了实例。经权衡欧元区债务危机中 IMF 非传统干预的选项，

2011 年 G20 戛纳峰会最终宣言，由 IMF 管理的救助（bailout）基金为欧洲提供融资同增加该组织的融资能力相比，能够更有效地治理欧元区债务危机。① 这一建议的基本理由与管理账户的独特法律特征相关，由多边金融机构以主要职能附属运行的方式对该账户进行管理。按照建议，作为加固欧元区债务危机防火墙计划的组成部分，欧元区各央行将在 IMF 存入资源库，加上日本和中国等国家提供的配套资金。为了避免 IMF 对欧洲的风险头寸过大，同时尽可能克服欧洲最大经济体同时面临融资困难时的存取款限额，这些资源库将不成为 IMF 资本的组成部分。相反，融资将进入 IMF 管理的账户，这样账户资金的使用更加灵活，而且由欧洲承担风险。实际上，在账户出资人享有最大自由裁量权的同时，IMF 决策机构的作用相对较小。② 1990 年 IMF 应日本请求，首次发起设立了这种账户，以帮助欠债成员国加强人力和组织能力建设，提高决策质量和宏观经济管理效率。这种账户的特点是：第一，资金并非 IMF 的资产，且仅依据法律文件用于账户规定的目的；第二，相关法律文件规定，不得使用 IMF 自己的资源偿还账户管理产生的负债或弥补其亏损。最终，融资安排使出资方完全控制管理账户余额的用途。而且，剩余款项将退回出资方。

与代理不同，管理账户在账户受益人与出资方之间不确立法律关系。因此，虽然出资方保留资源所有权，但是与资金接收方之间进行法律交易的是管理人而不是出资方。同时，只要资源使用符合与管理人之间约定的条款且符合使用目的，出资方不得单方面撤资或单方面改变资金用途和条件。管理账户又分为三大类型：和解（settlement）账户、偿债（debt service）账户和过手（pass-through）账户。③

自治财产信托基金是一种国际信托。在前面的三种金融诚信服务中，对金融资源的所有权要么由委托人保留，要么让与受益人，需要满足某些条件，管理人才会予以让渡。但在国际金融信托中，出现了一种完全不同

---

① Cannes Summit Final Declaration—Building Our Common Future：Renewed Collective Action for the Benefit of All, 3-4 November 2011, http://www.g20.utoronto.ca/summits/2011cannes.html, Dec.1, 2021.

② J. Gold, *Interpretation：The IMF and International Law*, Amsterdam：Kluwer Law International, 1996, xxxiv.

③ Rutsel Martha, *The Financial Obligation in International Law*, Oxford：Oxford University Press, 2015, pp.372-378.

的法律现象，即信托设立人在不向第三方转让资源的同时，放弃对资源的普通法所有权，却创立一种独立的信托财产，由受托人根据设立信托财产的文件条款进行管理。这种信托财产的独特性是，该财产不为任何法人"拥有"，只是按照设立文件使用。这样，主要围绕受托人的作用产生不同的法律问题。有人认为，即便信托资产在信托关系存续期间转移归受托人所有，信托的法人不仅与受托人的其他资产不同，与捐赠人也不同。① 同样，在实务中，IMF承认信托法，其根本在于信托财产的所有权由受托人与受益人共同分享，需坚持六大原则。②

由于信托控制下的资源，其国际身份源于调整管理资源相关权利、权力和义务的国际法律文件，管理人和受托人并无能力单边改变资源的国际身份，也无能力以文件规定之外的任何其他方式处置资源。③ 需要考虑的问题不是财产权属于谁，而是受托人的权利和义务是什么，这明显取决于相关国际法律文件。在国际法中，信托现象主要出现在债权法中，其次出现在国际组织法中。除了调整国际组织活动的特别原则之外，重要的考虑是可能妨碍受托人接受信托物所有权的限制因素。更重要的是，有关国际信托的各种学术观点明确认为，相关国际法律文件既不关注受托人与任何有形物体之间的关系，也不就信托物为受托人创设任何绝对权利。相反，所有法律文件中的标准条款均规定，受托人必须使信托资产与自己的资源和其他信托资源分离，而且必须如实标记信托资源。所有文件都规定受托人有义务只为文件规定的目的使用信托资源。综合这些规定，信托物不能由任何人，包括受托人用于处置或清算受托人的负债。就此而言，无论国内信托法情况如何，在国际法中，受托人与信托物之间的关系毫无绝对权利的性质。换言之，国际信托法纯粹、完全是债权法问题。事实上，受托人以国际信托方式接受出资，就承担完全根据信托文件并为文件规定的目的，管理并使用信托资金的义务。

总之，国际信托工具所依据的基本法律概念是，投放资源是为了让某一法律主体（通常称为"受托人"）为规定的目的进行管理。因此，国

---

① I. Bantekas, "The Emergence of the Intergovernmental Trust in International Law", *British Yearbook of Internarional Law*, Vol. 81, 2011, p. 225.

② J. Gold, *Legal and Institutional Aspects of the International Monetary System: Selected Essays* Ⅱ, IMF, 1984, p. 874.

③ International Status of South-West Africa, Advisory Opinion, ICJ Reports 1950, 128 at 141.

际信托是一种诚信关系，受托人持有特定资源的普通法托管权，承担为特定目的处置资源的诚信义务。①

（三）金融监管诚信规则

随着科技的进步和社会分工的发展，金融市场越来越复杂，同金融服务规范相比，金融监管规范的作用越来越重要。在大多数成熟的金融辖区，近几十年来，金融服务成为越来越复杂的监管体系的对象。在国际准则制定者倡议的驱使下，相关监管框架开始出现趋同，在调整金融中介与客户契约关系的相关私法体系尚存在差异的情况下，这种趋同令人惊奇。同时，法院及某种程度上的国家立法机关继续努力，一方面协调相应的监管框架，另一方面协调私法，包括合同法和诚信法。至少在某种程度上源于普通法诚信法原则，相关准则有时也已经进入大陆法辖区。因此，金融服务监管成为产生跨国法律秩序的样例，包括一致的跨国驱动因素、监管准则与司法之间的互动以及国家主体对涌入的国际框架的抵制等。国际金融监管最基本的原则是诚信原则，在国际证券监管领域尤其如此。因此，有必要对国际金融服务行为和审慎监管诚信规则展开研究，依据跨国法律理论，追踪监管程序的根源并探讨其特征，针对欧美发动的金融战和金融法律战，提出中国方案。

在普通法和大陆法辖区，广义诚信义务早已被公认为金融中介与客户之间关系的关键因素。若将诚信关系定义为包括"形成受益人对受信人有默示依赖和因特别弱势而产生的高度信任和信赖的主要社会与经济互动"②，则广泛的金融服务明显符合这一说明。③ 从比较视角，可以在受特别审慎和行为监管的金融活动法律定义中找到有用的分析起点。若金融中介代表客户就所代表开展的交易持有资金或其他资产，或同意就投资或客户提取贷款的条件提供专家咨询，则客户存在高度信任、依赖和弱势就不仅仅是中介—客户关系的特征，而是提供公共干预的理由，尤其是以行为监管的方式干预。从普通法的视角来看，这些活动常常被认定为代理关系，鉴于

---

① Rutsel Martha, *The Financial Obligation in International Law*, Oxford: Oxford University Press, 2015, p. 383.

② Leonard I. Rotman, "Understanding Fiduciary Duties and Relationship Fiduciarity", *McGill L. J.*, Vol. 62, 2017, p. 988.

③ 应当指出，这一定义虽然确定源于普通法原理，但具有一般性。

普通法中诚信法（fiduciary law）与代理法之间的功能连接，这将有助于说明金融中介为何常被认定除承担向客户披露某些信息的义务之外，还承担忠实和注意的诚信义务。可以通过对中介与客户之间的代理问题展开经济分析，支持上述分析。然而，即便在大陆法辖区，金融服务合同的法律基础通常包括或源于一般合同法的法律范畴，诚信义务的概念也越来越被确认为一种分析框架。因后文详细探讨的许多原因，近几十年来，与提供金融服务相关的实体法及其原理解释在许多辖区也在趋同。

随着国际准则制定者，尤其是作为推动上述发展驱动力的国际证监会组织（IOSCO）的出现，越来越多适用于金融服务中介—客户关系的国际公认准则的出现似乎代表跨国法律秩序的样板，包括驱动的原因、促进交易过程的基础制度性安排、诚信义务的内容及其在不同法系中的适应性。然而，仔细考察，这一图景则更加复杂。一方面，是有关金融服务的监管制度、规范受监管实体运营并监督其与公众互动的一系列事前要求和补充性开放式义务；另一方面，是源于私法一般原则并由法院事后在法律诉讼中施加的平行、重叠或实际上相冲突的诚信义务本身。二者必须进行区分。[1] 近几十年来，监管制度的结构和内容正在趋同，相关诚信原则就其在各私法体系内的内容、解释和功能而言，在不同辖区仍然存在差别。在欧盟内确实如此，欧盟法已经在协调监管框架上推进，但相关私法仍然由成员国法律确定，其中许多成员国早在欧洲层面开始协调监管框架前就确立了交易导向的原则。然而，除了对行为监管准则进行国际协调之外，监管准则与相关私法制度的互动也已成为共同主题：合同法一般原则是否受监管要求影响，影响有多大，在冲突义务中以哪一种制度为准，这一问题最终将影响客户对中介提起的私法诉讼中执行何种义务。根据法律原理，不同的辖区答案不同。然而，监管要求与合同法下的义务共存，而且两种制度之间可能存在的紧张关系反复出现，这一事实足以说明，最终金融中介的诚信活动是跨国法律新秩序的目标。

以下基于对证券服务提供商行为准则的分析，探讨金融中介诚信义务跨国体系的出现。要探讨的具体内容包括监管要求与诚信原则之间的互动以及监管要求的跨国特征；欧洲立法采用跨国监管原则的过程，该过程启

---

[1] UK Law Commission, "Fiduciary Duties and Regulatory Rules", Consultation Paper, No. 124, 1992.

动了基础合同法制度的趋同。在趋同过程中，实体性、组织性的注意和忠实义务在性质上发生了变化：源于诚信法普通法原理的原则在保持对个体客户功能和意义的同时，适用不同的合同法制度。欧洲若干司法辖区内就监管义务对具体契约关系的相关性持续存在的争端表明，这一过程并非毫无摩擦，但正是由于这一原因，这一过程成为跨国法律秩序中有趣的案例。

1. 金融中介中的诚信法：一种跨国法律秩序
(1) 国际监管准则：起源、性质与合法性

金融服务领域监管准则朝趋同化发展，且监管准则朝"诚信"关系监管方向发展，这一趋势至少可以追溯至20世纪80年代晚期和90年代早期。[1] 法国证券交易委员会（COB）1988年曾发布一份有关证券服务自律原则的报告，在此基础上，IOSCO在1990年7月颁布一份真正的国际高标准基本行为准则——《国际业务行为准则》。[2] 随着这份"软法"文件的发布，IOSCO首次尝试一方面在全球承认业务行为监管，作为一般证券监管的必要组成部分，并以保护消费者、市场诚信和有别于市场行为监管（如内幕交易和市场滥用）的方式予以实施并强制执行，另一方面承认对中介资本和流动性头寸进行审慎性监管。[3] 报告指出，这些行为和审慎性监管准则的全球融合，合法性在于20世纪70年代以来技术进步驱动的证券市场全球化背景，而且最广泛意义的投资组合管理出现机构化，其中不但反映发行人和中介的活动，而且投资者的活动也越来越超过国家边界。[4] 在这一背景下，业务行为准则的全球协调有利于市场参与者，普遍适用的共同原则"将促进跨境业务，鼓励券商间竞争，增加客户选择并降

---

[1] Eric Helleiner, "Regulating the Regulators: The Emergence and Limits of the Transnational Financial Legal Order", in Terence C. Halliday and Gregory Shaffer, eds., *Transnational Legal Orders*, Cambridge: Cambridge University Press, 2015, p. 238.

[2] Technical Committee of the International Organization of Securities Commissions, "International Conduct of Business Principles", 9 July 1990, https://www.iosco.org/library/pubdocs/pdf/IOSCOPD8.pdf, 1 November 2021.

[3] Technical Committee of the International Organization of Securities Commissions, "International Conduct of Business Principles", 9 July 1990, paras. 18-21.

[4] Technical Committee of the International Organization of Securities Commissions, "International Conduct of Business Principles", 9 July 1990, paras. 4-7.

低成本。共同商定的原则还能增进投资者理解，增进市场信心，进而扩大投资者对国际市场的参与"①。报告中，业务行为原则被界定为"规范金融服务提供者活动的行为原则，旨在保护客户利益和市场诚信"②。

为此，这些"原则"特别规定了投资公司的下列义务：③ 为客户的最佳利益和市场诚信，行为要诚实、公平，明确包括避免误导和欺诈行为或陈述；为客户的最佳利益和市场诚信，要力尽所能、勤勉、谨慎，明确包括最佳执行的义务；配备并有效安排各种必要的资源；寻求从客户获得有关客户金融状况、投资经验和所提供服务相关投资目标的信息，以"了解客户"；充分披露与客户交易中的相关重大信息，以向客户提供所有必要的相关信息，使客户能够做出知情投资决定，并向客户通报指令执行信息；努力避免利益冲突，无法避免利益冲突时，确保公平对待客户。

这些原则后来在 IOSCO 于 1998 年 9 月首次发布，并于 2003 年全面更新的《证券监管目标与原则》中进一步完善。④ 确实，该业务行为准则作为投资服务监管框架的组成部分，不同于合同法，早于国际准则。在美国，20 世纪三四十年代的联邦证券立法早已推出了这些准则，主要包括《1933 年证券法》《1934 年证券交易法》《1940 年投资顾问法》，这些立法与证券法下通过的 SEC 规则一起，就（非技术性广义）投资服务规定了大量基于交易的准则。⑤

鉴于伦敦城在全球金融中的重要性以及英国对欧洲立法的重要影响，英国立法机关 20 世纪 80 年代对金融服务监管框架进行的全面改革，是全球金融监管规则趋同过程中的另外一个重要里程碑。《英国 1986 年金融服务法》第一部分规定，以自律机构和公共主管机关监督的综合体系取代以

---

① Technical Committee of the International Organization of Securities Commissions, "International Conduct of Business Principles", 9 July 1990, para. 12.

② Technical Committee of the International Organization of Securities Commissions, "International Conduct of Business Principles", 9 July 1990, para. 9.

③ Technical Committee of the International Organization of Securities Commissions, "International Conduct of Business Principles", 9 July 1990, paras. 10-11.

④ IOSCO, "Objectives and Principles of Securities Regulation", May 2003, https://www.iosco.org/library/pubdocs/pdf/IOSCOPD154.pdf, pp. 32-39, 1 November 2021.

⑤ Thomas Lee Hazen, *The Law of Securities Regulation*, 7th ed., St. Paul: West Academic Publishing, pp. 18-21.

前完全的自律安排,确立了综合业务行为要求的法律基础,由金融服务局(前证券投资局)和大量公认的(行业特定)自律组织(SROs)具体制定这些要求。在当时的欧洲经济共同体内部,《1993年投资服务指令》(ISD)[①]首次确定,成员国有义务就投资和相关服务推出广泛、和谐的业务行为准则。这些要求在很大程度上采用了1990年IOSCO原则,不但反映这些原则可以作为全世界范围立法者愿望的技术来源,而且反映其可以作为全球融合趋势的驱动力。随后,首份《2004年金融工具市场指令》(MiFID)[②]取代了1993的ISD,MiFID Ⅱ[③]第24条、第25条奠定了现行监管制度,这两份指令均进一步采纳、完善了这些要求。

可见,20世纪90年代首版"IOSCO原则"并非全球融合的首倡者,只是反映了已经启动的全球融合趋势。从几个方面来看,"IOSCO原则"的重要性不仅在于从形式上承认这一趋势,还有助于解释金融领域真正跨国准则的成功出现。

首先,证券主管机关制度化合作的起源明确将"IOSCO原则"与其他全球法律协调倡议区分开来,不仅反映重要辖区的观点,还反映这些辖区协调各自法律和执法制度的意愿。IOSCO源于1974年成立的美洲间证券委员会大会,作为一家全球机构,在1980年代中期其成员数量多。[④]通过启动国际"道德行为原则工作组",IOSCO技术委员会事实上将世界最重要的金融市场主管部门汇集到一起。虽然没有民主选举的政治主体参与,作为技术官僚监管的结果,这一背景无疑有助于增强"原则"在参与辖区立法者眼中的合法性,这些原则可以解释为反映了证券监管领域领先权威累计起来的经验。就此而言,IOSCO准则总体适应了金融监管领域(简称"全球金融体系")国际准则制定的发展。国际金融准则首先涉及20世纪70年代巴赛尔银行业监管委员会的活动,全球金融危机后,在新设

---

① Directive 93/22/EWC of the Council of 10 May 1993 on Investment Services, 1993 O. J. (L 141) p.27.

② Directive 2004/39/EC of the European Parliament and of the Council of 21 April 2004 on Markets in Financial Instruments (…), 2004 O. J. (L 145) 1, Articles 18 and 19.

③ Directive 2014/65/EU of the European Parliament and of the Council of 15 May 2014 on Markets in Financial Instruments (…) (recast), 2014 O. J. (L 173) 349 (hereafter:"MiFID Ⅱ").

④ See, e.g., Emilios Avgouleas, *Governance of Global Financial Markets: The Law, the Economics, the Politics*, Cambridge: Cambridge University Press, 2012, pp.173-174.

立的金融稳定委员会（FSB）支持下，G20 国家的各种政策倡议使这些准则进一步得到增强。① 确实，同巴赛尔委员会的成效及其对审慎性银行监管领域监管框架趋同产生的影响相比，IOSCO 对全球立法发展的影响目前还比较有限。虽然各国对准则的解释和执法实践差别较大，但 IOSCO 在业务行为准则方面工作的相关性却并无多大争议。

其次，与前一点相关，国际准则与后来欧盟监管之间的互动，作为全球趋同的驱动力发挥着重要作用。由于 IOSCO 原则在 1993 的 ISD 及随后 MiFID I 和 MiFID II 下的协调业务行为准则发展中发挥指导作用，其作为全球标杆的重要性得到加强。同时，欧洲各辖区在工作组中的代表性，作为不同来源法律体系之间真正跨国协作的结果，也促进了其品格的形成。在创建欧洲经济共同体及随后欧洲共同体和欧盟成员间金融服务共同内部市场目标的驱动下，欧洲立法和机构促进并加强了走向金融法律法规全球融合更普遍的趋势，还成为市场和相关法律框架全球化的重要驱动力。欧洲金融市场的升起，也开始制衡美国法律法规作为全球交易主导规则制定者的统治地位。就此而言，金融中介与客户间诚信关系跨国业务行为准则的发展，反映着国际金融监管更广泛的趋势，这一点在银行业监管中尤其明显。②

最后，通过采取容易获取、简洁、简单文件的形式，这些准则非常便于在广泛的不同辖区适用。IOSCO 原则说明，业务行为准则并不主张就中介与客户间合同法的形成和执行提供全面的法律框架，实际上，也不主张就合同引发的义务如何具体强制执行提供全面的法律框架。准则聚焦中介—客户关系的个体方面，仅确定最低定性标准，应对当事人之间的一般代理问题和具体利益冲突及信息不对称问题——这些准则可以而且旨在根据不同的法律和制度环境，得到不同的实施和执行。这一方法明显源于 IOSCO 成员国之间在实体法律性质和执法机制方面的剩余差别。③

---

① Chris Brummer, *Soft Law and the Global Financial System*, Cambridge: Cambridge University Press, 2012, pp. 70-90.

② Cf., for a general analysis of the emergence of global "soft law" in financial regulation, Kern Alexander, Rahul Dhumale and John Eatwell, *Global Governance of Financial Systems: The International Regulation of Systemic Risk*, Oxford: Oxford University Press, 2006, ch. 4.

③ Technical Committee of the International Organization of Securities Commissions, "International Conduct of Business Principles", 9 July 1990, para. 25.

重要的是，这一背景反映出需要在跨国背景下重新界定"诚信法"的实际含义。虽然普通法诚信关系的监管准则与传统概念之间存在明显的平行和类似之处，但金融中介与客户之间诚信关系相关的跨国业务行为准则却具有一般性，无论法律环境是否由普通法原则构成，均可以而且将要适用这些准则。按照 IOSCO 原则的说明，有关金融中介领域诚信关系的跨国法为了适应在有不同私法体系的不同辖区的适用，无疑必须完全按照其对象和目标，而不是参照普通法系诚信法的理论根源进行界定。换言之，需要普遍认可的解决方案，以解决因契约关系相关当事人的身份产生的共同问题，这种关系在普通法环境或受普通法概念影响的法律和经济学术语中，可定性为"代理"或"诚信"关系。为了具有适应性，相关准则须确立"功能性"（区别于原理—技术性）诚信法。相反，仅仅将普通法的诚信法"移植"到其他法律环境，适用相同的实体规则却不考虑相关合同法体系的特定性质，无疑会导致相互冲突的体系之间出现协调问题。

（2）从诚信法到"功能性诚信法"：业务行为监管的诚信根基及其对中介—客户关系诚信监管义务相关性的某些影响

如上所述，若将证券中介领域的趋同业务行为准则解释为在金融中介领域确立跨国诚信法，这并未怎么考虑有关契约当事人权利义务的更广泛法律框架内相关规则的功能，尤其是面对相关契约法制度。这一提醒并不令人感到意外：正是因为相关准则仅关涉中介—客户关系中有选择的重要方面，也因为在相对抽象的层面如此，准则的技术相关性（和原理解释）必然因相关契约法环境的性质和内容而不同。

然而，为了便于理解金融中介领域跨国诚信法在功能和实体上的核心特征，分析不能到此为止。此时，尤其重要的是要指出，金融服务业务行为监管与一般私法的原则和原理从来都不是分离的。相反，可以说监管准则与一般合同或诚信（代理）法是互补的。无论是从历史的角度，还是就实体内容而言，制定准则是为了增强对投资者——广义代理关系的受益人的保护，保护其免受中介带来的损害，否则，投资者本来只能依赖合同、侵权、代理或诚信法的一般原则。[①] 历史上，美国证券监管中业务行为准则的出现具有革命性，这种革命性不在于实体内容（在许多方面，实

[①] Cf., SEC v. Capital Gains Research Bureau, Inc., 375 U.S. 180, at 191 (1963).

体内容可追溯到普通法一般原则），而在于将这些原则转换为法定要求，每一家证券公司在运营和实务中都要履行这些要求，并由公共机关事先予以监督。换言之，毫不奇怪，在相关监管框架内逐渐承认注意、知识和技能义务，至少在某种程度上反映已经存在的法律一般原则，包括普通法诚信义务的核心原则。同样也不奇怪，监管规则的解释和适用可能也要借助一般法律原则，包括诚信法原则，监管规则甚至可能在事后法律诉讼中影响一般法律原则的解释和进一步发展。美国监管准则与业务行为法律准则之间的交互作用，就是充分证明。美国监管机构（尤其是 SEC）和法院分别强调：（1）通过特定情况下解释过程中适用诚信原则，增强已有监管规范；（2）将诚信原则转换为新的监管要求；（3）通过按照诚信法一般原则对中介施加其他限制，填补监管要求留下的"空白"。①

考察业务行为监管的历史背景，不难发现 IOSCO 原则中对业务行为要求的重述，加上强调建立"功能性诚信法"，为客户利益履行注意和技能义务，以预防、至少化解中介的潜在利益冲突及其对客户的影响，这与普通法中发展的诚信原则传统意义非常相似。确实，诚信法传统概念与个人业务行为准则之间存在差异，监管准则通常与诚信法一般公认原则存在巨大偏差。② 然而，两种之间也明显存在平行类似之处，尤其是关于避免利益冲突的诚信义务、受信人不得利用职位损害受益人的义务以及忠实于受益人的义务。

因此，监管要求与私法，包括诚信原则，涉及相同的活动，不同类型的金融服务不能也不应当在概念上划归功能不同的体系，而是应当理解为功能互补，旨在共同确保充分保护投资者。业务行为监管和私法平行原则充分说明，更一般的观点是现代私法的宗旨绝对不限于确定充分自由的私人契约规则，即大陆法视角下的"私人自治"规则，通常还包含准监管目标，以确保不平等当事人之间的公允。诚信法的重心在于通过规定严格的义务，要求受信人行为诚实、无私、诚信、符合受益人的最佳利益，保

---

① Howell E. Jackson and Talia B. Gillis, "Fiduciary Law and Financial Regulation", in Evan J. Criddle, Paul B. Miller and Robert H. Sitkoff, eds., *The Oxford Handbook of Fiduciary Law*, Oxford: Oxford University Press, 2019, ch. 45, p. 856.

② Jens-Hinrich Binder, "Transnational Fiduciary Law in Financial Intermediation: Are We There Yet? A Case Study in the Emergence of Transnational Legal Ordering", EBI Working Paper Series, 2019 - No. 47, https://ssrn.com/abstract=3461653, p. 14, 1 November 2021.

护"高度信任和信心的核心互动,而正是这种信任和信心导致一方默示依赖另一方,并对另一方处于特别弱势的地位"。

随着人们对解决中介与客户间代理问题的要求的认可和改进,具体问题包括结构性信息不对称、金融中介业务模式内在的利益冲突和中介剥削客户的激励,业务行为监管可以解释为促进了义务的补充执行和制裁机制,其中至少有些义务实质上以前就已在诚信法或其他普通私法中存在。确实,在欧盟内部及其他辖区,监管准则自行适用,与相关私法无关。因此,从纯监管的视角来看,讨论其私法意义似乎毫无意义。公共机关事前执行的监管要求与法院在私法诉讼中事后执行的一般法律原则,功能上是同一枚硬币的两面。事实上,监管要求和一般法律原则不仅运行方式不同,而且可能服务于部分不同的目标。不要忘记,两种体系的实体内容可能不同,而且实际上还会冲突。同时,虽然即使在作为现代业务行为监管起源地的美国,相关原则在20世纪80年代和90年代出现证券法全球融合趋势之前早已发达,但中介—客户关系监管已经超越了传统的诚信法概念。所谓"功能性诚信法"的出现,是一套规则和要求,解决中介和投资者之间关系的代理问题。这些规则和要求早已出现,相关实体规则在随后出现的证券监管国际化过程中才出口并适用于外国辖区。结果,分析金融中介领域出现的原则,必然依赖对诚信原则的非技术性、功能性理解,这种理解由诚信法的保护目标[①]而不是其在普通法中的传统含义决定。

类似的考虑适用于监管准则与私法之间的紧张关系。因此,需要确定相关监管准则是否以及在什么程度上影响因中介—客户关系产生的个体可执行私法义务。要确定,这些准则是源于一般合同法还是其他一般法律原则,包括侵权、代理或技术意义上的诚信法。

根据以上分析,在相关要求彼此不同且可能冲突的情况下,两种体系之间的协调问题必然不可避免。对监管义务,即上述含义中的"功能性诚信法"与每一辖区的私法环境进行协调,必然应视为金融服务监管领域跨国诚信法新体系的组成部分。在跨国背景下,确定这些协调问题的解决方案尤其困难,原因在于"功能性诚信法"的运行,至少其对中介面对客户私人可执行义务的影响,必然取决于每一辖区如何协调监管义务和相关

---

① Leonard I. Rotman, "Understanding Fiduciary Duties and Relationship Fiduciarity", *McGill L. J.*, Vol. 62, 2017, p. 988.

私法。可以将这一问题定性为金融服务领域跨国诚信法发展的基本"决定性问题",即跨国视角下真正理解什么构成金融中介对其客户的诚信义务以及这些义务如何影响客户在个人契约关系中的地位问题,取决于监管规则与相关私法之间的互动。

由于监管机关之间国际合作和所有金融监管领域监管准则及监督实践趋同的长期趋势,没有理由怀疑实施和监督执行业务行为监管准则可以有效、持续完成,IOSCO制度框架内制定的相关准则的融合就是明显的例证。相反,上述"决定性问题"必然更难解决,这一问题明显构成金融领域内跨国诚信法发展的复杂障碍。欧洲立法框架中的业务行为监管也说明了这一点,对此将在后面展开分析。

2. 国际金融法的跨国适用：以欧洲金融法为例

(1) 欧洲金融法与行为监管：基本概述

欧盟有权颁布立法,以协调各国立法,或创建在法律传统、实体规则和执法制度各不相同的各成员国之间适用的统一规则,无疑是《欧盟条约》和《欧盟功能条约》确定的法令所涵盖的所有法律和监管领域融合的主要驱动因素。欧洲金融法是否算得上是一种"跨国法律秩序",这是一个没有确切答案的问题。确实,欧盟法律总体上形成一种法律秩序,而且考虑欧盟特定的宪法化、欧洲经济决策总体上的综合性、欧洲监管监督机构的存在以及相应的高水平国内法协调,这一法律秩序高度发达。[1] 总体而言,这些方面当然将欧洲金融法与不同辖区立法者、主管机关和法院国际合作的其他领域区别开来。具体而言,可以认为,由于欧盟成员国各辖区间高水平的一体化,欧盟立法虽然涉及许多辖区,但在结构上与单一辖区内的协调问题更为接近,因此缺少真正跨国法律秩序的特色。在这种情况下,需要指出在欧洲条约下,遵守并实施欧洲层面通过的法律规则出现在预定的法律框架内,其中成员国有义务实施欧盟立法,解决合法性和实体内容相关争议的司法权力被授予欧洲法院,法院判决对成员国有约束力。[2]

以较短的篇幅充分探讨欧洲金融法的性质,既不可能也无必要。然

---

[1] 关于跨国法律秩序的定义,参见 Terence C. Halliday and Gregory Shaffer, eds., *Transnational Legal Orders*, Cambridge: Cambridge University Press, 2015, p. 5。

[2] See, in particular, Treaty on the Functioning of the European Union (TFEU), Art. 267.

而，欧洲金融法和欧盟内部确立的相关制度安排可能必须按照跨国法律理论予以限定，而且欧盟及其制度安排确实发挥着重要作用，不仅体现在塑造全球层面的"跨国金融法律秩序"[①]上，而且体现在实施国际准则制定者颁布的文件上。正如更广泛的整个金融监管领域一样，在证券监管领域，欧洲立法对将国际准则制定者如 IOSCO 颁布的国际"软法"转变成"硬法"发挥着积极作用，这些硬法要么采取指令的形式，协调成员国国内法，要么采取条例的形式，直接、普遍适用于所有成员国。[②] 欧盟不仅是负责监管准则制定、改革工作小组中越来越强大的谈判方，还有权使这些准则在广大的重要市场生效，已经提高了该法律秩序的效率、促成其成功。欧盟法本身可以确定为一种自在的跨国法律秩序，也可以仅确定为更大体系中的一个部分自治的组合。而且，金融服务监管领域的欧盟立法，无论是就宪法环境还是其嵌在条约确定的制度结构而言，都可以成为不同立法机关、主管机关和法院之间更大协调问题的样板，这些问题涉及超国家层面法律规则和规范在国家层面的"运行"。对欧盟法律确定的业务行为监管准则所具有的私法影响存在的持续争议，尤其具有代表性。这些问题无疑涉及尝试将超国家层面制定的解决方案应用于各国具体情形是否有效，可能多少与跨国法律秩序背景下发现的问题一样。[③] 虽然欧盟金融法和监管，尤其是在涉及欧盟经济立法时，有其特点，但分析在欧盟建立的金融中介业务行为准则协调的条件和运行，预期将有助于对跨国法律秩序更普遍的理解。不同层级规则制定者和准则制定者之间的互动，及其对各国法律环境中法律规则和超级来源原则的解释和实施带来的影响，也同样如此。

在这一背景下，应当知道自 1993 年 ISD 就投资服务的监管引进协调原则起，业务行为准则就已经成为欧洲金融法的核心要素。相关法律，包括 ISD、MiFID I、MiFID II，均以欧盟条约规定为基础，要求通过指令协调各国有关个人货物、服务提供商市场准入的条件，或要求协调各国有关

---

① Terence C. Halliday and Gregory Shaffer, eds., *Transnational Legal Orders*, Cambridge: Cambridge University Press, 2015, p. 238.

② 关于指令与条例之间的区别，详见 Damian Chalmers, Gareth Davies and Giorgio Monti, *European Union Law*, Cambridge University Press, 2019（4th ed.），pp. 166-188。

③ Terence C. Halliday and Gregory Shaffer, eds., *Transnational Legal Orders*, Cambridge: Cambridge University Press, 2015, pp. 31-55.

欧盟其他成员国公司市场准入的条件。重要的是，相关条款仅局限于消除市场参与条件差异，以便促进内部统一货物和服务市场的形成，历史上这是欧盟的核心政策目标［对照《欧盟条约》第3（3）条］，要求有公平的监管渠道，以及所有成员国在提供金融服务上实现规则协调。① 同欧盟金融监管的其他方面一样，投资银行业务行为准则的协调至少最先完成了国别监管的自由化，充当了促进在一国许可的金融中介相互进入曾经的纯国内市场的工具。鉴于这些明确有利于受监管行业的利益，可以发现欧洲金融监管的发展与出现上述全球（跨国）业务行为准则背后的驱动力之间存在密切的平行关系。在欧洲和全球两个层面，准则的驱动因素是提供相互承认的市场准入和市场一体化基础的需要，而且在这两个层面，这一驱动力可能有助于增强行业适应和遵守的意愿。虽然这一宪法背景允许包括证券中介在内的监管框架的全面协调，但是也说明了欧洲立法在发挥跨成员国提供这些服务的条件趋同催化剂中存在重要局限。由于重心是协调市场准入条件，欧盟金融法从未以充分协调中介与客户间契约关系相关性的所有规范为目标——这种目标尝试不仅存在技术困难（因各成员国国内私法之间存在剩余差异），也受政治争议影响。所以，这可能超过了相关立法权的范围，相关立法权至少不规定全面协调普通私法，即便仅限于对欧洲内部市场特别的领域，也同样如此。②

确实，欧洲业务行为准则的重要方面同原《1990年IOSCO原则》一样，与普通法认可的诚信关系传统概念之间存在密切的相似性。由于其法律基础在欧洲条约法中存在限制，相关规定不能被误解为要求从技术意义上推出诚信义务，这一问题不在相关文件范围之列，只能由成员国自行决定。正如IOSCO准则一样，相关准则可以在以上确定的含义内定性为"功能性诚信法"：虽然明确应对中介与客户之间委托人—代理人关系的核心问题，且适用于普通法中定性为诚信性质的关系，但监管准则与成员国相关私法环境之间的互动至少没有在欧洲法中详细规定。某种形式的私法影响是否应当被确认为欧洲法问题，仍然没有明确的答案。

---

① 关于欧盟证券监管宪法基础的一般讨论，参见 Niamh Moloney, *EU Securities and Financial Markets Regulation*, Oxford: Oxford University Press, 2014, pp. 8-13。

② Guido Ferrarini, *European Securities Markets: The Investment Services Directive and Beyond*, Amsterdam: Kluwer Law International, 1998, p. 115.

(2) IOSCO 原则：现行欧盟立法中的业务行为监管

虽然无法以较短篇幅对 MiFID II 第 24 条和第 25 条及欧洲委员会通过的相关授权法律文件确定的，欧洲法中有关投资公司业务行为的现行要求进行详细分析，但有必要说明相关义务与《1990 年 IOSCO 原则》早先规定之间存在的密切平行关系。虽然使用的相关术语很复杂也很详细，但相关规定考虑了最初原则的所有方面。虽然作为一项义务旨在寻求填补空白，留给更详细要求予以规定，但 MiFID II 第 24（1）条首先确定了投资公司的一般义务：在向客户提供服务时，要诚实、公平、专业，以客户最佳利益为原则。MiFID II 第 24 条第（3）款与第（4）款相互补充，进一步规定通报和警示风险的详细义务，要求投资公司向客户提供的所有信息，包括营销通信，应当公允、清晰、不误导。MiFID II 第 24（5）条继续界定所要求信息的格式和质量。第 24 条第（8）款和第（9）款限制投资公司就金融产品的营销和推荐接受佣金或其他利益，以防止利益冲突。第（10）款禁止激励结构诱使工作人员提供金融产品，并要符合客户的最佳利益。第 25 条第（2）—（4）款规定投资公司有义务在探讨客户利益后，才能提供服务。

(3) 欧洲内业务行为监管的功能与执法：德国与欧洲视角

先看德国法。如果说"功能性诚信法"的效率主要取决于监管准则与相关私法环境的互动，那么欧盟金融法肯定是最好的说明。正如在欧盟立法的其他领域一样，1993 年以来推出的协调业务行为准则[①]必然在有不同法律传统、合同法，尤其是在涉及中介与客户关系上有基本不同法律制度的成员国实施。其中，只有少部分（如爱尔兰等国）是普通法辖区，其他国家都是大陆法系的不同形态。因种种原因，虽然不可能在较短的篇幅内充分说明每一成员国的相关私法环境，但可以认为至少在大多数欧盟国家，中介—客户关系的相关方面，就竭尽注意和技能的一般义务、有关利益冲突的原则和通知与披露义务等，已经在相关合同法中予以规定，在某种程度上，根据个案，与私法一般原则相互补充。在此情况下，可以理解业务行为监管准则与私法之间的互动在欧洲立法中曾面临争论，只有几

---

① Directive 93/22/EWC of the Council of 10 May 1993 on Investment Services, 1993 O. J. (L 141) p. 27; Directive 2004/39/EC of the European Parliament and of the Council of 21 April 2004 on Markets in Financial Instruments (…), 2004 O. J. (L 145) 1, Articles 18 and 19.

个辖区就监管法律制度与私法制度之间的协调确定了明确的解决方案。

就此,德国法是一个明显的例子。根据一般合同法,德国没有就中介—客户关系规定特别制度,根据一般私法原则,包括契约关系之前或过程中错误陈述的原则。尤其在1993年的标志性判决[1]后,德国法院逐渐就提供投资咨询确定了相当复杂的注意和技能义务,包括指导性和禁止性成分。大量的判例法确定,[2] 投资公司需要:(1)确保所提供的咨询与投资者的身份和风险偏好保持一致;(2)在提供咨询前分析客户的专长、财务状况和风险偏好;(3)向客户通知对其投资决定重要的所有方面;(4)分析向客户推荐的投资的特征和风险状况;(5)根据对个人专长和风险特征的分析,若感觉客户没有意识到拟议投资中的特定风险,要向客户发出警告。即便按照普通法的解释,德国私法中不存在诚信法,这些原则与普通法理解中的诚信义务之间也存在明显的相似性。然而,这些原则与为履行欧洲指令[3]而颁布的国内监管要求之间的功能类似性,一开始在德国法律理论中就引起争议,法院也不太愿意承认监管制度对构建中介与客户间的契约关系有任何影响。[4]

在将MiFID转换到《德国证券交易法》之前的几个判例中,最高法院虽然不太精确但已承认,尽管监管要求以公法为基础,在保护客户的限度内对契约义务也有影响,只不过这不足以将注意义务解释为与一般合同法确定的义务相互独立。在若干判决中,最高法院和其他法院还提及《证券交易法》早期版本的相关规定,作为确定避免与客户利益冲突不利后果之义务的基础。然而,这一方法的实际后果尚不明确,后续案例法也没有澄清。在德国法院经常引为权威的学术文献中,仍然争议是否以及在什么程度上承认监管性业务行为准则对中介与客户间私法关系的影响。虽然大多数学者支持主流观点,认为源于公法的监管性业务行为准则不能视为在决

---

[1] Bundesgerichtshof [BGH] [Federal Court of Justice] July 6, 1993, 123 Entscheidungen des Bundesgerichtshofs in Zivilsachen [BGHZ] 126.

[2] Jens-Hinrich Binder, "Germany", in Danny Busch and Cees Van Dam, eds., *A Bank's Duty of Care*, Oxford: Hart Publishing, 2017, pp. 66-81.

[3] Wertpapierhandelsgesetz [WpHG, Securities Trading Act], July 26, 1994, as restated in 1998, BGBl. I. at 2708, and in 2017, BGBl. I at 1693 (as amended).

[4] Matthias Casper and Christian Altgen, "Germany", in Danny Busch and Deborah A. DeMott, eds., *Liability of Asset Managers*, Oxford University Press, 2012, paras. 4.37-4.41.

定私法义务上具有权威性，但近年来越来越多的出版物主张对两种体系进行协调。①

当前，德国法继续在功能和原理上对两种体系分开解释。德国法院仍然徘徊于协调相关合同和一般私法的解释与旨在保护投资者的业务行为监管的内容。结果，在将欧洲法转换为《德国证券交易法》中确立的"功能性诚信法"尚未转换为德国私法下的义务，只是不时对相关私法体系的解释和原则产生影响而已。

再看欧洲法。鉴于类似的协调问题也出现在欧洲其他辖区，不同国家的方法带来的不同结果不仅体现在个人投资者权利上，而且还体现在监管准则的效率上。自然，协调后的业务行为准则的影响就成为超越成员国国家管辖范围讨论的对象。重要的是，这些准则是否应解释为影响到各国合同及一般私法下中介义务这一问题，已经在争论中不仅变为国家原则问题，即确保义务的一致性、避免矛盾的制裁，而且变为欧洲法律问题。

表面来看，这似乎与相关欧洲立法从不规定特定制裁的事实不一致，更不要说在成员国国内法中引进诚信原则，与欧洲条约缺乏协调一般私法的立法权也不一致。不过很明显，各国私法下的义务差别可能在两个方面影响欧洲内部市场中的跨境竞争：第一，国内私法是否以及在什么程度上对金融中介规定的标准高于协调后监管框架中确定的标准，使其辖区内开展经营的中介承担的成本高于在相关私法与协调后监管标准更一致的其他辖区产生的成本。第二，国内私法松于监管体制时，缺乏私法执法作为与监管机关监督和执法互补的制裁体制，可能减损监管准则的效率，进而对其他成员国内开展的类似活动带来竞争劣势。任何一种情况就欧盟创造有协调"游戏规则"的一体化内部市场这一宏大政策目标而言，都有问题。而且，后一种情况与欧盟法院通过判例法发展的欧洲法核心原则——效率原则，并不一致，成员国遵守欧盟法就意味着他们有义务规定有效的实施，包括采取国内法制裁的方式。②

---

① Jens-Hinrich Binder, "Germany", in Danny Busch and Cees Van Dam, eds., *A Bank's Duty of Care*, Oxford: Hart Publishing, 2017, pp. 72-74.

② See, generally, e.g., Takis Tridimas, *The General Principles of EU Law*, Oxford: Oxford University Press, 2006, pp. 418-476.

有趣的是，虽然有这些明显的后果，但欧洲法院的判例法就此仍然没有明确态度。在有关 MiFID I 是否要求成员国就违反了解客户要求，规定个人可强制执行制裁的案件中，法院判决认为，若无相关具体欧盟立法，成员国在遵守等效和效率的原则下，有权根据自身偏好确定制裁体系，包括可以自由限制仅实施监管要求，不影响一般私法下的义务。虽然原则性的争论仍然存在，但有待观察的是未来的判例是否会坚持这一原则。

无论未来结果如何，监管准则对私法影响的持续争论和欧盟成员国之间不同的方法，明确展现了有关金融中介与客户关系的诚信规则正在"跨国化"。虽然业务行为监管准则出现全球高度融合，但这种"跨国化"的过程尚未终结。目前，只有一些辖区解决了两种体系之间的协调问题，以不同方式将"功能性诚信法"纳入私法义务。在其他国家，这两种体系则继续独立运行，有时因原则模糊，对中介和客户均带来法律不确定性。至少可以预见，未来的发展无论采取相关欧盟立法变化的形式，还是采取修改欧盟法院案例法的形式，都可能进一步激发融合。然而就目前而言，与国际趋势的融合还仅限于监管领域。

几十年来，尤其是针对零售客户的金融服务监管框架，已经在使国内合同法与旨在确立向客户提供广泛服务的最低注意、技能和诚实定性标准的业务行为准则相互补充。至少，这一体系的部分内容反映并在某种程度上复制着已经被一般私法公认为诚信义务的义务，主要是因为基础契约关系被定性为普通法中的代理关系。现代业务行为准则，旨在通过定性要求的事前监督和执行促进对投资者的有效保护，已经补充并在部分程度上取代客户对中介提起个人诉讼中可以事后强制执行的，功能上的平行义务。历史上，这一发展可以解释为，希望制衡 20 世纪以来，因 30 年代联邦证券监管要求对准则进行协调而启动的美国州立法中的去监管化。

这一进程与 20 世纪 80 年代以来全球监管准则融合趋势一致，在以 IOSCO "原则"为代表的国际准则及欧洲立法中，受开放各国金融市场和促进金融服务中介跨境竞争的期待驱动。虽然在合规成本上肯定存在负担，但适应并实施成长中的跨国业务行为准则体系肯定有利于行业利益。就此而言，证券监管明显与其他金融监管领域出现的国际准则合拍，尤其包括银行机构设立和持续运营审慎性要求领域，这也反映了"软法"作为更普遍意义上跨国法律秩序发展驱动力的相关性。①

WTO 法也引入了诚信原则,使"审慎例外"成为 GATT 保障措施规则的一种。GATT 94 第 12 条允许实行临时限制,以保障国际收支平衡;金融服务监管中的审慎例外使各成员能够采取措施,确保其金融系统的诚信与稳定。②

利用不同于契约的监管法律,作为中介与客户间诚信关系跨国监管制度的平台和转换机制,相关监管规定已经改变了性质。就诚信义务及其作为个人契约关系中各种问题解决方案的相关性,虽然普通法和大陆法辖区在理解上存在很大差异,但是新的原则和义务体系可以被描述为"功能性诚信法",即作为代理关系中所出现经济问题的法律解决方案,与各法系中相关基础契约法框架及其同一般原则(善意、注意、技能和诚实义务)的联系无关。在这一意义上,普遍公认的业务行为准则的出现,肯定可以被标注为跨国法律移植的成功案例。

除了激励受监管行业接受并实施这些准则,作为不受限制进入外国市场的代价之外,有两个相互联系的方面尤其促进了这一发展。第一,在定义上,监管法总是具有一般性,较少取决于同契约法一般原则之间的功能联系,普通法和成文大陆法莫不如此。第二,恰是因为包含交易导向的业务行为准则原本是弥补诚信法一般原则下保护投资者存在的薄弱环节,相关监管准则同时更关注中介—客户关系的特点方面,也更易于管理。监管业务行为准则的适用与一般契约法原则相互独立。同时,这些准则并非要提供解决相关关系所有问题的法律基础,只是通过规定某些保护性义务、促进公共机关的事前监督,助力一般契约法。这样,有利于实施和强制执行监管要求,在功能和操作上与一般契约法的适用分开,进而推动将监管要求"出口"到有不同契约法律制度的辖区,并与这些辖区相适应。然而,在这种情况下,监管领域与相关契约法环境协调的问题必然不可避免,这种问题也必然会在许多辖区,包括欧盟成员国,被确定为共同关切。使监管准则与相关契约法的技术内容和契约法(包括代理和诚信义务

---

① Gralf-Peter Calliess and Peer Zumbansen, *Rough Consensus and Running Code—A Theory of Transnational Private Law*, Oxford: Hart, pp. 123-134(2010/2012 reprint).

② GATT 94 关于金融服务的附件,第 2 段。孔庆江主编:《世界贸易组织法理论与实践》,高等教育出版社 2020 年版,第 41 页。

的普通法）一般原则相互调和，仍然困难，在实体内容趋异的情况下尤其如此。在这一方面，有关欧洲业务行为监管协调体系私法意义的持续讨论，恰是明证。只要不同国家对这些冲突的处理（和解决）方式继续存在不同，所谓"功能性诚信法"的"跨国化"过程就明显不完整，在实体结果上带来潜在的重大影响。虽然被称为"功能性诚信法"的监管准则跨国融合在仅几十年取得了巨大进展，但是适用于中介—客户关系的私法体系继续存在重大不同。由于存在跨国"软法"工具，监管机构在高度政治化法令和相应限制下的跨国监管合作，受制于强大市场力量影响等相关因素，金融中介监管跨国准则的出现反映了跨国法律秩序的持续进程，但这并不代表已经存在成熟的跨国法律秩序。

3. 国际证券监管中的诚信规范：作为反例的美国实践

证券监管法本是诚信法，诚信法延伸到国际金融监管层面，形成一种跨国法律秩序。但是近年来，美国两届政府置公认的国际诚信原则、规范和规则于不顾，以国家安全和民主价值观为借口，粗暴干预国际证券监管，强行要求在美上市中国企业摘牌。拜登政府延续特朗普政府的对华贸易摩擦和经济脱钩政策，将对华打压和围堵战略推进到证券市场，消耗着全球投资者对美国股市的信心，也消耗着美国的整体国家信用。

为此，美国反而首先在舆论和话语上大打美式"规则"牌。美式"规则论"言行不一，荒谬至极，对国际规则合则用之、不合则弃之，是典型的不诚信行为。美国一贯标榜"市场经济""公平竞争"，但却时常以国家安全为借口设置"美国陷阱"，打压中国企业并剥夺企业人员人身自由。在WTO、应对气候变化等问题上，美国多次毁约"退群"，一意孤行，背信弃义。美国还以"有选择的多边主义"方式大行单边主义之道，严重违反国际法诚信原则和伦理。在美式"规则论"中，所谓的"规则"不是追求公平合理的行为规范，而是旨在维护美方利益的工具；所谓的"国际秩序"，不是促进各国共同发展的善治规划，而是便于美国维持垄断发展优势的霸权；所谓的"多边主义"，不是推动全球各方团结合作，而是唯"美"马首是瞻的利益圈子。就连哈佛大学教授瓦尔特也指出，即便是美国的盟国，也希望美国能够更谨慎地使用自己的领导地位，遵守自己倡导的秩序。[①]

[①] 郭新双：《加快构建公平开放共赢的国际金融规则》，《学习时报》2019年第6期。

2020年11月12日，特朗普以国家安全为由，就所谓的中国军工企业带来的威胁签发《第13959号行政令》，以宣布国家进入紧急状态的方式，将中国企业列入所谓"共产党中国军队公司"清单。拜登政府同样重视在高科技领域与中国展开战略竞争，采取更加有力的定点脱钩措施。① 2021年6月3日，拜登签署行政令，认为需要采取其他必要措施应对国家紧急状态。此外，拜登还认为，在中国境外使用中国的监视技术，开发或使用中国的监视技术进行种族打压或严重侵犯人权的行为，即便全部或基本位于美国之外，也对美国国家安全、对外政策和经济构成异常、严重威胁。拜登借扩大国家紧急状态的范围，扩大了对非传统安全手段的运用，以防破坏美国及其盟友的安全和民主价值观。随即，将中国移动等59家中国企业列入"黑名单"，禁止美国投资对这些公司的支持。

2020年12月，纽交所宣布遵守行政令将对中国三家电信运营商进行退市处理。在经历"提出摘牌——取消决定"的峰回路转后，2021年1月6日，纽交所又老调重弹，决定让中国移动、中国联通和中国电信退市。2021年2月26日，美国纽约证券交易所决定，将根据行政令启动中国海洋石油有限公司美国存托凭证的正式摘牌程序。

证券法作为诚信法，对上市公司、董事高管、中介机构、控股股东等受信人施加强制诚信披露义务，为此规定了非常详细的真实、准确、完整、及时披露要求。信息披露义务人如果在披露信息中存在虚假记载、误导性陈述或重大遗漏等不当行为，则需承担严格的行政、自律、民事、刑事责任。

美国证券法亦不例外。美国证券监管体系的标志性特征是强大的联邦集中监管，法定监管框架要求由证券交易委员（SEC）具体实施并执行证券法。美国在颁布联邦证券法时，其证券市场已经高度发达。因此，国会关注的焦点不是促进市场的持续发展，而是在保护市场自由性质的同时，遏制已经凸显的猖獗滥权行为。故此，美国证券法的目的是保护美国投资者免受欺诈性、操纵行为的损害，并就此要求依据诚信原则，充分披露与

---

① Fact Sheet: Executive Order Addressing the Threat from Securities Investments that Finance Certain Companies of the People's Republic of China | The White House, https://www.whitehouse.gov/briefing-room/statements-releases/2021/06/03/fact-sheet-executive-order-addressing-the-threat-from-securities-investments-that-finance-certain-companies-of-the-peoples-republic-of-china/.

证券发行和交易相关的所有重大信息。①

美国最高法院曾经指出："联邦证券法的'根本宗旨'是以充分披露的理念代替买者当心（caveat emptor）的理念，以实现证券行业较高的商业道德标准。"② 最高法院认为，《美国1933年证券法》"旨在向投资者充分披露与证券公开发行相关的重大信息……保护投资者免受欺诈损害……提倡诚实、公平交易的道德标准"③。同样，美国《1934年证券交易法》旨在"保护投资者免受操纵股价的损害……并对在全国性证券交易所上市的公司施加定期报告要求"④。

美国多次尝试以非常不同的方式，在某些情况下对外国人单边适用其证券法。这一事实表明，美国在其辖区内非常重视自身的证券监管体系。法院和SEC均需积极防止涉及美国公民的证券交易相关欺诈或操纵行为。而且，与其他国家的监管制度相比，美国的监管制度更全面、更有影响力。在实施过程中，美国的证券监管制度难免与其他国家的监管制度存在各种冲突。冲突的存在，需要各国进行谈判和妥协，以满足各方所需。解决国际证券监管冲突的方式包括就调查程序中的情报交换达成双边协定、就法院管辖权冲突问题寻求解决办法等。

在证券监管国际层面，IOSCO作为一家以同意为基础组建的国际组织，旨在开发、实施、遵守"国际公认的、连贯一致的监管、监督和执法标准，以保护投资者，维护市场公平、效率、透明，寻求应对系统性风险"⑤；为实现上述三大目标，制定了38项具体原则，以应对各国证券市场体系的诚信和稳定所面临的挑战。

在实施国际证券监管过程中，大多数情况下美国证券实施和执法机关也曾基本上能够在实施证券法上遵守诚信原则。即便美国处罚某些在美国上市的中国企业，也没有背离证券法的基本程序规则和惯例，而是围绕诚

---

① William B. Haseltine, "International Regulation of Securities Markets: Interaction between United States and Foreign Laws", *The International and Comparative Law Quarterly*, Vol. 36, No. 2 (Apr., 1987), pp. 307–328.

② SEC v. Capital Gains Research Bureau 375 U. S. 180 (1963), 186.

③ Ernst & Ernst v. Hochfelder 425 U. S. 185 (1976), 195.

④ Ernst & Ernst v. Hochfelder 425 U. S. 185 (1976), 195.

⑤ IOSCO, "Resolution on IOSCO's By-Laws", July 2010, http: //iosco. org/library/resolutions/pdf/IOSCORES28. pdf, 18 June 2021.

信原则所要求的披露环节发起调查。瑞幸咖啡（Luckin）财务造假事件，就是一例。2020年12月16日，SEC指控Luckin对投资者构成欺诈，声称该公司对其收入、费用和经营净亏损做了重大错误陈述，旨在粉饰公司业绩快速增长、盈利能力提高。直到7月13日，Luckin的股票在纳斯达克市场以美国存托股份的方式进行交易，公司已经同意支付1.8亿美元的罚款，以了结这些指控。Luckin的违规行为在公司财务报告年度外部审计中被发现之后，公司向SEC工作人员报告并配合展开调查，增加了内部会计控制程序。SEC在提交纽约南区法院的起诉书中指控Luckin违反《1933年证券法》第17（a）条反欺诈条款和《1934年证券交易法》第10（b）条及其10b-5规则；还指控Luckin违反《1934年证券交易法》第13（a）条和第13（b）（2）条报告、簿记和内部控制条款及其项下的12b-20规则和13a-16规则。中国证监会和瑞士金融市场监管局在调查程序中提供了相关协助。① 按照欧洲的监管模式，欧洲证券监管机关要强制协调投资者保护问题，相互承认监管标准，允许各国展开监管竞争。SEC的使命有三：保护投资者；维护市场完整性，促进资本形成；确保投资者和其他市场参与者能够获得高质量、可靠的信息披露。基于诚信原则要求的财务报告信息披露，是促进上述各项目标努力的核心。

但是近期以来，随着围堵打压中国成为美国的国家战略，美国政府全然不顾证券市场发展规律，不顾其证券监管法规、执法习惯，也不顾国际证券监管原则和准则，抛弃了诚信原则和披露要求，直接以所谓的国家安全和民主价值观等意识形态观念为借口，干预监管部门的正常监管活动和执法，不断粗暴要求在美上市中国企业从股市摘牌。特朗普政府2020年12月签署HFCAA后，SEC于2021年12月发布最终实施规则，使在美上市中国企业面临极大的不确定性和风险。②

美国的国际金融中心地位，有赖于全球企业和投资者对其规则制度包容性和确定性的信任。美国政府不惜损伤美国资本市场的全球地位，持续

---

① Securities and Exchange Commission v. Luckin Coffee Inc., No. 1: 20-cv-10631 (S.D.N.Y. filed Dec.16, 2020), https://www.sec.gov/litigation/litreleases/2020/lr24987.htm; 中国证监会已经派驻调查组进驻瑞幸咖啡，依据2020年3月1日起施行的修订后《中华人民共和国证券法》，行使"长臂管辖权"。

② SEC gov | SEC Adopts Amendments to Finalize Rules Relating to the Holding Foreign Companies Accountable Act, https://www.sec.gov/news/press-release/2021-250, Jan.1, 2022.

打压在美上市中国公司,体现其规则制度的任性、不确定性。美国近期的所作所为表明,其根本不尊重市场、不尊重法治,破坏全球金融市场秩序,不利于保护投资者合法权益和全球经济稳定发展。美国政府对证券市场的不当干预,侵蚀了投资者对其股市的信心,也消耗着其国家信用。美国政府的行为,也对中国在美上市公司发出了政治风险警示;计划在美上市的中国企业,应当考虑这些风险,三思而后行。

三　国际货币的信用规则

(一) 货币的信用本质

货币的本质不是物,而是一种信用。[①] 货币发挥着固定充当一般等价物、交易媒介和储藏价值的功能。从货币的起源看,主流货币理论"基于交易"来推断货币的起源,认为受效率和效用驱使,货币的演进从商品货币到贵金属货币(铸币),最后是发达的信用货币。非主流货币理论认为货币源自债务,即权力机构强加于社会的债务,以权力机构确立的记账单位(即记账货币)表示,在货币的演变上,首先出现的是类似当今的信贷体系。非主流债务传统最早可追溯至柏拉图,以"货币国定论"(Chartalism)和"货币信用论"(Creditism)为典型理论。"货币国定论"又称"现代货币理论(MMT)",认为货币的价值来自政府愿意以它支付款项和收取税收。虽然不同的货币理论对货币的起源和演进、职能、作用以及货币经济政策含义等范畴存在截然不同的理解,在方法论上存在分野,[②] 但对当今货币采用信用本位的事实则不持异议。[③] 马克思的货币本质观既带有主流传统的印记,又包含非主流债务(信用)货币本质观的要素。必须指出的是,主流货币本质观所刻画的货币起源缺乏充分的历史

[①] Andreas Rahmatian, *Credit and Creed—A Critical Legal Theory of Money*, N. Y. : Routledge, 2019, pp. 33, 42, and 51.

[②] 李黎力、张红梅:《基于交易与基于债务的货币本质观之比较》,《当代财经》2014 年第 10 期。

[③] 韩龙:《信用国际化——人民币国际化法制建设的理据与重心》,《法律科学》(西北政法大学学报) 2021 年第 1 期。

证据支持。

（二）美元国际货币霸权的信用逻辑分析

在国际层面，繁荣的世界经济需要某种国际上接受的货币，否则，各国之间只能进行原始的以物易物，严重限制跨境交易、投资收益。基于这种需求，产生了国际货币。20世纪在世界上占支配地位的国际货币是美元，欧元和日元是其主要竞争对手，新的挑战者则来自金砖（BRICS）五国。多种货币在国际交易中广泛并存，形成国际货币体系，其中按照货币竞争力和国际化程度的高低，分为从顶级货币到伪币等不同层级。[1] 国际货币体系是一个非中性的制度体系，国内债务货币的等级特征同样表现在国际范围内，出现货币战争。目前尚不明确，这些多元化国际货币的相关政府如何应对美元霸权的挑战。

"美元霸权"起因于美元成为国际关键货币。从历史上看，美元在第一次世界大战后逐渐成为国际货币，并在第二次世界大战后最终取代英镑享有超级特权。通常认为，1944年布雷顿森林体系确定美元本位的建立，标志着美元霸权的正式确立；1973年美元同时充当主权货币和国际货币，产生了提供流动性与维持币值稳定之间的"特里芬难题"，导致布雷顿森林体系瓦解，确立了浮动美元本位，意味着美元霸权的巩固和公开。对这种霸权的不满，因东欧剧变和苏联解体而有所缓和。美元霸权不再被视作一种问题，转而被看作美国强大"软实力"的自然反映。随后，一旦美国这种软实力或美元地位遭受威胁、挑战或质疑，美元霸权就又会作为一种问题卷土重来。

对于美元国际货币地位和特权，经济学家将其利益归结为包括宏观经济层面交易成本之下的积极影响以及更广泛意义下人们熟悉的国际铸币税（seigniorage）和宏观经济灵活性等收益，政治学家则增加了两项更具明显政治性的影响：杠杆率和声誉。美元霸权主要反映的是国际层面美国与其他国家之间的关系问题。争论的焦点是美元霸权所带来的"铸币税"收益问题。在信用货币时代，"铸币税"泛指一国货币当局从货币发行中获得的收益。美国因为美元国际货币特权，可以向世界收取国际铸币税。依

---

[1] Benjamin J. Cohen, *Currency Power: Understanding Monetary Rivalry*, N. J.: Princeton University Press, 2015.

托美元特权，美国可以持续、不受约束地积累经常项目赤字和对外债务，导致全球长期失衡。这样，美国可以从国外进口廉价商品，提高本国居民生活水平。

当然，也有人指出货币国际化包含风险，一种风险是可能带来不当的货币升值，对国内货币的自主性产生消极外部限制，另外一种风险是承担与货币领导权相伴的政策责任。国家实力的四大要素——经济体量、金融发展、对外政策关系和军事力量等，与市场范围和惯性一起，是当下维持美元霸权地位的条件。美国学者科恩认为作为美国政策选择的结果，美元发挥着明显的公共产品功能，这种功能又对美国的政策形成某种限制。① 然而，"受恋爱愚弄的人，甚至还没有因钻研货币本质而受愚弄的人多"②。美元霸权隐含着美帝霸权下国际货币信用的双重作用：一方面推动了资本主义生产方式的发展，另一方面必然会出现大量的弄虚作假、暴力掠夺等不诚信现象。③

分析美元霸权的信用本质，需挖掘和借鉴现代货币理论的洞见。西方主流经济学应对2008年世界金融危机的失败，使源自20世纪90年代的现代货币理论开始进入人们的视野。2019年美国有关"绿色新政"的政治讨论将现代货币理论再次推向了批评的风口浪尖。然而，随着2020年各国应对新冠肺炎疫情的非常规政策的出台，现代货币理论的荣耀时刻再次到来。④

有人声称，现代货币理论压根就不是一种"理论"，而是一系列描述和政策的大杂烩。在他们看来，2008年世界金融危机和2020年新冠肺炎疫情导致世界各国政府赤字和债务激增，从而束缚了各国应对危机的政策空间。现代货币理论恰恰适应了这种时代需要，声称财政赤字无关紧要，甚至主张无节制开支的政策，从而被斥责为"不负责任"。在这种背景下，现代货币理论作为一种"危机经济学"被"寄予厚望"，为这些非常规政策提供了理论基础。QE货币政策和财政赤字化货币，都被理所当然

---

① Benjamin J. Cohen, *Currency Power: Understanding Monetary Rivalry*, N. J.: Princeton University Press. 2015. p. 103.
② 《马克思恩格斯全集》第13卷，人民出版社1962年版，第54页。
③ 《马克思恩格斯文集》第2卷，人民出版社2009年版，第621页。
④ 李黎力：《危机经济学：现代货币理论的思想误区和学理破解》，《探索与争鸣》2021年第1期。

地视为该理论的核心政策主张。一旦拉开了"货币化"这个闸门，该理论就触动了更多人的敏感神经，背上了鼓吹通胀的骂名。对于发展中国家，该理论构想的政策空间事实上并不存在。由于无法解决金融不稳定性、资本管制和不平等这些老生常谈的问题，该理论被认为具有重大缺陷。

作为一种替代性的宏观经济学框架，现代货币理论是一种"发展中的思想"，有助于我们打破传统禁忌，以一种全新的视角认识货币、债务、财政、金融、税收、政府支出、通胀等一系列宏观经济问题。特别是，该理论为当前推进我国国家治理现代化建设提供了重大理论视野和启示。作为主权货币大国，中国确保预算用于公共目的，约束和改进政府行为。

当前，并没有国际法律或协议对国际货币的权利和义务做出明确规定。如果滥用国际货币地位，不注意加强国际政策的协调与沟通，过度透支货币信用，最终会损人损己。美元霸权国际信用的逻辑分析，对人民币国际化有启示意义。人民币国际化实为人民币信用的国际化，信用国际化是人民币国际化法制建设的核心支柱和方向指引。

（三）国际货币的新职能——国际制裁手段

1. 国际货币的新职能——国际制裁手段的内涵

美国不讲信用，不仅利用美元国际货币地位实施 QE 政策，超发货币掠夺全球财富，转嫁经济和金融危机，而且还为美元国际货币创制了一种新的职能——国际制裁手段。这种国际制裁手段一方面给美国带来了短期暴利，另一方面也具有长期"反噬作用"，进一步腐蚀着美国和美元国际信用的基础。近年来，拜登政府继续以维护"多边主义"的幌子，以"基于规则的国际秩序"为借口，对中国发起各种制裁，而这些制裁往往又以编造的谎言话语为依据。拜登政府特别加强了在话语权领域与中国的竞争，在对华政策上更重视借人权和意识形态取得优势。利用国际货币地位发起国际制裁，已成为美国对外金融外交的一种主要方式。这种制裁与非对称性货币权力、国际金融组织边缘化、"世元"缺失、国际货币法律规范软弱等因素息息相关。

国际货币制裁手段，是指国际货币发行国通过国际货币交易媒介，将全球经济金融活动纳入国内的制裁和管辖范畴，以国内法凌驾于国际法之上,最终谋取霸权利益。① 美国通过国际铸币税、通货膨胀税、债务、海外投资、流动性、不公平贸易、汇率操控、金融衍生品、大宗商品期货等10个收益渠道,其GDP的52.38%通过霸权获得,而中国损失的霸权红利占GDP的比例达51.45%;美国人均占有霸权红利达23836.7美元,而中国人均损失霸权红利达2739.7美元,相当于中国年人均可支配收入的1.2倍。②

"美元是我们的货币,是你们的问题。"③ 可以说,当今美国是一个建立在纸币上的帝国。随着美元国际信用的消耗,美国主要依靠军事手段维持美元霸权。大量美元的回流和放出带来巨大利益,成为美国的生命线;全球美元霸权是美国的核心利益。

2. 美元国际货币作为国际制裁手段的体现及其影响

美国利用美元国际货币地位和权力,实施国际制裁,对全球经济金融产生重大影响。美国1977年出台的《反海外腐败法》规定,凡使用隶属于美国的支付工具支付,或通过美国邮件系统通信的外国人或外国公司的雇员,只要满足"最低限度联系"原则,即不论是银行转账还是电话、邮件,美国都有管辖权。④ 美国司法部和SEC创立了"代理银行账户管辖权理论",规定即使与美国全无联系的外国企业,只要通过美国的代理银行进行过户,就受美国管辖。金融机构在美国境内外的美元支付业务须通过联邦储备通信系统(Fedwire)与纽约清算所银行同业支付系统(CHIPS),而目前全球绝大多数银行使用环球同业银行金融电讯协会(SWIFT)系统。这三大系统均掌控在美国手中。金融机构一旦被SWIFT系统排除,不仅无法进行美元交易,使用其他货币进行国际支付也受到影响。2007—2017年,全球共有22家金融机构遭到美国联邦行政执法部门惩处,平均每起案件缴纳17.1亿美元罚款。⑤ 百年经济金融制裁史中,大

---

① 陶士贵:《主权国际货币的新职能:国际制裁手段》,《经济学家》2020年第8期。

② 孙自法:《报告称2011年美国攫取霸权红利逾7万亿美元》,《中国财经报》2013年1月9日。

③ 重温美国前财长康纳利名言:"美元是我们的货币,但却是你们的难题。"https://stocknews.scol.com.cn/shtml/jrtzb/20180818/98415.shtml,2021年11月1日。

④ 刘旭、程炜:《美国"长臂管辖"实践对我国的启示》,《中国外汇》2018年第19期。

⑤ 戚凯:《美国"长臂管辖"与中美经贸摩擦》,《外交评论》(外交学院学报)2020年第2期。

多数制裁由国际货币的发行国发起、实施。国际货币发挥国际制裁手段的职能，已充当国际货币发行国最重要的经济外交手段，仅次于战争，其边界在扩展，发挥的作用也越来越大。

短期看，国际货币的国际制裁职能确实为国际货币发行国带来了诸多优势和暴利。但长期看，该国际制裁职能的过度滥用，会对国际货币发行国带来负面效应，甚至会导致其国际货币地位崩溃。

第一，主权国际货币的制裁职能具有"反噬效应"，将不断损耗国际货币的权力和地位。一国货币之所以成为国际性货币，是因为其信用被全球大部分经济体认可。一旦将这种制裁手段常态化，必将会削弱其信用，形成对该种货币的弃用。美元实施制裁职能后，其信用会受到严重削弱，许多国家积极"去美元化"，如建立新型国际支付体系（如 CIPS、INSTEX 等），开展货币互换，抛售美国债券而增持黄金，实行本币结算，甚至达成双边易货贸易等。

第二，主权国际货币发挥国际制裁手段形成的"替代效应"，导致国际金融机构被边缘化。一旦主权国际货币行使国际制裁职能，获得巨大的霸权收益，便会产生替代效应，不愿受到国际金融组织相关条款的约束，进而用国内的制裁法律和框架替代多边国际机构的管辖框架，使国际金融机构边缘化。同时也使得金砖国家、上海合作组织、"一带一路"倡议及 AIIB、丝路基金等双边或多边新的合作框架和机构应运而生，甚至有的国家提议回归金本位制。现阶段国际货币体系运行呈现强势美元周期和去美元化浪潮并存的显著特征，[①] 便是上述矛盾的体现。

第三，国际货币的制裁职能的常态化，将带来国际货币发行国的衰落。以美元为例，美国利用美元的国际制裁手段职能，获取巨额的制裁"红利"，但同时也带来负效应，即经济"金融化"，产业"空洞化"，国家"债务化"，法律"无赖化"。为了应对 2020 年新冠肺炎疫情，美国财政部和美联储采取了 2.2 万亿美元的刺激政策、降息至零利率、无限 QE 政策及 2.3 万亿美元的贷款支持方案。美联储资产负债总规模 2002 年 4 月 3 日已达 6 万亿美元，目前已迈向 30 万亿美元大关。正是由于行使货币金融霸权较为容易，且不会引起被制裁方的太大敌意，美国的金融制裁

[①] 李欢丽、李石凯：《强势美元周期、去美元化浪潮与人民币国际化战略调整》，《经济学家》2019 年第 5 期。

法律凌驾于国际法之上,越来越无底线。美国作为世界最重要的国际货币发行国已趋向没落,这与国际货币国际制裁职能的滥用不无关系。

第四,主权数字货币的兴起是对国际货币制裁职能的一种现实对抗。比特币的出现,部分原因在于各国主权货币的滥发得不到有效控制,没有任何国际约束力,而比特币的去中心化、数量有限等特点受到大众追捧。[①] 主权数字货币作为主权货币的创新和变革,是在全球许多国家去美元化过程中对于其制裁风险的规避和制裁职能的对抗,也为国际货币滥用国际制裁职能敲响了警钟。

第五,主权国际货币国际制裁职能对现行国际经济金融理论产生了较大冲击。现行的经济学、金融学理论基本上建立在"价值中立""道德无涉"的分析基础之上,但随着主权国际货币国际制裁手段的滥用,国际经贸、投资、金融等需要更多考虑国与国之间的政治、政策、意识形态等方面的关系,国际经济金融制裁的有些做法已背离了经济学、金融学的基本常识,这要求现有的经济学、金融学理论要随之进行修正和完善。例如,一国向另一国进行国际借贷,构成国际债权债务关系。但是,若债务国凭借其国际货币发行国地位,利用主权国际货币的国际制裁职能,借口债权国危害其国家安全,进而赖账或冻结债权国的资产,债权国的利益便难以得到保障,正常的国际债权债务关系就会被扭曲。这在一定程度上打破了信用的基本理论,可能动摇金融理论的根基。原本很难想象,若正常的国际资本流动受阻,将对国际金融市场和国际经济产生巨大冲击。

四 国际金融诚信规则建构

在全人类共同价值和人类命运共同体理念指引下,国际金融诚信规则建构的中国方案分为国际货币信用规则和金融监管诚信规则两大部分。在金融监管诚信规则建构方面,国际证券监管诚信规则建构的方案尤为重要。

[①] 当然比特币的诸多缺陷使其难以取代法定货币。"比特币"忽视了政府在货币体系中的作用,因而"一厢情愿地"通过网络技术手段来标榜"去中心化",实现摆脱政府控制的目的。而这必然使得它缺乏信用保证,从而制约了它作为货币所应有的广泛接受程度。

（一）国际证券监管诚信规则建构

证券法本质上是诚信法，国际证券监管准则亦是依据诚信原则，要求各国证券监管机关加强国际监管合作，应对系统性风险。针对美国政府违反证券监管诚信原则，粗暴地以政治方式干预证券市场正常运营的行为，中国证券监管机关除揭露美国的"市场""规则"话语谎言之外，还应继续坚持改革开放，坚持依法治市，在证券监管领域为外资营造良好的诚信营商环境，维护全球投资者对中国证券市场的信心，助推中国商务诚信规则体系的建设与完善，继续巩固中国在世界的信用基础。

习近平主席有关包容性国际金融体系的倡议，具有重大的历史意义，为国际金融信用规则建构的中国方案指明了方向。

（二）应对美元霸权下的失信超发方案

对中国这样一个贸易顺差和外汇盈余国和债权国，美元霸权下失信超发的危害十分深重。我国长期奉行的出口导向型国际经济大循环发展战略，在促进国内经济飞速发展的同时积累了大量美元外汇储备。从现代货币理论的视角来看，出口对中国而言是一种成本，进口才是收益。在这种意义上，美元霸权意味着我国财富的净流失。长期来看，人民币国际化无疑是消解美元霸权的一条途径。

中短期来看，人民币国际化旅程依然漫长。美元霸权无疑是中美博弈的重要原因，但中国的出口导向型战略无疑也助长了中美贸易收支失衡的持续。作为破解美元霸权的根本出路，与其在美元霸权欺凌下被迫承担这种博弈的高昂成本，还不如主动积极寻求战略转型。作为替代，我们应当继续推进国际经济大循环战略向国内外经济双循环战略转变。一方面，我们需要通过持续的创新和改革，改变贸易盈余，努力改善中美关系，获得更大的国际经贸利益；另一方面，应将视角回望国内，借鉴现代货币理论的思路，培育有纵深的自由发达金融市场，推动国内经济的发展。在完善国内外经济金融制度，用制度凝聚国际市场对人民币信心和力量的基础上，在对外政策上合纵连横，不断塑造和培育人民币广泛使用的基础。

（三）应对基于国际货币霸权的国际制裁

其一，加强相关理论研究。虽然西方国家长期以来一直利用国际货币作为国际制裁手段维护金融霸权地位、谋取国际利益最大化,但并没有得到金融理论界的充分关注。而且,金融学理论基本上由美欧等发达国家学者提出,对国际货币的制裁职能、货币权力、操纵汇率均被忽视或对发展中国家单向适用。中国积累的巨额外汇储备用于购买美国国债,本来是中国的债权。但是,在美国明确将中国列为战略竞争对手或敌人的情况下,中国的巨额海外资产使美国提升了对中国的支配能力。中国持有的巨额美债,成为中美双方出现巨大冲突时美国的筹码。正因如此,美国政府始终揪住新冠肺炎疫情溯源不放,"抹黑""污名化"中国,欲寻找借口用中国持有的巨额美债作为"币质",对中国进行讹诈和胁迫。此外,美国实施超常规财政货币政策,向市场投放天量货币,一方面会使中国持有的巨额美元资产债权价值缩水,另一方面又可用部分超发货币购买中国优质资产。同时,美国通过政府扶持政策资助在华企业撤离中国,也增强了美国货币权力和制裁筹码,相当于双向制裁措施。以上种种,⋯⋯⋯⋯⋯⋯⋯⋯够警惕,国家层面应采取有效应对举措。

其二,提升人民币的资产安全性和货币权力,将人民币⋯⋯⋯⋯国家战略。可适时出台《中国海外资产安全保护法》,⋯⋯⋯⋯⋯产,特别是官方储备资产的运行。同时,为保护中国境外⋯⋯⋯⋯⋯管部门应建立常规信息沟通渠道和危机预警机制,及时协⋯⋯⋯⋯美元失信超发一样,推进人民币国际化是应对基于货币霸⋯⋯⋯⋯本之道。《中共中央关于制定国民经济和社会发展第十四个五年规划和二〇三五年远景目标的建议》提出:"稳慎推进人民币国际化,坚持市场驱动和企业自主选择,营造以人民币自由使用为基础的新型互利合作关系。"中国人民银行发布的《2020年人民币国际化报告》强调,未来将继续以服务实体经济为导向,坚持市场化原则,推进人民币国际化:一是坚持市场驱动,二是继续推动国内金融市场开放和基础设施互联互通,三是引导离岸人民币市场健康发展,四是完善宏观审慎管理。随着美国将中国列为全球头号战略竞争对手或"敌人",我们无须顾忌美国反弹,除加强研究人民币国际化的条件、步骤及时机选择等重大问题外,应充分利用"一带一路"建设、推出法定数字货币等多重时机,将人民币国际化上升为国家战略。

其三,实施反制裁措施、完善相关立法。我们要切实推动中国特色的金融制裁法律体系与运行机制的建立和完善。党的十九届四中全会提出:

"加强重要领域立法，加快我国法域外适用的法律体系建设。"可借鉴美国的做法，在建立健全金融制裁与反制裁法律体系的基础上，授权相关法定机关颁布制裁名单，以冻结特定个人和实体在我国境内的资产，甚至采取冻结其他经济体在华的官方资产、禁止金融交易、第三方制裁、没收资产等手段，维护国家经济金融安全，发挥金融制裁的威慑效应。同时，积极实施《中华人民共和国反外国制裁法》并完善配套措施，反制美国的"域外法权"。另外，作为安理会常任理事国，我国应反对将国际制裁常态化及过度滥用，从而影响国际正常经贸往来的做法。

其四，构建国际债权人保护共同体，推动多方力量"去美元化"。美国联邦政府债务已奔向 30 万亿美元大关，其经常账户赤字和财政赤字政策难以为继，而且双赤字"悬崖"反过来会加剧美国扩大和滥用对外制裁，获取暴利，弥补赤字。美国政府不断增加的巨额债务使美国的债权人面临□□□□领引起□□□□风险，二是被金融制裁和金融攻击风险。□□□□□□□□□□□□□□□可行的方式是建立国际债权□□□□币国际化上升为□□□□约束机制，并允许"国家破□□□□护中国海外资□□□□国际债权人的权益。其次，□□□□资产的安全，主□□□□减持美元债券，增持黄金；□□□□调对策。同应对□□□□国、欧盟、俄罗斯等国均建□□□□国际制裁的根□□□□付体系；扩大更多的国家建□□□□□□□□□□□□多的国家建立法定数字货币，形成美元外计价结算体系。

其五，完善国际货币体系，进一步发挥中国在国际组织架构和规则完善中的主导作用。通过修补和重构，让国际货币体系尽快发挥应有的职能和作用，改变当前混乱失序的状态。中国应不失时机地参与和推进国际货币体系多元，应积极倡导增加新兴经济体在 IMF、世界银行、WTO 金融服务贸易协定中的话语权和影响力，体现不同层次经济体的诉求和权益；改革 IMF 的投票权机制，改变一票否决制；修订和完善 IMF 的章程和职能，对成员国国际收支巨额不平衡、货币发行超过 GDP 一定比例要进行适当干预和约束；增加国际金融组织运行的透明度。中国支持他国货币国际化，也支持区域单一货币的形成。例如，中国支持西部非洲国家经济共同体（ECOWAS，西共体）推行区域单一货币。2020 年 6 月 19 日，西共体委员会主席宣布 2027 年启动单一货币的路线图已获得所有成员国首脑批准，新货币被命名为"ECO"。尤其是，中国应重点围绕"一带一路"建设，积极引领建立新的国际货币机制和平台，如AIIB、丝路基金、沿线国货币互换协议等，这些措施是对现有国际货币体系的补充和完善，而不是替代。

第五章

国际环境法治规则建构的诚信理论

出现环境治理危机时，囿于国际法的软法性质，国家往往基于对自身利益的考量，做出不符合国际法的行为，包括核污染的转移、工业废水的不规范排放、自然资源的过度开发、大国贸然退出国际环境条约等背信弃义行为。此外，全球气候公域还存在某些大国以气候变化紧急状态为借口，制裁打压他国的可能。全球环境治理问题最容易引起争议，也最容易达成一致。

本章将共建地球生命共同体理念运用于国际环境治理，结合诚信理论分析现有国际环境法治规则下出现的各种治理失灵问题，发现问题的根源是经济、宗教信仰、美学、文化、代际公平等内在驱动因素。[①] 在此基础上，分析国际环境法治诚信规则建构的方案。本章从国别比较和国际规范两个视角，分析环境诚信理论的演进。

一 问题的提出：全球环境治理失信失衡问题

当前，地球正面临巨大的生态危机，全球环境形势仍在继续恶化。日本政府2021年4月13日正式决定向海洋排放含有对海洋环境有害的核废水，彻底暴露了日本政府的自私、贪婪和虚伪。然而，美国国务院却表态支持日本政府的决定。随后，相关部门调查发现，美国早已偷偷向大海排

---

① 这些是"人类中心主义"视角下的分析要素，详见第四节分析。

放了8年核废水,大约3000吨。美国对国际环境公域不负责任的态度,还反映在其曾不顾国际社会的反对,坚持退出《巴黎协定》上。日本和美国破坏国际环境的失信行为,包括美国动辄在国际领域"退群",没有受到有效遏制和处罚,暴露出现行国际环境法治规则存在缺陷,国际环境法并未发挥理想作用。

日本和美国核废水排海事件表明,环境问题是道德问题,也是法律问题,多因观念所致。有观点认为,政府一般将应对气候变化的行动视为政治上的自由裁量权问题,而不是实在法律或道德义务。政治家和公务员在自己的权力范围内,并无压力采取行动解决这一问题。不过,有效发挥法律手段是增强国际环境法律权威,实现国际环境法治的必然选择。

联合国在2016年召开了环境大会、气候变化大会等一系列会议,证明大气整治在国际社会能够达成共识。中美率先批准《巴黎协定》,随后175个国家共同通过了该协定。然而,正当全球气候治理进入新阶段之时,美国2011年11月4日单方面宣布退出《巴黎协定》。这种"恶意"(bad faith)"退群"行为违反了该协定"只进不退"性质的棘齿锁定(ratchet)机制,破坏了协定的稳定机制,是典型的违约和背信弃义行为。虽然拜登政府后来又重返并推进全球气候治理的多边进程,但大国背信弃义、不履约的风险却依然存在。大国动辄突破有约必遵的善意原则,给全球环境治理体系留下了不稳定的隐患,对国际信任和诚信体系是一个巨大冲击。

二 国际环境法中诚信理论的演化

环境条约的实施是国际环境法的核心问题,理论和实践都强调"有约必遵"的善意原则。如何平衡保护环境对人类的长期利益和其对不同群体和国家的短期利益,往往成为国际环境缔约、遵约的关键。一种可能,蕴含于衡平法确立的公共信托理论、管家理论、诚信理论和全球公域理论。这些理论似乎能提供一种基础,主张政府有义务履行气候相关的公共信托义务。[1]

---

[1] Ken Coghill, Charles Sampford and Tim Smith, *Fiduciary Duty and the Atmospheric Trust*, Hampshire: Ashgate Publishing Limited, 2012, p. 1.

国际环境法领域的诚信理论较为系统、成熟,除善意原则之外,① 全球环境治理领域先后出现了公共信托(trust)、管家(stewardship)、托管(custodianship)、监护(guardianship)和全球公域(global commons)理论,这些理论都是诚信(fiduciary)理论②的不同表现或组成部分。此外,还有人基于诚信理论提出了强化的生命责任(vivantary responsibility)理论。③

(一) 信托理论

1. 公共信托理论

公共信托法与成文法不同,它起源于私有财产领域,强制调整私有财产权利,并期望保护人民在共同的、重要的资产上的财产权利。当信托资产受到威胁时,私人财产所有人的所有权必须让位于全体人民的最高财产利益。但政府对私有财产的监管往往呈现出一种政府单方面意思的"统治"现象,往往会引发个人和社会团体的不满。出现这种现象,往往是政府对公共信托理论的误用或滥用,因为公共信托理论旨在制约监督受托人管理受托财产时行使权力。公共信托理论不是固定不变的静态概念,随着人们需要的变化而变。④ 公共信托理论延伸至国家和国际社会,将自然资产视为国际社会的人类共同财产(common heritage of humanity)。如果全球环境领域缺乏受托人或受托人的作用不大,全球利益受到灾难性损害时,将无法得到保护。因此,各种国际公约应运而生。在公海领域,《联合国海洋法公约》就善意原则做出规定,对海洋污染进行规制,对生物多样性进行维护。国际海底管理局作为受托人,负责公海领域的开发和维护活动。在气候领域,《气候框架协定》和《巴黎协定》也就善意原则做出规定,对大气污染问题进行规制,规定了信息通报合作机制。此外,气候治

---

① 大国动辄突破有约必遵的善意原则,给全球环境治理体系留下了隐患,对国际环境治理信任和诚信体系带来冲击。这一方面显示出基于主权平等的善意原则在全球环境治理中的作用有限,另一方面揭示了全球环境治理的独特性和诚信理论在全球环境治理中的演进空间及其生命力。

② 关于诚信理论的具体内容,参见第一章第三节有关权力诚信原则和理论的详细分析。

③ Donald L. Adolphson and Eldon H. Franz, "From Fiduciary to Vivantary Responsibility", *Business & Professional Ethics Journal*, Vol. 24, No. 1/2 (Spring/Summer 2005), pp. 79-102.

④ 肖泽晟:《公物法研究》,法律出版社 2009 年版,第 79 页。

理领域还设计了各种信托基金和碳减排信用机制。

2. 国际环境治理中受托人的角色定位

在国内法和国际法中，环境治理的角色定位往往偏向政治化。对于国内受托人的角色定位，公共信托理论有明确规定。但在国际社会中，鲜有理论对受托人进行定位。不过，对于受托人，国内法和国际法在理论上有相同之处。环境受托人的职责包括实体性职责和程序性职责。

实体性职责包括保护义务、提供可持续利用的义务、恢复和补偿自然资源的义务。首先，受托人有义务保护信托财产不受侵害，原因是其已经向委托人承诺管理信托财产。受托人有义务保护所管理的信托财产免遭浪费，否则要承担相应的责任。联合国环境规划署、绿色和平组织、国际自然和自然资源保护协会等在这一方面都缺乏相应的职权，而且在应对环境问题上缺乏预防和应急机制。

其次，关于提供可持续利用的义务，受托人的表现在很多时候通过市场和投资反映出来。[1] 所以，在制定规范时，要根据信托财产的状况吸纳专家学者提出的意见。[2] 在规定受托人的可持续利用义务时，要制定科学的管理目标，使受托人促进自然生态环境的平衡。现有关于自然资源可持续利用的国际条约不够健全，而且实施力度不大，导致国际环境治理体系缺乏较为完整的规范性机制。虽然国家政治对话在维护公共信托财产的可持续利用上有一定效果，但是目前更需要国际法的规制。

最后，恢复和补偿自然资源的义务。受托人有义务向破坏信托财产的第三方进行经济追偿，并且要恢复被破坏的受托自然资源。[3] 美国联邦和州的法律法规就此做出了相应规定。政府作为受托人，要求违法企业或个人进行惩罚性赔偿，并且修复受损环境，防止损害进一步扩大。对于国际环境问题，现有解决方案是依托相关组织设立的环保基金对环境进行修复，对破坏环境的第三方进行索赔。不过，由于国家主权豁免等原因，环境修复和赔偿更加困难。

受托人的程序性职责主要包括忠实义务和信息通报义务。首先，信托

---

[1] See Restatement (Third) of Trusts § 90 cmt. e (2007).

[2] See, e.g., In re Estate of Rowe, 712 N.Y.S. 2d 662, 665-666 (N.Y. App. Div. 2000).

[3] See Restatement (Second) of Trusts § 177 (1959); see also State Dep't of Envtl. Prot. v. Jersey Cent. Power & Light Co., 336 A. 2d 750, 758-759 (N.J. Super. Ct. App. Div. 1975).

的基本要求是受托人对委托人负有忠实义务。在国内法中，政府对公众的忠实义务在就职誓言中体现出来，而政府的腐败就是掌权者利用国家授权将公共资产转化为个人利益。政府的忠实义务就是为受益人——公民承担义务，政府的决策不只是为了政治利益或者个人利益。对于公众必需的自然资产，大气、水等自然资源，政府的忠实义务应达到顶峰，禁止违背忠实义务。国际社会亦是如此。国家授权给联合国环境规划署或其他环境组织，就是要让其作为受托人忠诚地代为行事。与国内社会不同，国际社会没有国内政府相似的强制执行力，所以国际机构在行使职能时依赖国家间协商。这一点的好处是，在重大问题上能做到平衡参与国的环境利益，在某种程度上也是国家代表国民利益尽相应的忠实义务，做到各国国民的利益平衡。但在实践中，多数是大国利益得到平衡，小国话语权较弱、利益往往难以得以体现。

其次，不管是国内政府还是国际环境组织，都要做到信息公开透明，这也是对忠实义务的回应。信息一旦做不到公开，就无法发挥相应的监督作用。环境法对资源研究和向公众报告总体状况提出了许多要求。现在许多公约已经对许多缔约国提出了信息报告要求，比如就核泄漏、核排放等事项规定必须向联合国报告。由于一国的环境污染往往不是其一个国家的事情，会直接影响全球环境健康状况和自然资产的可持再生性，所以有必要进行评估并确保公开透明。

（二）管家理论

布赞等专门撰文，分析环境管家制度作为初级（primary）制度，与组成全球国际社会（GIS）的其他初级制度之间相互作用的方式，改变了人们对全球国际社会初级制度相关的某些认识和实践。[1] 他认为，环境管家制度可能是 GIS 的一种持久制度，预示着 GIS 优先安排中的更大功能性转变。环境管家制度是 GIS 中的一种深层规范发展，与其他次级（secondary）制度相互作用。环境管家主义是当代 GIS 中规范发展与竞争的生动例子，为国际宪法秩序（包括国家主义、市场和人权等）增加了

---

[1] Robert Falkner & Barry Buzan, "The Emergence of Environmental Stewardship as a Primary Institution of Global International Society", *European Journal of International Relations*, Vol. 25, No. 1, 2019, pp. 131-155.

更多新的维度。该理论探视国家和非国家行为体（国际社会）在推动规范变化中发挥的作用以及 GIS 中初级制度与次级制度之间的相互作用。该理论还深化了有关国家主义、市场和人权的研究，洞悉新的初级制度的出现对 GIS 结构内其他制度产生何种影响。

环境管家制度源于 19 世纪的若干零星规范性倡议，在 20 世纪大多数时间主要是一种西方关切，到 21 世纪已经成为一种全球公认的 GIS 初级制度。环境管家制度全球化的部分原因，在于该制度和理论遵从了普遍公认的"共同命运"逻辑，而不是更具排他性的西方自由主义议程，但是其转变国家和 GIS 道德宗旨的能力却受到与其他初级制度，主要是市场和国家主权等之间持续张力的限制。

布赞等专门分析了有关环境管家理论的文献，并提出了一种研究新的初级制度的分析框架。环境管家制度作为一种 GIS 规范，其核心是国家与非国家主体之间的交互作用。环境体系和政府间组织作为一种次级制度出现，不仅体现着环境管家制度及其规则和实践框架，还是环境管家制度规范得以再造、发展和进行抗争的平台。布赞等还重点分析了国家将环境管家制度融入其结构、行为和身份的方式。环境管家制度不仅与其他 GIS 初级制度，包括主权、领土、大国管理（GPM）和市场等相互作用，而且还与可能出现的其他对抗性制度，如民主和人权等相互作用。[1] 环境管家理论作为一种 GIS 制度，既有优点又有缺点，与多元化和休戚与共的争论息息相关。

从规范和制度的角度来看，环境管家理论的出现都是一种新的 GIS 初级制度。环境管家制度确实是一种休戚与共式的初级制度。作为一种 GIS 共识性规范，环境管家制度明显体现在世界和国家间社会的行动上，如支持性次级制度的设立等；体现在成员国组织和规范性的构成变化上；还体现在新规范对已有初级制度的影响上。

初级制度是国家和 GIS 的构成要素。就此而言，环境管家制度对 GIS 合法成员标准的影响明显，但并无决定性作用。各国在遵守环境管家程序规范上感到压力很大，但这种规范又不足以强硬到威胁将任何国家驱逐出

---

[1] Robert Falkner & Barry Buzan, "The emergence of environmental stewardship as a primary institution of global international society", *European Journal of International Relations*, Vol. 25, No. 1, 2019, pp. 131-155.

GIS，也不足以威胁降低任何国家在 GIS 结构中的地位。环境管家规范对各国的基本品格产生了巨大且似乎是日益增长的影响，因为人们的共识是各国不仅承担管理地球环境的道德责任，而且承担采取措施实施该责任并随时为此参与 GIS 的实际责任。这一制度很强大，使各国内部与 GIS 内部的环境规范发展之间产生一种明显的双向互动。

环境管家规范有助于改变世界社会中各主体的思想和行为方式，塑造国际社会的规范议程和结构。环境管家制度不仅是一种独立的新制度，还极大地改变了对其他初级制度，目前主要是发展和大国管理制度的理解和实践。

就温特关于社会建构的三种标准——强制、自利或信仰而言，[①] 环境管家制度规范更像强势制度，主要依赖的是信仰。像市场一样，该制度的支撑有些是出于自利，但是像国家主义一样，该制度又要求相对较小的胁迫。由于信仰最可能提供持久的制度基础，环境管家制度本身具有稳定性，对 GIS 的实力也是一大贡献。

环境管家规范的出现也许可被视为 GIS 更大转变的组成部分，从传统上对战争、力量平衡和大国指令相互关系的担忧，[②] 转向与大规模杀伤武器、跨国恐怖主义、网络安全移民和全球经济管理等人类共同命运问题相关的不断扩大的议程。[③] GIS 正变得越来越深度多元化，涉及国家之间更广泛财富和权力的分配、更多的合法文化权威来源以及民主与威权政治方法之间持久的差异。这一趋势表明，随着西方主导和领导能力的下降以及西方支持自由主义普世价值神话的能力和意愿的下降，GIS 正在弱化。然而，多元主义事关共处，环境管家制度的成功表明，应对人类共同命运问题的需要将能够激发休戚与共，从而克服政治和文化上的差异。在去中心化的全球主义新世界，环境管家制度的兴起是一种信号，表明在共同命运问题大到足以克服 GIS 政治裂痕，尤其是发达国家与发展中国家之间的政治裂痕，大国有可能采取负责任的组织管理行为。

---

① Wendt A., *Social Theory of International Politics*, Cambridge: Cambridge University Press, 1999.

② Wendt A., *Social Theory of International Politics*, Cambridge: Cambridge University Press, 1999.

③ Cui S and Buzan B., "Great Power Management in International Society", *The Chinese Journal of International Politics*, Vol. 9, No. 2, 2016, pp. 181-210.

（三）全球公域理论

与环境管家理论密切相关的是全球公域（global commons）① 理论，全球公域法由共同管家关系中的各种主体建立的原则和规范组成，在共同利益基础上形成的条约限制国家间的冲突行为。为消解全球公域治理的伦理"三元悖论"②，世界各国应摆脱西方自由国际主义秩序主导下"全球治理、地方价值"之怪状，逐步完善全球公域治理的伦理体系，引导全球公域最终走向善治。③ 全球公域法④有特殊的宗旨，以共同利益为特征，对公域的保护既符合发达国家的利益也符合发展中国家的利益，科学家、国际活动家和国际组织为了维护和平，享有共同的召集权。该法有三大功能，即作为后代的监护人，为和平而礼让及平解决争端，建立规范作为和平关系的基础。这些规范有四大主要目标：为和平与合作提供共同基础、确保穷国与富国平等、创造公平责任分担的平台以及预防未来的损害。然而，全球公域面临着各种威胁——南北极冰盖融化、温室气体、过度捕捞，这些都危害到人类的生存。正因如此，需要更新和加强全球公域法的各种机制。⑤

根据全球公域法理论，各国和所有其他主体之间相互竞争不应导致冲突，应当充当后代利益的监护人。全球公域具有独特的地位，在这里没有冲突，盛行合作，部分原因是有广泛同意的国际法规则和创新的治理原则

---

① 全球公域指公海、国际海底、南极、大气层（包括臭氧层和气候系统）和外太空及网络空间等。全球公域在国际关系中享有独特地位的原因是，这些领域在确保人类生存、地球存在和人类财产代际托管中具有重要作用。全球公域不仅是一个描述性和功能性概念，也是一个规范性概念。

② "三元悖论"是指在国际无政府状态下，自由、正义与秩序三重伦理诉求难以同时实现，或至多只能同时满足其中的两种伦理诉求。

③ 韩雪晴：《自由、正义与秩序——全球公域治理的伦理之思》，《世界经济与政治》2017年第1期。

④ 有关全球公域法规范的详细分析，参见 Denise Garcia, "Global Commons Law: Norms to Safeguard the Planet and Humanity's Heritage", International Relations, Vol. 35, No. 3, 2021, pp. 1-24。

⑤ Denise Garcia, "Global Commons Law: Norms to Safeguard the Planet and Humanity's Heritage", International Relations, Vol. 35, No. 3, 2021, pp. 1-24.

对其提供支持。① 关于全人类治理结构，有三大重要指导原则：任何国家都不得对这些领域主张管辖权，任何国家都不得使这些领域武器化，合作是主要特征。②

全球公域法不同于其他国际法，其特定的宗旨是为了全人类的利益而保护地球的某些领域，是对人类财产进行代际保护。全球公域法有助于避免冲突，促进合作。在全球公域法中，独特的国际规则、规范和习惯构成全球公域的强大平台，科学家、原住民社会、活动家和国家利用这些平台为这些地球领域提供保护。根据全球公域法，保护这个星球上的全球公域及相关事项，包括防止生物多样性的丧失、毁林和水资源匮乏等，优先于国家主权。③ 人类——政府间伙伴关系、科学家、个人、原住民社会和国际组织等是公域的托管人（custodian），保护整个地球和人类免遭可能出现的各种新威胁的损害，全人类采取的立场优先于追求国家利益。

我们应当大力倡导全球公域的包容性发展原则，增强战略主动性，适时提出基于全人类共同价值和利益的全球公域观。④

（四）生命责任理论

有学者将人对环境承担的义务和责任称为"生命（vivantary）责任"。⑤ 该责任处于环境伦理与管理决策的交叉点。"vivantary"一词由弗兰兹（Franz）所造，是建立在"fiduciary"基础之上的新类比表达。新术语"vivantary"提供了必要的概念范围。从人与环境关系的基础是生命本身这一观察出发，术语"vivantary"源于法文"vivant"，指生命或生活系

---

① Michael Byers, "Arctic Security and Outer Space", *Scandinavian Journal of Military Studies*, Vol. 3, No. 1, 2020, pp. 183-96.

② Brigham Daniels and James Salzman, "Our Global Commons", *Brigham Young University Law Review*, Vol. 6, 2014, pp. 1251-6.

③ Antônio Augusto Cançado Trindade, *International Law for Humankind*, Martinus Nijhoff, Leiden, Hague Academy of International Law Monographs, Second Edition, 2013, p. 750.

④ 参见王义桅《全球公域与美国巧霸权》，《同济大学学报》（社会科学版）2012年第2期；韩雪晴、王义桅《全球公域：思想渊源、概念谱系与学术反思》，《中国社会科学》2014年第6期。

⑤ Donald L. Adolphson and Eldon H. Franz, "From Fiduciary to Vivantary Responsibility", *Business & Professional Ethics Journal*, Vol. 24, No. 1/2（Spring/Summer 2005）, pp. 79-102.

统。正如"fiduciary"这一英语用词源于法语"fiduciaire",其拉丁词根"fiducia"表示"信托"一样,"vivant"也源于拉丁词"viva"。派生词"vivantary"表示"与生命系统相关"。① 如果不履行更广泛的生命义务,将会出现损害或摧毁支撑所有人类生命和事业的生态系统的真正危险。这一危险还在加大,因为我们根本无法再造可能毁灭的这些生命系统。从特定的狭义诚信责任转换为更具兼容性的生命责任概念,是避免这些危险的关键一步,有助于各种组织充满智慧的管理人员抓住人类面临的各种巨大机遇。②

生命责任理论与生命共同体理念高度契合,可以为共建地球生命共同体提供理论支持。"生命共同体"是习近平新时代中国特色社会主义思想的原创性概念,是习近平生态文明思想的基本范畴。党的十九大报告提出:"人与自然是生命共同体,人类必须尊重自然、顺应自然、保护自然。"③ 作为马克思主义关于人与自然和谐统一重要论述的中国化最新成果,习近平生态文明思想是"五位一体"总体布局的重要组成部分,并被写入党章,成为中国参与新时代共建地球生命共同体的灯塔指引和思想遵循。建设美丽中国成为新时代实现"中国梦"和中华民族伟大复兴、永续发展的最强音之一。④

三 国际环境法中的公共信托理论

由于公共信托理论是诚信理论的核心,而且有极其丰富的立法、判例实践和大量的学术研究,为了加深对国际环境法中诚信理论的理解,本节专门对国际环境法中的公共信托理论展开较为系统的分析。普通法上的环境公共信托,是指法律必须确保政府能够通过保护必要的自然资源机制实现公共福利与公共生存。该学说的先行原则是每个主权国家都掌握着有益

---

① Franz, E. H., "Ecology, Values, and Policy", *Bioscience*, Vol 51, No. 6, 2001, p. 469.
② Donald L. Adolphson and Eldon H. Franz, "From Fiduciary to Vivantary Responsibility", *Business & Professional Ethics Journal*, Vol. 24, No. 1/2 (Spring/Summer 2005), pp. 79-102.
③ 习近平:《决胜全面建成小康社会,夺取新时代中国特色社会主义伟大胜利》,《人民日报》2017年10月28日。
④ 王向阳:《新时代共建地球生命共同体创新路径选择》,《学术前沿》2020年第6期。

于公民和未来受益人的重要自然资源。① 信托这一古老而持久的法律原则，也是现代环境治理的法律基础。以下首先分析公共信托原则的基础；接着阐释现代环境法中公共信托理论的内涵；最后从环境保护的失败案例中获得启示，进一步把握诚信理论下的信托义务。

（一）公共信托原则的基础

政府目前对自然资源的管理是围绕环境法建立起来的，这些法律法规以一套相互脱节的复杂授权在法律领域扩散开来。从国际社会来看，可以将现代自然资源管理定义为一种正在进行的行政法实验。现代法律将自然资源分配给中央以及地方政府机构，催生了"庞大而难以穿透的监管和管理机构"。各机构按照复杂且难以理解的技术标准解决环境问题。现代环境行政法规几乎完全面向自然资源损害的法制化，在几乎每一项法定计划中，行政机关都有权依法防止污染或破坏土地。几乎所有机构都以法规为工具，积极监督对资源的利用管理。管理系统从没打算破坏环境法规的目标，但大多数机构几乎将所有资源花在纵容而不是禁止环境破坏上。这种累积的效应，会造成一种不断增加的资源损失。虽然这些机构确实是公众自然资产的守护者，但是它们有时却会产生相反的效果。

在目前的管理系统运作下，出现了很多难以解决的危机。第一，由于管理结构十分庞大，机构之间职责划分不清，加上有些机构缺乏大局观和诚信观，我们往往看不到管理机构行动的作用。第二，审查机构创造了一种令人难以置信的监管复杂性。为了发挥环境评估的作用，各地政府制定了长达数千页的行政法规，技术上非常烦琐。第三，政府机构经常面对并屈服于经济压力，要求发放许可证并制裁其他有害行为。每项许可决定都以法律的技术表象，隐藏着内部经济因素。现代环境保护机构很少分析政治影响，而是围绕着诚信经营等口号组织自身的行动。这些动态机制破坏了行政法的前提，即行政机关是中立者与代理人，其组成是为了实现法定目标，而不是考虑内外部政治议程。第四，公众在这一法律体系中的权利被忽视。虽然环境法和其他法律法规规定了公众知情和评论权，以促进环

---

① Geer v. Connecticut, 161 U. S. 519, 525-529 (1896); Ill. Cent. R. R. Co. v. Illinois (Illinois Central), 146 U. S. 387, 455 (1892); see also Charles F. Wilkinson, "The Public Trust Doctrine in Public Land Law", *U. C. Davis L. Rev.*, Vol. 14, 1980, pp. 269, 315.

境民主,然而现实中这些规定却往往成为空壳。专业环境组织虽然能够在某些程序中发表意见,但不可能在整个系统运作中发挥支配作用。

行政功能障碍的严重程度和普遍性,意味着这个问题没有简单的解决办法。尽管改革的前景看起来很艰难,但若继续放任,国际社会将走向崩溃。各政府机构拥有巨大的资源、权威和专业知识,所有这些都是恢复自然平衡的迫切需要。基于这些现实,改革的任务是寻找法律义务的源泉,引导自由裁量权实现政府保护公民利益的真正目的。需要重新调整环保机构的自由裁量权,以保护而不是破坏公民赖以生存和繁荣的自然资源。改革需要公众支持,而引起公众的广泛共鸣可能会把"政治上的不可能"变成"政治上的不可避免"。[1] 法律领域缺少创新思维,而寻找必要的解决方案首先要分析环保机构衰退的原因。然而,界定保护资源法律义务的明确来源却并非易事。20世纪90年代的可持续发展运动看起来很有希望,但却更像一种政治选择而不是具有强制力的固有义务。[2] 革命性的变革需要脱离现状的激进运动,然而据以支撑法律体系变革的理论显然不足。

基于诚信的信托原则提供了一种范式。信托原则根植于从罗马时代起就在西方社会流传下来的古老原则。[3] 这些原则虽然被层层法定和监管法律所掩盖,但却仍然具有决定性并充满活力。信托原则呼吁回归基本原则——在自然资源管理中,从政治自由裁量权向信托义务的范式转变。当然,即使信托原则是引领变革的正确选择,仅仅照亮变革并不能自动开启所有政府部门的电灯开关。律师、法官、机关人员和公民都在努力工作,以使这些原则在各种法律机构的运作中发挥作用。这些努力应当是有效的,因为信托原则以连贯、全面的方式应用于调整现代自然资源的法律制度。法律转变要持续下去,就必须成为社会整体文化和经济转型的一部分。当下,梦想家们正在力推诸如"零能源、零排放、零浪费""绿色基

---

[1] Alex Steffen, Worldchanging.com, http://www.worldchanging.com/bios/alex.html, April 25, 2021.

[2] See generally Linda Geggie & Jacinda Fairholm, Times They Are a' Changin'; A New Wave of Youth Activism Promises a Broader Approach to Social Change, Alternatives J., Summer 1998, http://findarticles.com/p/articles/mi_hb6685/is_/ai_n28707202, May 25, 2021.

[3] Charles F. Wilkinson, "The Headwaters of the Public Trust: Some Thoughts on the Source and Scope of the Traditional Doctrine", *Envtl. L.*, Vol.19, 1989, pp.425, 429.

础设施"的理念作为环境法运行的基础,却忽视了从文明背后寻找出路。[1] 除非法律范式的转变与植根于文化和精神的人类价值观相吻合,否则社会可能不会朝着迫切需要的方向前进。在这一过程中,环境法与反映人类生存、地方经济安全和自然资源神圣性的共同伦理道德相互脱节。然而,信托原则依据人类为整个社会确保自然福祉的深层倾向,认为人类是自然资源的管理者。这种方法与各国富有远见的经济建议相吻合,可能是最具潜力、符合可持续发展的方法。

(二)公共信托理论的内涵

国家的一切权力来自人民。这种权力恰如硬币的两面,一面是政府权力,其中包括立法权以及保护公众健康和福祉的义务。法律法规的制定权就是来自这种政府权力。另一面包括主权国家基于财产方面的义务,[2] 人民通过他们的代表性主权,在特定管辖范围内享有自然资源的利益。诚信原则代表着主权财产利益的一个核心维度。公众对主权境内的自然资源具有一定的共同财产利益,政府是人民指定的受托人,有义务代表公民保护这些财产。[3] 然而,诚信原则目前至少在六个方面尚不完善。第一,它主要是在法院内部发展演化。[4] 第二,它主要适用于地方政府。[5] 第三,它通常适用于水和野生动物资源,而不是整个自然资源系统。第四,它不应该被限制在当前支配自然资源领域的法规和管理结构中。第五,它没有被用来界定许多国家或国家相关共同资源的跨界责任。[6] 第六,它没有与其

---

[1] Alex Steffen, "The Real Green Heretics", Worldchanging.com, May 28, 2008, http://www.worldchanging.com/archives/008064.html, Jan. 24, 2021.

[2] See Sligh v. Kirkwood, 237 U.S. 52, 58-59 (1915).

[3] See also Illinois Central, 146 U.S. 387, 452-426 (1892).

[4] James P. Power, "Note, Reinvigorating Natural Resource Damage Actions through the Public Trust Doctrine", *N.Y.U. Envtl. L.J.*, Vol.4, 1995, p.418.

[5] Paul C. Tico, Kristen M. Fletcher & Tara Jänosh, "Will an Expanded Public Trust Doctrine Lead to Better Coastal Management?", 14th Biennial Coastal Zone Conc. Proc. (2005), http://www.csc.noaa.gov/cz/2005/CZ05_Proceedings_CD/pdf. Dec. 1, 2021.

[6] See Urban Harbors Inst., Univ. of Mass. Boston, Public Trust Doctrine and Public Access in New Jersey 1 (2003), available at http://www.uhi.umb.edu/pdf_files/public_access_in_nj.pdf.

他重要的社会领域，如经济和道德领域等相联系。① 从公共信托的根本目的出发，以下分析关于政府权力的全面信托限制，这种限制将政府在自然资源管理中的责任界定为整体的、系统的和强制性的责任。这些"回到未来"的信托理念与有远见的经济方法和基础的道德价值观产生了共鸣。他们还带来潜在的责任框架，从本地到全球领域。这种完全信托可称为自然信托。

1. 信托的宗旨

任何从人民获得权力的政府，都不会以危害今世后代或减少人民使用具有公共利益的资源的方式获得管理资源的授权。因此，主权的信任属性从根本上说是一种限制，而不是权力，这一直以来都是自然法学的持久标志。

这一原则旨在保护人类的生存和繁荣，正因如此，该原则才能在许多不同领域存在。将公共信托原则解释为具有宪法原则的重要性和至高无上性是可能的，也是令人信服的。正如查尔斯·威尔金森（Wilkinson）在总结美国法律框架时所说："通过分析可以得出结论，公众拥有联邦宪法规定的最低要求的权利。将该原则作为一项宪法原则不仅满足了律师和法官的自然倾向，为强有力的法律法规建立积极的法律基础，而且更重要的是，将该原则提升到一种凌驾于立法法规之上的地位。"② 许多学者认为信托原则是平等原则的应有之义，但更有说服力的分析来自道格拉斯·格兰特教授，他根据宪法中明确表达的立法权基本前提指出："基本的统治权永远默示保留给立法机构，这种权力不得以任何明示的方式予以剥夺、放弃或妥协。"任何立法机关都不能采取行动损害未来的立法机关代表人民行使主权的能力。③

信托将合法所有人与受益所有人之间的财产利益一分为二。受益人拥有信托中所有资产的收益权，受托人享有法定所有权，承担着为受益人严

---

① Katherine Monk, Water, the New Oil, Takes Center Stage, The Gazette, May 12, 2008, http://www.canada.com/montrealgazette/news/arts/story.html?id = becacb77 - 8096 - 4c54 - afd6 - b4fd15ccb5a2, Jan. 25, 2021.

② See, e.g., Ctr. for Biological Diversity, 166 Cal. App. 4th at 1366–1367 n. 16 (citing Cohen, "The Constitution, the Public Trust Doctrine, and the Environment", Utah L. Rev., 1970, pp. 388, 392.

③ U.S. Const. art. I, § 10.

格管理信托的责任。这一结构将保护属于公众领域自然财产的责任强加于政府。就公共信托而言,受益人是现在的和未来的公民。公共信托是永恒的,由法院设计,以确保今世后代都需要的自然资源。对未来公民的关心是信托的首要任务。立法机关的责任是颁布最能保护信托主体的法律,并确保信托对国家和人民有益。这一理论的核心,要求为公共利益而不是私人利益进行信托管理。这种共同的所有权产生的权力或控制权像政府的所有其他权力一样,是一种为人民利益而行使的特权。

诚信原则旨在制约监督政府权力。现行环境法赋予行政机构对自然系统的控制权和分配权,在这一过程中,信任起着基本的监督作用。简单地说,为公众服务的政府受托人,不得授权破坏人民为自己和子孙后代合法拥有的东西。公共信托义务是环境法律最古老的表述,可以追溯到查士丁尼时代和罗马法,从远古时代起,类似信托的管理概念就一直是土著管理的核心。[1] 公众的信托体现在世界上许多国家的法律制度中,每一代都对下一代负有保护他们充分享受平等健康的生态的责任。事实上,这些基本权利甚至不必由宪法规定,是自人类诞生之日就存在的。

公共信托原则享有独立的宪法基础地位,[2] 将信托权力定位在宪法原则的基础之上。格兰特教授强调政府对后代的义务,呼吁创建更完美的联邦,以"确保我们自己和我们的信徒享有自由的福祉"。这是一种长期存在的责任,植根于政府本身,是组建政府的目的之一,即为了国家的持久、为了子孙后代的利益而治理国家。义务是信托权力学说的基本理论基础,宪法条款将信托权力授予立法机关。

虽然公共信托原则覆盖了所有三个权力机关,但它根据每个机关独特的宪法角色而表现出不同的特点。[3] 立法机关作为主权国家的主要管理机构,是资产的受托人。行政机构本质上是立法机关的"代理人"。[4] 因此,行政机构是国家的代理人,以履行主权信托义务。虽然行政官员很少认为自己是"托管人",但实际上他们在管理信托中扮演着最直接的角色,因

---

[1] See Marcus Colchester, "Self-determination or Environmental Determinism for Indigenous Peoples in Tropical Forest Conservation", *Conservation Biology*, 2000, p. 1365.

[2] U. S. Const. art. IV, § 3, cl. 1.

[3] Mary Christina Wood, "Protecting the Attributes of Native Sovereignty: A New Trust Paradigm For Federal Actions Affecting Tribal Lands and Resources", *Utah L. Rev.*, 1995, pp. 109, 224-225.

[4] See Geer, 161 U. S. 519, 533-534 (1896).

为立法机关缺乏参与环境管理细节的能力。司法机关仍然是信托的最终守护者。法官作为普通法的工匠，界定了这一义务的轮廓。

现代自然资源法主要侧重于法规和规章。两个世纪以来，美国法院一直通过普通法界定对自然资源的基本义务。有关公共责任的决定、条约责任、水权、野生动物法、联邦航海权、私有财产的征用等构成了一个丰富而广泛的自然资源法律体系，并在司法部门发展起来。虽然普通法通常屈服于成文法的规定，但公共信托领域拥有司法上的"否决权"，其范围之广是其他领域无法比拟的。与信托相抵触的立法行为受到司法管辖。正如一家联邦法院所言："公共信托原则的目的是规范处置公共土地的权力。"司法否决权产生于立法主权中固有的、宪法上的信托限制。[①] 理想的状态是，立法机关作为最具代表性和最敏感的公共机构，而司法干预使立法机关朝着理想的方向发展，即成为公民理想的服务者。

司法审查在当前的气候危机中扮演着关键的角色，因为立法上的不作为将美国甚至整个世界推向了威胁地球上人类生命和文明未来的气候阈值。与"气候临界点"相关的不可挽回的破坏是前所未有的，而且减轻损害或修复环境已经远远超出了未来任何立法机构的能力。立法机构面临的挑战几乎涵盖所有领域，包括医疗保健、经济、财产保护、家园安全、儿童福利、食品安全和防灾准备等。毫无疑问，解决生态危机的最佳方式是迅速采取负责任的立法和行政行动。但是行政和立法部门目前无所事事，在政治上被强大的工业利益集团束缚了手脚。单凭环境法发布的许可证，大气中的碳含量每天都在增加。作为正义的仲裁者和信托的最终监护人，法院可以动用司法否决权，强制将碳减排作为一种社会节约机制，以避免对子孙后代造成毁灭性的、不可挽回的自然损失。

2. 公共信托反映社会不断变化的需求和公众关切

现在人民的利益已经扩大到对大气、水源、自然防洪屏障、物种栖息地和粮食资源的保护。问题是根据公共信托原则，政府对破坏自然资源的基本限制是否有足够的弹性，以保护核心公共利益。为适应社会变化的需要，法院对构成公共信托财产的资产进行了扩充。随着时间的推移，信托学说延伸到了新的地理领域，包括水域、湿地、干沙滩和不可航行的水

[①] See, e.g., Lake Mich. Fed'n v. U.S. Army Corps of Eng'rs, 742 F. Supp. 441, 446 (D. Ill. 1990).

道。这一学说已经超越了渔业、航海和商业等原始社会利益,涉及保护生物多样性、野生动物栖息地、美学和娱乐等现代问题。法院认为这种扩张完全符合适应社会需要的普通法职能。

不难推断,信托学说并不局限于资源类别。公共信托的范围很容易超出这些界限,涵盖地表水、地下水、湿地、野生动物和其他重要公共利益。[①] 伊利诺斯中心湖案暗示传统的信托资源,如通航水域及其下方的土壤,范围更广,都属于公共信托性质的财产类别。国家不放弃对全民共有财产的信托,就可以使其完全脱离私人团体的使用和控制。

美国最高法院以基本的公共目的方针为指导,认为只有公共信托才是合乎逻辑的。没有人能说空气不是符合公共信托原则的特殊资源。大气健康对文明和人类生存的所有方面都至关重要。时至今日,法院仍在寻找以大气作为公共信托原则的依据。他们发现,罗马法将大气定义为具有普遍性的人类财产。许多州法院的判决、宪法和法典都公认空气是公共信托财产的一部分。

虽然成文法则并未最终确定信托财产的范围,但无论如何,却反映了公众对自然资源兴趣的广度,并阐释了公众所担忧的问题。在整个环境法领域中,公众有明显利益的自然资源集合体几乎涵盖了整个生态领域。政府经常在森林、湿地、草原、水、空气、河床、土壤等领域中代表公共利益行使权力。政府权力范围的扩大,不难解释。工业革命后不受限制的增长破坏了生态系统。一个世纪前,法律没有涉及物种灭绝、生物多样性、污染和气候危机等领域,但是这些问题现在已成为当代挑战的核心。现在需要直接将公共信托的范围与政府在自然资源法上的主权范围进行协调。这种协调看似合乎逻辑,却引起了一些关心私人财产权的批评家关注。因为公共信托原则承认环境资源是属于人民的共同财产,受信托保护的环境资产范围越广,该原则适用的环境资源就越多。

如果有人像勘测员一样接近这个法律领域,就能理解环境资源信托观点的正确性。然而,公共信托与私有产权的关系与其说是一个确定边界的

---

① See, e.g., Nat'l Audubon Soc'y v. Superior Ct. of Alpine County, 658 P. 2d 709, 719 (Cal. 1983) (non-navigable tributaries); Baxley v. State, 958 P. 2d 422, 434 (Alaska 1998) (wildlife); Matthews v. Bay Head Improvement Ass'n, 471 A. 2d 355, 358 (N. J. 1984) (dry sand area); Robinson v. Ariyoshi, 658 P. 2d 287, 310 (Haw. 1982) (groundwater); Just v. Marinette County, 201 N. W. 2d 761, 769 (Wis. 1972) (wetlands).

问题，不如说是私有产权所有者对私有财产的使用与公共利益之间的适当妥协。公共限制对私有财产的影响并不只出现在公共信托领域，而是涉及整个政府权力的范围。私有财产所有权是合法的，这是国家的立法原则，也是确保自由的关键因素。在允许所有权蓬勃发展的同时保护社会利益，是一个不受地域限制而是受目的限制的问题。

3. 全球环境治理的一种全面方法

自然资源法的主要失败，也许在于它从未与生态现实保持完全一致。这些法律通过将资源划分为不同类别来解决环境问题，根据不同的法律待遇保护自然界的平衡。生物资源的保护使我们认识到所有要素之间的内在联系。如果信托选择特定资产进行保护而忽视相互关系的现实，可能会使自然资源保护的失败延续下去。现实中，地下水与地表水相连，迁移依赖于水域和森林，森林对碳循环至关重要，自然资源作为一个系统整体运作。在这一认识的基础上，很难找到任何可以简单地从公共信托处理中排除的资源。过去，土壤从来都不是公共信托的对象，但现在，公共信托对土壤似乎不可或缺，因为土壤提供有价值的碳中和的场所，对提供食物不可或缺。湿地和沿海地区对风暴防护十分重要，森林是碳中和的关键，蜜蜂是农业的重要组成部分。如果公共信托的对象确实是为了保护社会并保证公民生存和繁荣所必需的自然基础设施，那么它就不能再围绕着人为的分类而建立。需要采取一种更全面的方法，充分认识人类的利益存在于所有维持生态平衡的自然资源之中。信托在任何特定利益区域中的价值，取决于该区域对自然系统的贡献。当然，这种贡献将随着生态系统的改变而改变，以回应气候变化和资源匮乏问题。

有些资产，如海洋、空气、河流和许多野生资源等，在本质上是没有明确界线的，跨越了若干辖区。制定法的内在限制是管辖边界的限制。信托原则的财产框架，其显著优势在于为共享资产创造了不局限于任何司法管辖边界的逻辑权利。这对于跨边界的信托财产十分有意义，区域内的所有司法辖区对信托财产都有司法权限。例如，共享水道的国家对水域拥有相关权利。同样，国家和各部落之间也有相同的财产来源，分享他们从区域内通过捕鱼获得的财产利益。这种共同利益最好的描述是主权共同租赁。[1] 这

---

[1] Joseph William Singer, *Property Law: Rules, Policies, and Practices*, New York: Aspen Publishers, Inc., 1997, pp.708-711.

是一种有多个不同权利的财产租赁,但具有统一的所有权。美国第九巡回上诉法院援引共租模式来描述对洄游鲑鱼的共同主权。在美国,各州和联邦政府的宪法结构决定了其对自然资源的主权利益。当联邦政府对资源有国家利益时,它是州政府的共同受托人。联邦和州之间信托利益的一致性,体现在两个主权信托都能提供自然资源损害的法律规定。联邦政府和州政府负有相同的托管义务,但必须根据各自独特的宪法角色来履行这些义务。这一提法承认州和州之间在公共利益方面的主权划分。这种划分由美国国会明确授权。美国这种联邦与州之间和州与州之间有关自然资源主权共享的协议,对全球环境治理规则建构有启发意义。

共有人对财产负有责任,彼此也负有责任。一个租客不能通过毁坏双方都有同等权利的财产来占有另一个共有人的财产。他们彼此处于信托关系中,并共同承担不浪费共同资产的义务。无论适用于共享渔业、跨界水道还是地球大气层,禁止浪费都是有社会组织存在的基础。美国法律明确将防止浪费的责任置于个人主权的经济统治之下。第九巡回法院在州与部落之间的渔业条约争端中,宣布了共同的主权责任。共有人之间存在互相信任的关系。每个人都有充分的权利享有财产,但必须作为合理的财产所有者加以利用。合租人如果破坏财产或滥用财产以永久损害财产,将对此负责。例如,条约一方和作为州代表的受托人均不允许毁坏条约的标的。

从外国法律的经典信托原则推断,大气可以被描述为地球上所有国家的全球性资产。信托结构将所有国家定位为这一共同资源的外国共同受托人。此外,国家对自己的公民也负有信托义务。所有国家都有义务防止由彼此共同关系产生的浪费。对公民和法院而言,无法通过直接与减少碳浓度的科学方法联系起来界定这种责任。这种做法与美国在气候问题上的外交立场相反,减少碳排放对美国完全是一种政治选择。例如,美国基于自身政治经济因素的考虑,并未加入对全球气候治理具有实质性意义的《京都议定书》。

(三) 国际环境保护信托理论失范

从历史上看,自然界只会因为人类赋予其工具价值而得到保护,而不是因为其自身的内在价值而得到保护。尽管这一点不言自明,但却指出了一个显而易见的事实,即人类由于有地球、生态系统和其他物种而存在,而不是相反。简单地说,地球上每一个人的福祉从根本上取决于非人类物种及其周围的生态系统，地方、区域和全球范围均是如此。情况一直都是这样，而且很可能在未来数千年里继续成为我们存在的基础。从我们吃的食物到我们呼吸的新鲜空气，生物多样性和生态系统直接、间接地促进了人类的成功。问题是我们通常没有采取保护或控制污染的适当措施，而这些污染正威胁我们赖以生存的物质基础。为了防止这种情况的发生，为了我们的利益，需要保护环境。亚当·斯密认为，即使所有人在管制下都倾向于为自身利益行事，为所有人实现最佳经济利益也是可能的。在环境思维中，自身利益的追求对所有人有利的想法是共同的。[①] 大多数环境保护的理由都来自某种形式的自身利益。例如，在《旧约》中，上帝命令保护物种是为了人类的利益，而不是因为它们本身有价值。这种思想代代相传。在现代性中，自我利益被限制在更具体的观念中，人类的生存和繁荣与生物圈及其相互依存的生态系统的生存和繁荣是联系在一起的。环境中的某些东西受到保护，法律被创造，纯粹是因为其对人类有利。这种想法是一种肤浅的人类中心主义。

关于通过自我利益实现人类生存目标的最典型的例子，是共同防止气候变化。在这一领域，人类正在进行无意的、不受控制的、全球性的实验，其最终后果可能仅次于全球核战争。这种情况已经开始发生，如氧气耗尽、海平面上升、温度升高等问题，在某些情况下，如小岛国，它们的生存已经受到威胁。有一些环境趋势带来从根本上改变地球的威胁，威胁着地球上许多物种的生命，包括人类，我们必须时刻警惕威胁地球生命生存的危险。共同利益对人类进步必不可少。类似的结论在《1995年我们的全球邻居》报告中得到了呼应，报告认为认真解决国际环境问题至关重要，因为"它们对整个社会的生存构成了威胁，而不仅仅是福祉"。就此而言，环境危机和核战争一起构成了最终的安全风险。[②] 1992年的《生物多样性公约》也采取了类似的办法。特别值得一提的是，农业生物多样性与大多数其他形式的生物多样性不同，它与千年发展目标等国际倡议直接

---

① Barbalet, J., "Self Interest and the Theory of Action", *The British Journal of Sociology*, Vol. 63, No. 3, 2012, p. 412.

② Commission on Global Governance, *Our Global Neighbourhood*, Oxford: Oxford University Press, 1995, p. 83.

相关,并与《生物多样性公约》缔约国的保护目标挂钩。[①]

利己主义论点的困难在于,其自身的相互作用在需要时并不总是一致。在环境思维方面,加勒特·哈丁(Hardin)在其名作《公地悲剧》(*The Tragedy of the Commons*)中有力地论证了这一点,即不受管制地追求所有权人的自身利益将直接导致失败。具体而言,正如许多实例所示,许多环境关切问题管制的失败,实际上可能导致具有不同自身利益的人采取与环境目标相反的行动。简言之,保护环境可能不符合某些人的最佳利益。

环境问题如此,国际事务也同样如此。根据现实主义理论,国家会因追求自身利益而损害他国利益。修昔底德、马基雅维利和霍布斯的作品均反映了竞争是所有自私自利国家行动者之间的规范,但这并不会导致共同目标的实现。相反,竞争是常态,因为各自利益不同,而且往往相互对立。[②]

气候变化就是一个很好的例子。在气候变化治理中,追求自身利益并不一定会带来环境保护的成功。气候变化谈判存在的争议,主要是关于谁应该对什么负责,哪些国家在减少温室气体排放方面应该承担更大的经济成本。气候变化中既有赢家,也有输家。结果,因为不是所有国家都将共担、分享相同的成本或利益,它们从生态到经济各自都有非常不同的自身利益。[③] 正是对这些目标的追求,使得在这一领域接受任何有意义的目标都变得难以实现。

正是由于这种情况,当代人的行为可能对后代造成损害。一些学者主张要保持克制。有学者主张,任何一代人都不能因为使用、误用任何自然资源而不必要地损害、减少未来的总体财富和福利。为了保护后代的福祉,埃德蒙·伯克将人类社会看作一种伙伴关系,通过这种关系,所有代际的人形成一个更大整体的一部分,目前建立在过去的牺牲和成就之上,

---

① Note the Decision adopted by the Conference of the Parties to the Convention on Biological Diversity on Agriculture on this point, namely (2009) Decision IX/1, para. 1, and (2000) Decision V/5, para. 5.

② Little, R. and Smith, M., *Perspectives on World Politics*, London: Routledge, 1993, pp. 1-139, 405-469.

③ Dutkiewicz, S., "Winners and Losers: Ecological and Biogeochemical Changes in a Warming Ocean", *Global Biochemical Cycles*, Vol. 27, No. 2, 2013, p. 463.

未来将受益于现在的努力。马克思也认识到对后代的关心是合理的,尤其认识到关心后代在帮助形成阶级认同方面的价值,并将其作为一种克服异化风险的方法。如果个人和社区能够超越异化的、孤立的原子存在,在一个更大的连续体中,过去、现在、未来几代人在一种社会团体中是联系在一起的。[1]

哲学家约翰·罗尔斯认为,两代人之间有一种谅解,每一代人都将承担实现公正社会的公平责任。按照"仅仅储蓄"原则,将寻求改善最弱势群体的福利。当前快速变化的环境会引发众多环境问题,导致留下的遗产和影响远远超过当前这一代。

社会的工业基础摧毁了地球上的自然系统。人类变化的轨迹指向一系列可怕的后果——人口过剩、资源枯竭、有毒污染、物种灭绝等自然灾害。大自然的这些新情况对法律提出了巨大的挑战。法律变革是不可避免的,要么社会将选择一条可持续发展的道路,要么当前的法律制度将因生态秩序混乱后的经济和社会解体而崩溃。人类正站在未来的十字路口。"社会必须在短时间内大幅减少碳排放,以避免灾难性的气候阈值。"政府必须保护剩余的自然基础设施,以最大限度地使人类适应不可避免的温度变化带来的、完全不同的自然世界。

虽然环境法规有值得称赞的目标,但却使行政机构存在功能性的障碍。行政自由裁量权招致来自私人和特殊利益集团的巨大政治压力,要求签发污染许可证。行政决策往往发生在一个为金钱利益而游说的机构所主导的竞技场上。行政机关中心主义违背了行政权的首要假设——行政机构是中立的决策者。然而,甚至在行政机构的决定是不适当影响的产物时,法院也对行政机构的决定给予条件反射性的尊重,这就加剧了问题的严重性。各级政府行动者无视大自然的现实,继续在环境法的权威下授权进行生态破坏。最终,法律本身已经成为破坏生态的主要引擎。

纵观历史,人类通过一种跨时空流连接在一起,过去、现在和未来的几代人都是相连的。每一代人有一种前所未有的能力,能够有害地改变环

---

[1] Marx, K., "Early Writings and Economics", 515-517, both in McLean, D. (ed.), *Karl Marx: Selected Writings*, Oxford: Oxford University Press, 1978, pp. 77 and 515 respectively; Marx, K., *Capital*, London: Wishart, 1972, Ⅲ: 776; Tolman, C., "Karl Marx, Alienation and the Mastery of Nature", *Environmental Ethics*, Vol. 3, 1981, pp. 63, 64-69.

境，从而导致未来几代人的死亡。这方面有许多例子，最明显的核能和核武器的出现带来的难题。它们产生的废物必须在未来数万年里小心地加以控制。基于此，许多理论家认为，即便不考虑后代的权利，也应该考虑后代的利益。这一论点已经成为国际环境法中道德行动最广泛引用的理由。事实上，它也是所有可持续发展思想的道德核心。

全球治理未能减少人类对环境的压力，原因是缺乏明显的、可执行的全球减排框架。当前的全球治理多涉及问责、透明度和民主程度较低的制度与安排。最终，可能导致滥用权力的文化泛滥，并对环境产生不利影响。美国更倾向于经济利益，而不是关注环境的可持续发展，其对经济成果的优先考虑可能会破坏全球应对气候变化所做的努力。特朗普政府退出《巴黎协定》表明，美国对全球治理的兴趣正在减弱，缺乏对应对气候变化的承诺。

四 地球生命共同体理念下的国际环境诚信规则建构

习近平总书记在2018年5月18日全国生态环境保护大会上讲话指出，构建人类命运共同体，必须坚持共谋全球生态文明建设，要积极引导国际秩序变革方向，形成国际社会可持续发展的解决方案。必须坚持绿水青山就是金山银山的理念，坚持山水林田湖草沙一体化保护和系统治理，像保护眼睛一样保护生态环境，像对待生命一样对待生态环境，更加自觉地推进绿色发展、循环发展、低碳发展，坚持走生产发展、生活富裕、生态良好的文明发展道路。2030年前实现碳达峰、2060年前实现碳中和的庄严承诺，体现了负责任大国的担当。①

上述各种诚信理论，为地球生命共同体理念下重构国际环境法治规则的中国方案提供理论支持。

---

① 《中共中央关于党的百年奋斗重大成就和历史经验的决议》，《人民日报》2021年11月17日第1版。

（一）国际环境治理规则建构的理想溯源

透视人类社会历史上的各种公共环境问题，可以看到一个共性要素——诚信的缺失。大国背信弃义，不遵守国际环境条约的行为，思想上源于一种名为"人类中心主义"（Anthropocentricism）的影响，该思想反映在经济、政治、宗教、文化、美学等层面。与此相反，习近平主席提出的地球生命共同体理念，以全人类共同价值引领着国际环境法治规则的建构。中国化的诚信理论谋求多层面的契合性，能够提高全球环境治理规则的参与度、认可度、权威性和可执行性。通过梳理国际环境治理规则建构的理想，可以深化对中国化诚信理论下地球生命共同体理念的理解。

人类从早期在自然生态系统中生存至今，都以一种自我理性的思维来思考人与自然的关系。人类中心主义相信人类是存在的中心，提出"人是衡量万物的尺度"，索福克勒斯在《安提戈涅》中断言：地球上有很多奇迹，其中最伟大的是人。[①] 人们越来越认识到自然与自身差异的根本原因是理性，人类运用"理性"思维，早期过度开采、滥砍滥伐、工业污染等行为导致资源枯竭等环境问题，中后期开始以可持续发展策略、有限开采来保护资源的可再生性，以立法来规定企业污染排放标准等来保护环境，都是为了人类能更好地在这个地球上生存。在西方，这种思维最早体现在圣经中，上帝强调物种的价值在于为人类服务。随后，"人类中心主义"慢慢地在地球村的土壤上扎根、生长。这种思想作为一种价值判断工具，为破坏环境和改善环境都提供了充分的理据，实质上也是为守信和失信提供自我辩解的理据。纵观近几十年来一些国际环境治理条约和文件，大国加入或退出条约大多是出于自身政治和经济利益的考量。现代国际社会环境条约更多体现的是升级版"人类中心主义"——"国家利益中心主义"，单向度国家利益的追求往往对环境呈现出不友好状态。因此，中国提出的地球生命共同体理念至关重要，这一理念和思维并不是对"人类中心主义"思想的完全排斥，而是一种延伸与创新。形成共同体，就等于形成了群体性的诚信纽带，绑定彼此在绿色环境中的各种行为，在更好地保护生态环境的同时，也有利于人类在地球上的生存与发展。

---

① See Sophocles, "Antigone", in *Theban Plays*, trans R. Fagle, Harmondsworth: Penguin, 1947, p. 123.

"人类中心主义"思想反映在经济、宗教、文化、美学等层面,成为全球环境治理的驱动因素。从经济因素来看,早期环境保护的可量化经济价值较低,而破坏环境的成本则不高。社会经济价值由三部分构成:消费或直接使用价值、非消费或间接使用价值、生存与期权价值(option values)。其中,非消费价值大多指生态功能的经济价值。期权价值是人们愿意为未来环境保护提前付费。期权价值最考验各国的诚信度,一些国家愿意为未来生态环境付费,但是也存在中途退出、不继续付费、付费主要用于非环境部分等失信问题。人们已逐渐从可量化环境价值的较低思维模式转向环境生命价值的综合性思维模式,这就使得人们愿意相信环境保护带来的可获得收益,遵守国际环境规则,形成良好的诚信行为范式,进而提高地球生命共同体理念下各国应对环境问题的有效策略。

在个人、国家和全球层面上,宗教对人类社会有显著影响。尤其是在西方,宗教信仰是国家行动逻辑的重要组成部分,影响着国际环境法的发展与实践。例如,1962年世界国家公园会议[1]和1992年地球首脑会议指出了环境保护的宗教理由,《21世纪议程》关于森林砍伐的规定也阐述了宗教理由,[2]《生物多样性公约》谈判中有建议指出:"可以利用共同的宗教概念使许多国家团结起来共同努力。"[3] 可见,宗教作为环境保护的催化因子,加速了环境立法的进程。但是,宗教并非一个稳定的因素,宗教因素在国际法层面也会引发诚信危机。宗教信仰对于全球环境法治规则是一把双刃剑,须谨慎利用。

从美学视角看,保护环境最重要的理由之一便是对自然的审美欣赏。环保获得的成功,有一个原因是人们普遍认为美丽、美好的东西应该得以保存。多年来,这一信念一直被纳入国内和国际立法。世界自然宪章等公

---

[1] IUCN First World Conference on National Parks 1962; reprinted in Ruster, B. and Simma, B. (eds.) *International Protection of the Environment*, New York: Oceana, Vol. 5, 1976, p. 2383. 文中提到:建议建立国家公园,因为"风景和遗址的美丽和特征对人类的生活是必需的,提供了强大的物理、道德和再生精神上的影响"。

[2] Agenda 21 (1992) UNCED Doc. A/CONF. 151/4. Also reprinted in Johnson, S. P. (ed.), *The Earth Summit*, London: Graham and Trotman, 1993. 文中指出:必须承认环境问题的规模和规模具有宗教和科学维度。

[3] See Bilderbeck, S., *Biodiversity and International Law: The Effectiveness of International Environmental Law*, Amsterdam: IOU, 1992, p. 134.

约，也反映了对跨国际、跨文化的世界性文化景观的关注。此外，有些物种比较稀缺，会增加对物种美的感知，对物种的保护便会上升到国际法规则层面。于是，便有了保护金枪鱼、南极海豹、跨界鱼类种群、鲸鱼的国际公约。

文化由诸多要素构成，重点是环境思维对环境治理的作用。积极的价值观能够促进环境保护和治理，但也有许多文化实践导致危害、灭绝或虐待物种的行为。强烈的以人为中心的思想，往往导致过度消费、物种灭绝。最为吊诡的是，不同社会文化中的诚信概念可能截然不同，这就为地球生命共同体理念下寻求共性和共识增加了困难。

随着现代政治短期主义日益加剧，在应对未来环境面临的挑战时，往往无法打破政治僵局。[①] 这对未来一代是不公平的，尤其是现阶段破坏环境的速度远超过管理、养护环境的速度。任何一代人都不能不必要地以使用、滥用自然资源的方式，损害或减少未来一代的财富和福利资源。[②] 然而，任何国家的环境策略都会成为政治利益与未来子孙利益之间的博弈。

在当代国际社会，全球化促使国家之间产生共同利益。[③] 在环境污染问题上，全球问题凸显，促使人们超越意识形态分歧和国家利益限制，用更为广阔的国际视野寻求更合适的共同解决方案。在全球大变局下，中国作为大国更应不断发声，增强自己的话语权，打破西方话语霸权;[④] 并通过善意履行国际条约，增强自身的说服力，在寻求共识的基础上将中国的诚信价值和文化推向世界，展现中国实力、中国智慧和中国方案。共识的力量就是地球生命共同体的力量，共建地球生命共同体的理念和思维吸收了康德的永久和平论思想，在新时代下更有说服力。我们不仅要遵守国际规则、尊重国家主权，还要善意履行国际法义务,[⑤] 并要秉持诚信原则和理论，引领全球环境治理规则的发展，更好地造福子孙后代。

[①] See Oxford Martin Commission for Future Generations, *Now for the Long Term*, Oxford: University of Oxford, 2013, p.6.

[②] See I. Burton (ed.), *Readings in Resource Management and Conservation*, Chicago: University of Chicago Press, 1965, p.255.

[③] 李赞:《建设人类命运共同体的国际法原理与路径》，《国际法研究》2016 年第 6 期。

[④] 文秋芳:《学术国际话语权中的语言权问题》，《语言战略研究》2021 年第 3 期。

[⑤] 舒远招:《康德的永久和平论及其对构建当代人类命运共同体的启示》，《湖北大学学报》2017 年第 6 期。

(二) 地球生命共同体理念下全球环境诚信规则的建构

21 世纪人类面临的各种灾难性风险已经超出了国家的控制范围，人们对未来的担忧包括日益增加的不安全感、社会碎片化与政治极端化、信任赤字下人们感到无望等。为此，需要为全球化的世界提供必要的国际治理机制，以有效应对这些风险。有学者建议，应当将国家治理体系中运行良好的睿智治理原则扩展到国际层面，而最好的保护是基于共同价值观和尊重多样性采取统一的集体行动，将广泛认可的国际原则应用于促进人类的普遍繁荣和福祉。[①]

1. 诚信理论下现有国际环境法治规则的新解读

国际法具的碎片化和软法性质，无法有效约束违反国际环境规则的国家。由此，引发从诚信原则和理论视角重新解读现行国际环境法治规则的思考。国际法中的诚信理论，尤其是本章所述国际环境善意和诚信理论与中国提出的全人类共同价值高度契合。我们应当在现有国际诚信理论中增添中国元素，为共建地球生命共同体提供理论支持。

《联合国气候变化框架公约》（UNFCCC）截至目前拥有将近 197 个缔约方，规定了共同但有区别的责任，发达国家承诺向发展中国家提供资金和技术。依据这一责任，各发达国家应当坚持诚信原则，履行国际环境和减排承诺。但是，个别发达国家自由进出国际条约的行为，减损了条约在国际社会的公信力。UNFCCC 要求发达国家遵循善意原则，提供气候治理"软硬件"。

2021 年最大的特点是世界存在不确定性和信任缺失，而联合国第 26 次气候大会（COP26）则明确指出了全球采取具体行动应对气候危机的重要性。在 11 月 13 日落幕的 COP26 上，近 200 个国家达成了名为《格拉斯哥气候公约》[②] 的联合公报，旨在将全球变暖量控制在 1.5℃ 以内、使世界免遭灾难性气候变化。该文件反映了当今世界的利益、矛盾和政治意愿。联合国秘书长古特雷斯呼吁，当前是进入"紧急模式"、结束化石燃

---

① See Augusto Lopez-Claros, Arthur Lyon Dahl, Maja Groff, *Global Governance and the Emergence of Global Institutions for the 21st Century*, Cambridge: Cambridge University Press, 2020.

② HOME-UN Climate Change Conference (COP26) at the SEC - Glasgow 2021, https://uk-cop26.org/, 1 January 2022.

料补贴、逐步淘汰煤炭、为碳定价、保护弱势社区并兑现1000亿美元的气候融资承诺的时候了。各缔约国最终批准了有关《巴黎协定》全球碳市场的实施细则，规定各国如何利用国际碳交易市场减少碳排放。

《格拉斯哥气候公约》关注的全球行动主要涉及四大领域的目标：减排、调适、融资与合作。《巴黎协定》国际碳市场规则实际上是其第六条的三大组成部分：自愿合作、新的碳信用机制和非市场方法。公约的另外一项重点任务是确定碳减排目标，即国家自主贡献（NDCs）的共同时间框架。为此，规定了详细的增强透明度框架，以便每个人都按照共同的方法，跟踪并通报其减排、支持和行动情况。对发展中国家来说，融资问题的本质是信任和信托问题。公约要求发达国家承诺每年筹集1000亿美元资金，作为气候融资。这一融资将提供给需要者，并在催化私人融资上发挥关键作用。缔约方首次同意在 UNFCCC 下对实现这一融资目标的进程进行汇报，确保发展中国家能够发声并进一步弥合信任。2021年8月2日，IMF发行了规模为6500亿美元的新一轮特别提款权（SDRs），以拓展全球的财政空间。10月，G20领导人同意利用其SDRs份额为最需要的国家提供上述全球气候融资。IMF确认，拟议中的弹性与可持续性信托（RST）将为低收入和脆弱的中等收入国家提供长期低息融资。RST的额度至少为300亿美元，计划在2022年夏季前投入运营。依据 UNFCCC 参与信托基金，小岛发展中国家（SIDS）和最不发达国家（LDCs）可以获得融资支持。

作为世界上最大发展中国家，中国强化自主贡献目标，加快构建碳达峰、碳中和"1+N"政策体系，积极探索低碳发展新模式，着重在低碳规则和碳定价机制规则上发力，为推动全球气候治理、应对气候变化做出了实实在在的贡献。与一些西方国家不同，中国对自身环保承诺的落实始终如一、不折不扣。

为保护地球生物资源，1992年通过了联合国《生物多样性公约》，公约于1993年正式生效，秘书处设在加拿大蒙特利尔。所有缔约国都要遵守诚信原则，履行对全球资源的可持续养护和善管义务，不得按照所谓的"公海自由原则"，对公海海洋资源进行先到先得的利用，也不得对各自国内有限的稀缺生物资源进行肆无忌惮的开采。

我国是最早加入联合国《生物多样性公约》的国家之一，在国际上率先成立了生物多样性保护国家委员会，发布和实施了《中国生物多样性保护战略与行动计划（2011—2030 年）》和"联合国生物多样性十年中国行动方案"。2021 年 10 月 14 日，《生物多样性公约》COP15 大会在云南昆明开幕，大会主题是"生态文明：共建地球生命共同体"。这一主题，旨在倡导推进全球生态文明建设，强调人与自然是生命共同体，强调尊重自然、顺应自然和保护自然，努力达成公约提出的到 2050 年实现生物多样性可持续利用和惠益分享，实现"人与自然和谐共生"的美好愿景。这次大会为全球生物多样性保护和可持续发展贡献出了中国智慧和力量。

2. 诚信理论下国际环境机构职能的新理解

应当依据诚信理论，完善国际环境组织和机构的职能，并使其发挥预防和制裁国际环境违约行为的作用。

首先，联合国环境规划署以及各公约下设的机构等，应设置相应的预防和应急机制。这种预防和应急机制能够很好地化解突发国际环境事件，避免损害进一步扩大至包括人、动物、植物在内的自然生态系统。

其次，应强化可持续利用措施。例如，通过生态学计算，科学合理地开发自然资源。在受托机构承担开采任务时，要对其可持续利用义务进行监督。在缔约国承担开采作业时，受托机构则负责监管，对于相关缔约国或第三国的不诚信违约行为，要求其赔偿并修复环境。

最后，要完善透明通报职责。受托机构承担信息公开和反腐败义务，这是传统诚信义务的基本要求。各受托机构应该定期对国际环境各领域的资源总量、再生速度、开采利用率、总体健康状况等进行通报，将出现的问题列入报告中，及时解决缔约国或第三国国内产生的对环境有重大影响的问题。各受托机构应当提高反腐廉洁效率，使全球环境治理成为全球反腐的样板。

总之，在共同命运、休戚与共的全球背景下，我们可以发现国际社会环境治理存在种种问题，包括某些大国不守信用退出环境条约、不善意履行环境条约等，给国际环境治理诚信体系带来巨大的冲击，国际条约本身对实施机制、后续监督机制等尚未做出妥善的规定。失信行为会削弱话语权，言而无信则给国家之间的合作带来新的冰霜期。如果将环境治理当成纯粹的国际政治博弈，那么全球环境问题将难以得到根治。在现有环境治理灵敏度不高的情况下，应倡导联合国发挥核心治理作用，提高环境治理效率，尤其要重建国际环境治理中的诚信体系，提高国际环境组织的权威性和说服力。与此同时,全球环境治理作为公域治理,应提出一些整合度更高的"硬治理"新要求。① 中国应当更加积极地主动承担起大国责任,依托"一带一路"建设,加大中国在世界舞台的声音,从人类中心主义思想出发寻找治理失灵的根源,进而倡导重建国家在环境治理中的永久受托人角色,完善国际条约,促使受托人更好地履行全球环境治理义务。

尤其是,中国还应当防止某些大国将全球气候公域变成打压中国的话语舞台,以气候变化紧急状态为借口,拉帮结派对中国进行集体制裁。2021年12月13日,联合国安理会轮值主席国爱尔兰同尼日尔提出一项气候与安全问题决议草案,呼吁将"气候变化对于(国际)安全的影响"纳入安理会管理冲突的战略以及维和行动或政治任务中。草案还要求联合国秘书长将与气候相关的安全风险列为预防冲突的"核心工作",并定期对如何在特定热点地区应对这些风险做报告。② 该决议发出了一个危险信号,历史上首次试图将气候变化和"国际和平与安全"联系在一起,将气候变化纳入安理会的职权范围,只会加深2021年11月在苏格兰格拉斯哥举行的气候谈判所指出的全球分歧,容易成为富裕西方国家干预他国内务的借口。

---

① 韩雪晴:《全球公域治理:全球治理的范式革命?》,《太平洋学报》2018年第4期。
② 《俄罗斯动用一票否决权被"围攻"中方解释为何弃权》,https://news.china.com/international/1000/20211214/40517431.html,2022年1月1日。

第六章

国际经济争端解决规则建构的诚信理论

确立国际法的中国观念，不仅要准确把握国际法不成体系、缺乏位阶性和普遍规则的现实，还必须清醒地认识到国际法缺乏统一实施机构的情况。这些缺陷的背后，是第二次世界大战后美国及其几个西方盟友主导下国际法共同价值的迷失。我们必须面对并承认现实，国家在国际法中居核心和首要地位，国家权力是国际法变革的动力，国家的力量促动着国际法，国际法也有可能提升国家实力。[①]

基于这一认识，本章试图从诚信理论的视角探讨国际经济法实施[②]规则的演变，主要是国际经济争端解决规则的演变，提出建构国际经济争端解决诚信规则的中国方案。

一　问题的提出

中国作为一个有着多元化争端解决机制历史的国家，在有关国际经济争端解决的发展史上一直占据着重要地位。伴随着跨境经贸往来，中国积极通过"天朝礼治"体系[③]下的朝贡制度化解与其他国家之间经贸往来出

[①] 参见何志鹏等《国际法的中国理论》，法律出版社2017年版。

[②] 国际经济法的实施是一个使国际经济法效力得以实现的过程，包括国际经济法规则的遵守和执行、国际经济法权利义务的适用等问题，涉及实施主体、规则和机制等多个方面，是国际经济法上的一个重要问题。其中，争端解决是最重要的一种方式。

[③] 此种类似于传统朝贡体系的名称最早由香港学者黄枝连教授提出。

现的纠纷。这一制度以较为和平的方式化解国家间的争端，维持地区国际关系的稳定与发展，展现出了负责任的大国形象。直至近代，在传统"无讼"观念、"马锡五审判模式"和"枫桥经验"影响下形成的以调解为主制度体系的建立，也为国家间通过善意方式解决国际经济争端提供了宝贵的东方经验。

党的十八大以来，人类命运共同体理念被写入党章，"一带一路"建设得到全世界的广泛认可。中国正以负责任的复兴大国形象，为建立公平、高效的国际经济争端解决体系贡献力量。相反，以美国为首的西方大国，试图破坏第二次世界大战后建立的国际组织下的国际经济争端解决机构，阻挠争端的有效解决，违背国家通过争端解决机构和平有效公正合理解决国际经济争端的合理期待。美国利用自己的经济实力和大国地位，使WTO争端解决机构上诉法官的遴选程序停摆，导致WTO争端解决机构三年来一直处于瘫痪状态。美国从最初争端解决机构的设立者，转变为当下的破坏者、干扰者。这一角色转变，体现出以美国为首的西方大国试图通过国内法对抗现有的国际法体系，破坏国际秩序和规则，严重违背了国际法下的诚信原则和国际秩序下国家责任的要求。

基于此，中国应当也正在展现大国形象，以包含诚信在内的全人类共同价值指引国际经济争端解决机制和规则建构，促进各国诚信应对国际经济争端。尤其是在当前国际关系高度政治化的情况下，中国应当充分发挥国际统战的作用，坚定地维护并支持联合国和WTO的作用，以"一带一路"建设为重心，发挥区域经济解决机制的典范作用，为重构国际经济争端解决规则提供重要的实践、理论和制度支撑，维护中国自身利益和广大发展中国家的利益，进一步提升中国在国际社会中的话语权。

二 国际经济争端解决中的善意原则

国际经济争端中的诚信原则，也分为善意原则和权力诚信原则两大类，各有不同的表现形式。

（一）国际经济争端解决中善意原则的内涵

善意原则作为古老的国际法基本原则之一，在国际经济争端解决中占有重要地位。哈贝马斯强调，一项纠纷矛盾的解决需要主体之间进行充分的沟通协商。① 而充分的沟通协商，则需要纠纷双方主体一秉善意、诚信地进行对话交流，促成纠纷的解决。条约法对国际经济争端的解决具有重要地位。VCLT 第 31（1）条规定，各国应善意解释条约。同时，ICJ 和其他一些国际裁决机构在当事国解决纠纷时，提出了善意进行谈判的要求，要求国家善意协商交流，按照真实意愿并遵守正当程序，努力促成纠纷的合理解决。

在国际经济争端解决中，国家间直接谈判协商成为常见的方法。在此情形下，国家之间通过外交谈判达成相应的纠纷解决方案。或是一方让步，放弃自己主张、接受他人主张，或是双方互让、妥协了事。② 在利益权衡中，需要争端双方秉持善意，以促成争端和平解决，使对方当事人以最大的诚意维持自身国家经济利益，实现共赢方案的达成。因此，本质上说，国际经济争端的和平解决需要争端主体秉持善意原则，考虑对方当事人的相应利益。即使双方当事人无法通过直接的对话协商解决争端，在将有关争端提交 ICJ 等裁决机构进行裁决时，也要按照善意原则对相关法律事实问题作出解释判断，并按照善意原则约束当事方协商促成争端解决，合理遵循相应的正当程序。

（二）国际经济争端解决中的善意原则——以 WTO 为例

WTO 作为全球范围内最大的多边国际经济贸易组织，制定了丰富经贸规则，也通过争端解决机构（DSB）为成员国处理经济纠纷提供了专门的争端解决机制。作为最广泛使用、最专业化的争端解决机制，DSB 对于争端当事国提交的国际经济争端，一直秉持善意原则，指导促成纠纷的解决。WTO 也一直以明示、默示的方式，用善意原则指导 DSB 解决当事国之间的国际经济争端。③

1. 明示规定

WTO 的 DSU 有两处明确规定争端当事国将纠纷提交到 DSB 解决时，

---

① 吴如巧、杨镓瑞：《哈贝马斯的协商民主思想及其借鉴》，《政法研究》2018 年第 1 期。

② ［英］詹宁斯：《奥本海国际法》第二卷第一分册，王铁崖等译，中国大百科全书出版社 1995 年版，第 6—7 页。

③ 姜明利：《诚信原则在 WTO 争端解决机制中适用评价》，《现代法学》2010 年第 1 期。

应按照善意原则促成争端解决。DSU 第 3（10）条规定："所有成员应善意参与这些程序，努力解决争端。"这一规定体现了 WTO 要求争端当事国善意通过争端解决机构解决纠纷，并努力通过争端解决机构的运行促成纠纷的合理解决。DSU 第 4（3）条规定：请求协商所针对的成员"应在收到请求之日起不超过 30 天的期限内善意磋商，以达成双方满意的解决办法"。这一规定体现了善意原则下，争端解决机构倡导当事国通过和平、自由沟通协商，促成纠纷的解决。以上规定表明，WTO 争端解决机构一直将善意原则作为指导自身运行、促成当事国间纠纷合理解决的重要原则之一。

2. 默示规定

在争端解决中，善意原则本身默示要求争端当事方相互尊重，以平等、和平的方式促成争端的解决。作为一项古老的争端解决原则，善意原则也一直指导着 WTO 各种程序性规则的制定，同时也通过相应的程序规则，规范着争端当事国通过 DSU 公平合理地解决国际经济争端。其中，重要原则包括遵循正当程序、禁止反言以及合理合法与有效性原则，WTO 以指导性案例的方式规定以这些原则规范争端当事国行使权力，履行公平合理解决争端的善意要求。

正当程序原则是程序法中最重要的原则。该原则要求争端当事人按照程序法上的相关规定，规范地行使相应的权力、履行相应的义务，不得刻意违反程序上的要求，以免损害另一方享有的程序利益。DSU 关于正当程序的一系列要求，也体现了争端当事国应当秉持善意原则履行相关争端解决的程序义务，公平合理地通过 DSB 解决与另一方成员国之间的国际经济纠纷。

禁止反言原则是英美合同法中的一项重要原则，旨在维护合同中的公平正义，合理维持当事人之间的权利义务关系。[①] 为了维持争端当事国对另一方公正合理解决争端的期待，WTO 也将禁止反言原则应用到争端解决中，促使争端主体能够善意解决争端。按照 DSB 专家组的解释，禁止反言"建立在这样一种观点之上：一方被诱使由于信赖于另一方的保证并采取了行动，这样，若另一方随后改变了自己的立场，就会对他产生损

[①] 杨桢：《英美契约法论》，北京大学出版社 1997 年版，第 129 页。

害,这种立场的改变是被'禁止的',即应予以排除"①。专家组还将争端主体对于另一方善意解决争端的期待作为构成禁止反言原则的基础之一。可见,DSB将诚信原则下的善意原则作为公平合理促成纠纷解决的重要基本原则之一。

ICJ法官1959年指出,应当采用诚信原则,善意解释条文,从而使相关条约更加合理、公正。② 同时,WTO上诉机构也一直用善意原则维持解释的合理性。以VCLT第31条规定的上下文、宗旨为基础,结合善意原则,从而使条约规则的解释更加规范合理。

合法期望原则是专家组在"美国301条款案"中作为善意解释的一个标准提出来的。"在第三方争端解决中,由于可能将恶信(bad faith)归责于任何一方,对《维也纳公约》关于条约应该善意解释的要求进行解释,是非常困难的,至少很棘手。"专家组于是使用了"良信"(better faith)解释的标准,解释美国《1974年贸易法》第301条款是否与《谅解书》第23条一致的问题。最后,专家组认为,"愿意诉诸和遵守《谅解书》的规定和程序的许诺,包括承担放弃诉诸导致被禁止的行为的国内法的义务"。争端主体一旦将相应纠纷提交DSB,就应当遵守DSB框架下的实体与程序上的权利义务要求,这就赋予了DSU条款对抗国家国内法义务要求的合法性,从而敦促国家严格遵守DSU条款解决争端的要求,善意促成争端的解决。

善意原则是DSB解释规则条约的重要原则之一。依据善意原则,上诉机构应当促使规则条约的解释能够保持其有效性。同时,案件的当事国也应当维持其所签订、遵守的规则条约的有效性,从而为争端的解决提供规则条约上的基础。因此,在WTO中解释相关规则条约时,应当善意为之,使规则条约在体系化的解释基础之上保持其实质上的有效性。从而为争端当事国之间达成争端的解决提供重要的规则条约适用基础,深化争端解决的合理性和合法性要求。

3. 争端解决中的善意原则与中国相关的案件

中国在DS433案中败诉,暴露出中国对GATT 94第20条一般例外和第21条安全例外规则及其适用的理解不充分,没有重视对善意原则的运

---

① WT/DSl56/R, pars. 8.23.

② WT/DSl56/R, pars. 8.23.

用。WTO争端解决机构就DS512案做出的报告首次就安全例外条款的适用问题做出了裁决，初步确立了对援引安全例外的单边贸易制裁的有限治理。DS512案裁决可以为涉及中国的DS544案提供借鉴和指导。

DS512案吸收了瑞典案中提出的需区分"商业目的"和"善意的国家安全措施"的内涵，在给出"基本安全利益"概念的同时，通过进一步的"真诚善意"关联性测试有效避免了对"基本安全利益"的僵化解释，使其更加贴合瞬息万变的国际形势。[1] 评判成员国采取的措施是否符合善意原则，只能最大限度回归到条款中对自决权的肯定，尊重成员方自决权。成员方援引安全例外条款时应当顾及权利与义务的平衡。DS512案并没有解决该条款背后的真正问题，即实现成员方和争端解决机构的权力平衡。

在DS544案中，美国以所谓"国家安全"为由对包括中国在内的众多国家实施了加征钢铝关税的措施，实际上是假借"安全例外"之名，行"保障措施"之实。客观而言，DS512案至少为DS544案提供了管辖权上的事实支撑，美国单以争端解决机构对安全例外问题无管辖权来抗辩，恐怕难以得到支持。美国最初主导设计安全例外条款，就是为了在规则上留下足够大的自由空间，美国现在也正是利用这种"剩余权"发起单边制裁。故此，很难期待美国在安全例外问题上轻易作出让步，其当然也不会放弃单边制裁的手段。毫无疑问，美国目前通过滥用甚至破坏WTO规则，是想迫使其他国家作出妥协，借WTO改革谋取私利。

另外，对中国而言，基于WTO现行规则治理的有限性，意欲破解美国以安全例外为由实施的单边贸易措施等，无疑需要新规则。受制于安全例外问题的政治属性，现行争端解决机构能够发挥作用的空间有限，善意原则发挥着不可或缺的作用。

当前全球贸易的多边治理规则已经遭到美国破坏，WTO需要深入改革以摆脱其争端解决机制的困境。中国秉持全人类共同价值，坚持依据一般国际法善意原则完善WTO规则，主张通过协商实现对包括单边制裁在内的具体争议的有效治理。

总之，争端的解决需要以善意为基础，合理选择平衡点，平衡当事人

---

[1] 冯从、陈希沧、史晓丽：《GATT安全例外条款的适用与发展》，《国际贸易》2021年第1期。

之间的利益诉求。以善意原则为基础解决国际经济争端，有利于争端的公正合理解决，也为国际经济秩序稳定和国际关系的友好发展提供重要的制度保障。从 DS512 案来看，善意原则既要保持一定的灵活性，又要避免过于主观，否则将与规则赋予成员方的自决权产生实质冲突。善意原则在 WTO 法中发挥作用，必须与权力诚信原则结合，考虑 WTO 本身作为一种诚信宪法制度设计的特点。

三　国际经济争端解决中的权力诚信原则

传统上国际法的实施主要建立在国家主权平等原则基础之上，国家愿意并能够履行自己的国际义务，是基于善意履行国际法义务这一确定的国际法原则。这通常也是建立在一个假定前提条件之下，即所有其他国家对其承诺的国际法规则都承担善意履行义务，并且确实履行这一义务，这恰恰是国际法效力得以实现的内在根据。加强国际法的实施，需要多种形式、特别是组织化的实施机制。[①] 国际社会和国际法的发展呼唤着国际法实施机制、规则的改革和创新。随着国际组织的出现，国际法的发展走向新阶段，出现了新的国际法律关系，权力诚信原则发挥着基础性作用。

（一）国际经济争端解决中权力诚信原则的内涵

随着国际经济交往日益频繁，越来越多的经济争端"展现"在国际法的舞台。国际组织催生新的国际法律关系，引发经济争端解决机制变革，诚信原则成为有效解决国际经济争端的基本原则。

纵观国内外立法、司法实践，诚信原则作为一项重要的法律原则，被世界上大多数国家作为基本原则规定在部门法中。作为法的本质、精髓和基本价值，诚信原则在国际法层面始终发挥着重要价值，尤其是国际经济争端的解决需要争端主体之间秉持诚信、恪守承诺的态度，服从相关国际经济争端解决机制的安排，积极配合化解争端。《战争与和平》明确提到，"诚信应得到遵守不仅仅是其他原因，还有为了和平的希望不至于泡

[①] 饶戈平主编：《国际组织与国际法实施机制的发展》，北京大学出版社 2013 年版，第 6—8 页。

汤"。伴随着长期的国际法实践和相关国家的法律确信，诚信原则已经发展成为一项重要的国际法惯例，被主权国家接受。① 纵观各国学者对诚信原则定义的讨论，大多都集中于有关善意原则与诚信原则的关系。在有关争端解决实践中，往往只注重争端主体之间善意的沟通、充分的协商，以理性的态度促成争端的解决。

有学者提出诚信原则不仅包括权利领域的善意原则，还包括权力领域的诚信原则。② 权力诚信原则依托传统的信托关系产生，后逐渐为公法学者支持。在公法领域，③ 诚信原则本质上是规范受托人的行为，使受托人始终履行必要的忠实义务和注意义务，切实维护委托人、受益人、社会利益，实现对当事人之间信赖关系所产生的权力授予和正常社会秩序的维护。在国际经济争端解决中，权力诚信原则也具有重要意义。在国际经济争端解决领域，国家作为国际社会内享有主权并具有平等地位的国际法主体，应当积极通过谈判、协商，秉持善意的诚信原则，通过达成有关的条约、协定来促成纠纷的解决，建立起良好的双边或者多边经济贸易关系。而权力诚信原则在国际经济争端解决中，对主权国家在解决国际经济争端方面提出了新的要求。对于外国投资者基于对东道国外商经济政策的信赖，以及东道国政府违反其与他国之间的双边、多边贸易协定而引发的国际经济争端，通过 ISDS 机制进行解决时，东道国也应当秉持诚信原则，基于该原则的要求，维护外国人所应当享有的在东道国国内或国际社会中提请争端解决的相关权利。此外，面对国际经济争端，相关国家也应当遵守有关国际经济组织和争端解决机构对国家提出的义务，从而促进国际经济争端的解决，维护国际经济秩序。上述两方面，体现了基于国家的诚信品格。④

国家在国际经济争端解决领域的主权责任和国家保护责任要求，也体现了主权国家在国际经济争端解决中应当坚持诚信原则，承担起保护在本国的外国人的经济权利以及维持国际经济秩序持续健康发展的义务要求。

---

① 曾令良：《论诚信在国际法中的地位和作用》，《现代法学》2014 年第 4 期。
② 张路：《诚信法初论》，法律出版社 2013 年版，第 6—7 页。
③ 闫尔宝：《行政法诚实信用原则研究》，人民出版社 2008 年版，第 1—2 页。
④ 参见 Evan J. Criddle & Evan Fox-Decent, "A Fiduciary Theory of Jus Cogens", *Yale J. Int'l L.*, Vol. 34, 2009, p. 331; Evan Fox-Decent & Evan J. Criddle, "The Fiduciary Constitution of Human Rights", *Legal Theory*, Vol. 15, 2009, p. 301.

以下从国际经济争端解决中国家对外国投资者保护的角度，探讨 ICSID 运行当中出现的基于权力诚信原则的违反而出现的问题，并通过提出相应的制度改革方案，实现对外国投资者救济权利的有效保护。

（二）国际经济争端解决中的投资者保护——以 ICSID 为视角

国际经济法律关系中的权力诚信原则对促使东道国有效解决与他国国民的经济争端，实现国际经济争端的和平解决具有重要意义。自威斯特伐利亚体系建立以来，国际社会将主权和主权平等原则以法律形式固定下来，使得享有民族主权的国家成为全球经济政治生活的中心。[①] 但主权这一概念具有历史性特征，随着国际社会历史状况的变化而不断调整变化。[②] 跨国资本流通、国家贸易往来以及 WTO 等多边贸易组织的建立，使国家坚持绝对主权向对国家主权作出有条件限制转变。各个国家也通过建立双边、多边投资贸易协定，建立起区域性、全球性国际经济组织，对在本国境内的外国投资者开展经济活动提供一定的便利条件。外国投资者也享有东道国相关准入待遇和经济贸易优惠政策。当东道国境内的外国投资者无法通过东道国境内的机制化解纠纷时，[③] 便会通过 ISDS，实现对自身权利的保护。ICSID 凭借其相对完备的规则、程序等，在国际经济争端解决中对保护投资者具有重要意义。

1. ICSID 争端解决制度设计

ICSID 的宗旨是依据《华盛顿公约》的要求处理各缔约国与另一缔约国国民之间的投资争端，并提供相应的仲裁和调解便利。根据公约第 25 条第 1 款的规定：中心管辖适用的法律争端"经双方书面同意提交中心，当双方表示同意后，任何一方不得单方面撤销其同意"。ICSID 在解决这种法律争端时，在一定程度上排斥以其他方式解决争端，从而保证双方严格遵循 ICISD 的纠纷解决程序，依据公约的规定承认、执行仲裁裁决，并避免一些缔约国利用外交保护等手段使得解决投资争端时带有政治化色彩。此外，为了维护仲裁裁决的公正性，公约明文规定了对裁决的解释、

[①] See Winston P. Nagan & Aitza M. Haddad, "Sovereignty in Theory and Practice", *San Diego International Law Journal*, Vol. 13, 2012, p. 447.

[②] 参见张军旗《多边贸易关系中的国家主权问题》，人民法院出版社 2006 年版，第 15 页。

[③] 参见漆彤《论"一带一路"国际投资争议的预防机制》，《法学评论》2018 年第 3 期。

修正、撤销，其中撤销最为重要。公约第 52 条规定，争端当事人一方可以依据仲裁庭组成不当、明显越权、仲裁庭成员受贿、严重违背基本程序规则、裁决未陈述其所依据的理由等程序问题，请求撤销仲裁裁决，以维护程序正义的方式实现争端裁决的公正性，从而保证争端双方当事人信赖公约设计的争端解决制度，公正、合理地依据 ICSID 解决投资争端。

2. 国家在争端解决机制中违反诚信原则

ICSID 争端解决机制是国家间的控制性安排，其正当性来源于代表各自国民的国家之间的互惠和信任。[①] 目前一些西方大国企图利用自身的经济实力掌控国际社会的话语权，对该经济争端解决机制进行干预，从而引发 ICSID 争端解决机制裁决结果的公平性、合法性问题。相关国家利用 ICSID 侵害投资者合法权利，滥用自己的权力地位违反其在国际经济争端解决中承担的诚信义务，主要表现在以下三个方面。

第一，仲裁员选任对仲裁裁决的影响。仲裁员的选任和仲裁庭的组成对仲裁结果影响很大。投资者将案件提交 ICSID 并得到东道国同意，东道国就应当基于投资者对其争端解决意愿的信任，公平、合理地通过 ICSID 机制实现对相关国际经济争端的解决。仲裁员的选任应当基于双方对公平合理促成争端解决的期待和信任进行选择。但是，有些国家基于自身利益，只选取与自己国家利益立场相似或一致的仲裁员，有些国家甚至基于在国际社会中的地位和影响力，对仲裁员进行威胁。结果，投资者对 ICSID 和相关国家诚信、公平、合理解决国际经济争端的信任遭到破坏，权利受到损害，权利救济受到影响。

第二，仲裁裁决接受度和仲裁成本。ICSID 对争端当事人双方设立了申请撤销仲裁裁决的救济程序。这一救济程序旨在纠正仲裁裁决程序中出现的问题，保证争端双方能够平等行使 ICSID 下享有的善意解决争端的权利，并履行相关义务。但是随着近年来发达国家逐渐成为被诉的东道国，[②] 这一实质维护争端当事双方公平、合理解决国际经济争端的救济程序逐渐转变为发达国家拖延仲裁裁决执行的"合法程序外衣"。同时，通

---

① 张晓君、李文婧：《"一带一路"背景下的 ICSID 改革》，《重庆大学学报》（社会科学版）2019 年第 7 期。

② See UNCTAD, *World Investment report* 2018: *Investment and New Industrial Policies*, New York & Geneva: United Nations, 2018, pp. 92-93.

过 ICSID 解决国际经济争端，需要争端当事人之间负担相对较高的仲裁成本。一方面发达国家可以通过申请撤销仲裁裁决拖延争端解决程序的进行，另一方面发达国家与投资者相比具有相对雄厚的经济实力。这就导致投资者在信赖这一争端解决机制公平解决争端、东道国善意行使争端解决机制中的权利和履行相应义务的期待中，不得不因为高昂的费用和结果的不确定性而终止求助该救济制度。结果，在部分发达国家滥用权力、违反善意原则的情况下，ICSID 争端解决机制不能保障外国投资者享有的合法权利。

第三，对投资仲裁事项的限制。早期的投资协定几乎不会对投资仲裁事项作出限制，而当下各国逐渐开始明确投资争议的定义并否定某些投资争议的可仲裁性。《2005 年美国—乌拉圭 BIT》第 24 条第 1 款排除了缔约一方违反透明度、投资与环境、投资与劳工等条款下条约义务产生争议的可仲裁性。在 CPTPP 投资章节附件 H 中，澳大利亚、加拿大等国家将本国国内投资审查事项的合法性问题排除在投资仲裁事项范围之外。对投资仲裁事项进行缩减、限制投资者提起仲裁事项所享有的权利，已经成为目前相关 BIT、FTA 新的发展趋势。[①] 此外，相关国家在"卡尔沃主义"[②] 复兴的浪潮中，要求投资者以"用尽当地救济"作为提起投资仲裁的前提条件，而国内相关司法程序又存在着审查事项繁杂、相关事项涉及公共安全不予受理、诉讼程序拖延等问题，从而使得投资者既得不到国内司法诉讼程序救济，又无法通过投资仲裁维护自身的商业利益和救济权利。这就严重损害了投资者对国家解决相关投资争端的信任。国家滥用自身权力、破坏正当程序，违反了在国际经济争端解决中适当保护外国投资者的诚信义务。

3. 投资者与东道国权利再平衡

解决当下 ICSID 争端解决中国家利用优势地位间接操纵 ICISD 的准备与运行工作，以免损害处于弱势地位的投资者利益，可运用诚信原则相关的责任主权理论，有效限制主权国家的"政治化"行为，从而避免因地位的不平等而使投资者对东道国公正、合理解决争端的期待落空，损害投

---

① 陶立峰：《投资者与国家争端解决机制的变革发展及中国的选择》，《当代法学》2019 年第 6 期。

② 卡尔沃主义是在处理国际投资争议中坚持国内法管辖、反对滥施外交保护权的主张，由曾任阿根廷外长的著名国际法学家卡罗·卡尔沃（Carlo Calvo）提出。

资者在国际经济争端解决中程序和实体方面的信赖利益。[①] 可以从以下几个方面对 ICSID 进行改革，实现投资者与东道国之间的利益再平衡，满足双方对程序正义和实体正义的期待。

第一，改变现有的仲裁员选任模式。《ICSID 规则修改提案》对仲裁庭的组成程序进行了相应的简化，但是对仲裁庭成员的选任程序仍然没有实质性的改变。在该仲裁庭的组成方式中，往往只有双方共同任命的仲裁员能够做到对案件进行不偏不倚的公正审理。[②] 中心应当修改现有仲裁庭组成方式，使仲裁庭组成人员不具有任何利益关系，公正、合理地裁决相关案件。目前，可以参考欧盟 ICS[③] 提出的"轮换、随机且不可预测的"仲裁员的任命方式，即将仲裁员的选任改革为类似于法院指派法官组成审判庭的制度。改革仲裁庭成员的选拔方式，应注意保证仲裁员选拔的公正性，提高中国在国际社会的话语权。

第二，通过快速审查机制限制撤销申请。在现有的 ICSID 规则程序中，起诉主动权多在投资者手中。为了防止投资者滥用诉权，随意将案件提交到中心进行仲裁，许多国家通过投资协定对投资仲裁事项进行了限缩，同时在投资仲裁规则中增加了快速审查程序。这样，可以对"明显缺乏依据"的投资仲裁请求进行及时阻断，减少了投资者对诉权的滥用行为。同时也应注意到，一些国家利用自己的经济和国际上的优势地位，通过申请撤销仲裁裁决这一内部救济程序，损害投资者对仲裁程序所产生的期待利益。因此，对一些明显缺乏法律依据的申请撤销仲裁裁决的请求，应当通过快速审查机制进行驳回，限制经济大国利用自身优势地位、滥用权力，从而防止损害弱势投资者的程序利益和实体权利。

第三，完善仲裁费用分配规则。在高昂的仲裁费用下，处于经济优势地位的东道国可能会采取拖延仲裁程序进行、拒绝承认和执行 ICSID 的裁判等方式，使得投资者依靠 ICSID 公平、合理解决争端的合理期待和信赖利益遭受损失，并给投资者的商业利益造成损害。因此，应当对仲裁庭的费用分配规则进行改革，基于诚信原则，平衡投资者与东道国在经济地位

[①] Eyal Benvenisti, "Sovereigns as Trustees of Humanity: The Concept and Its Normative Implications", *Am. J. Int'l L.*, Vol. 107, 2013, p. 295

[②] Paulsson J., "Moral hazard in international dispute resolution", *ICSID Review*, Vol 25, No. 2, 2010, pp. 339-355.

[③] 欧盟国际投资法庭体系提出建立上诉法庭，对仲裁裁决进行有效的监督。

上的不平等。公约应当明文规定，采取一般民商事诉讼、仲裁的费用负担方式，以案件裁决结果为依据，根据责任来分配相应的投资仲裁费用。若争端双方滥用程序权利，仲裁庭也应参照当事人在处理案件时的行为，公平合理地划分当事人之间的费用分担。

第四，建立投资争端解决领域的负面清单。随着投资者对 ICISD 纠纷解决机制使用数量的不断增长，越来越多的国家通过达成 BIT 限制投资者将案件提交仲裁。中国倡导在 CPTPP、RCEP 中包含国家对投资者提起投资仲裁的事项限制。这些事项当中，有的是对国内审批程序事项的限制，有的是基于国家公共利益的考量。ICSID 应当制定国际投资争端解决领域的"负面清单"。对于同样具有"准入"性质的可仲裁事项，缔约国应当参考外资准入领域的负面清单管理模式，达成 ICSID 内部仲裁事项负面清单。

总之，ICSID 防止主权国家滥用权力，维护投资者合法利益，顺应了当下国际法发展对个人权力和利益的关切与保护。随着当下国际格局的变化，主权国家的相互博弈影响着 ICSID 争端解决机制的运行。准确发现问题，完善 ICISD 的运行机制，对国际法层面加强保护外国投资者、维护东道国的正当权益，都具有重要意义。

（三）国家在国际经济争端解决中的诚信责任——以 WTO 为视角

作为国际经济生活当中重要的多边贸易组织，WTO 在其成立之初就承担着管理成员国贸易法规、组织各国谈判协商，提供争端解决重要场所的职能。WTO 争端解决机制为成员国解决国际经济争端提供了重要的渠道，为主权国家之间解决倾销、补贴等贸易往来问题提供了具有一定程度"硬法性质"的争端解决机制。在 WTO 成立之初，有学者将其国际经济争端解决机制称为"WTO 皇冠上的珍珠"。但是随着近年来国际经济格局发生变化，美国认为其从 WTO 争端解决机制的受益者逐渐转变为被束缚者，试图通过阻止 WTO 争端解决机制的运行，改变自身的经济条件。尤其是，美国已经使 WTO 上诉机构法官遴选程序停摆。

为此，要继续发挥 WTO 在国际经济争端解决机制中的领导地位，就需要进行相应的改革。改革的目的，是实现主权国家与国际组织之间的权力再度平衡，诚信原则在其中能发挥不可或缺的作用。

1. WTO 争端解决机制的历史与现实

WTO 争端解决机制的产生，源于 1995 年乌拉圭回合谈判《关于争端解决规则与程序的谅解书》（DSU，以下简称《谅解书》），是在原有 GATT 争端解决条款基础之上演变而来的。GATT 成立之后，打破了国际经济社会原有的通过传统国际法或双边国际协定解决国际经济纠纷的方式，为主权国家解决国际经济纠纷提供了基于多边协定的磋商沟通平台。GATT 第 22 条和第 23 条为 WTO 争端解决机制的建立奠定了基础。第 22 条规定，缔约一方可以与另一个或几个缔约方将有关争议事项提请协商。第 23 条规定，缔约方通过协商无法就提请事项达成一致的，可以通过全体缔约方进行调查，提出意见并由专业机构作出相应的裁决。起初，由大会主席对争端作出裁决，后来发展为由专门工作小组做出裁决，最终发展为由不含争端方成员的专家组作出第三方裁决，解决主权国家之间的国际经济争端。随着国际经济贸易纠纷繁杂多变，该争端解决机制越来越不适应需要。在 1960—1977 年中期，GATT 争端解决程序一度陷入瘫痪。虽然后来几经修改，但并未进行实质性的改革。随着 GATT 专家组处理国际经济争端案件的数量逐步减少，国际社会积极寻求新的多边争端解决机制解决日益复杂的国际经济纠纷。1994 年达成《建立 WTO 的马拉克什协定》，WTO 正式诞生。WTO 被称作带有"牙齿"的国际组织。对于那些不执行争端解决机构裁决的 WTO 成员，其他成员可以对其进行贸易交叉报复。但是，因美国利用主导权干预专家组和上诉机构成员的选择，2019 年 12 月 11 日 WTO 上诉机构正式瘫痪，这也是上诉机构成立 27 年来首次遭遇停摆危机。

2. WTO 争端解决制度设计

WTO 的 DSB 有一套独立的争端解决程序，行使权利不受相关国家干扰，通过一系列的交叉报复督促相关国家执行裁决，从而使其争端解决机制具有司法性的特征。[1] 同时，相关国家受到其国际社会利益考量的影响，合理选择相应程序，督促裁决的执行，又使其争端解决机制兼具一定的政治性特征。[2]

WTO 争端解决程序框架，包含磋商程序、专家组程序、上诉机构审

---

[1] 杨国华：《WTO 上诉机构的产生与运作研究》，《现代法学》2018 年第 2 期。
[2] 屠新泉：《WTO 争端解决机制：规则与权力并重》，《世界经济与政治》2005 年第 4 期。

查程序、专家组和上诉机构报告的通过程序、裁决和建议的监督执行程序等。除了上述基本程序外,还有斡旋、调解、仲裁等非必经程序。当争端方向 WTO 提出违反性申诉或非违反性申诉,请求运用 DSU 下的争端解决程序解决国家间的经贸争端时,争端当事方应当在 60 天内通过磋商解决相应的争端。自提出磋商请求之日起 60 天内没有解决争端,则组成专家组,由专家组成员对争端事实进行调查,根据 WTO 相关规则作出相应的裁定或提供相关建议。在专家组报告发布后 60 天内,任何争端方都可以向上诉机构上诉,上诉机构只审查专家组报告涉及的法律问题和专家组作出的法律解释。上诉机构可以推翻、修改或撤销专家组的调查结果和结论,但是无权发回重审。根据专家组或上诉机构提交的报告,由争端解决机构根据"反向一致原则"予以通过。被裁定违反协议的一方,应在合理时间内履行争端解决机构的裁决和建议,无正当理由不履行相关裁决,则可以通过交叉报复的形式对不履行裁决的一方给予相应的惩罚。

3. 国家在 WTO 争端解决机制运行中违反诚信原则

近些年随着世界国际格局不断变化,国家之间的经济实力对比呈现出新的特点。新兴发展中国家的兴起,促使以美国为首的西方大国从 WTO 的申诉者地位逐渐转变为被申诉者地位。WTO 争端解决机制也逐渐由这些国家扭转贸易逆差,扩大海外产品市场的工具转变为约束其实行倾销、补贴措施,制约其经济资本输出的重要阻碍。于是,一些国家不断试图对现有的争端解决机制及其程序运行进行干扰和破坏,以谋求新的自我国家利益。美国公然违背 WTO 成员方公平、合理、和平解决争端的信赖义务,公然挑衅大国对 WTO 承担的诚信义务,对以 DSU 规则为基础建立的争端解决机制带来了严峻挑战。大国违反诚信原则和国际责任,对争端解决机制的破坏主要体现在以下三个方面。

第一,以自设的大国权力阻碍 DSU 程序的运行。美国是 WTO 争端解决机制最主要的设立者,现行争端解决机制的许多程序性规定,都是以美国为首的西方大国倡导建立的。然而,随着近些年来国际经济格局的变化,美国试图通过 WTO 争端解决机制扭转贸易逆差、实现产品输出的计划逐渐落空。近年来,美国一直想通过阻碍上诉机构法官的遴选程序,减少 DSB 对其带来的不利影响。2019 年 12 月,美国滥用其"一票否决"原则,干扰 WTO 上诉机构法官的遴选程序,最终导致了 WTO 争端解决机制瘫痪。美国设定的法官遴选决定权,破坏争端解决机制的运行,严重违反诚信原则，损害了其国际义务。

第二，以国内法对抗DSU规则。早在WTO争端解决机制设立之初，美国国内学者就争端解决机制相关裁决是否会威胁到美国国家主权展开过激烈讨论。有学者提出如果WTO专家组的报告与美国国会的审议标准存在相悖之处，则应当考虑退出WTO。[①] 在强大的主权观念下，美国试图将国际法转化为国内法适用程序，不断对专家组提出的意见和上诉机构裁决的合理性提出质疑。由于DSB上诉机构只对相关争端问题进行法律上的解释和审查，无权发回专家组进行事实重审，因此，美国以缺乏案件事实基础为由，否认上诉机构作出的法律解释或裁决的合理性。

ICJ曾对主权国家行使权力作出简要的规范性解释："国家的行为必须具有善意的理由，并且不可武断或随意地实施上述行为。"[②]《谅解书》第3条第10款更是对各国利用WTO解决国际经济争端提出了明确的要求。依据国际惯例，主权国家不能援引国内法作为对抗国际义务的理由。美国过分强调单边主权观念，使得其国家权利（大国权力）的行使与义务（责任）的履行不对等，违背了其对国际社会和国际组织承担的诚信义务和责任。

第三，违反国际责任拒绝执行DSU裁决。争端当事国将违反性申诉和非违反性申诉提交到WTO争端解决机构，是希望通过DSB审查做出公正合理的裁决，并以报复的形式执行裁决，维护国家在国际社会中的经济利益。随着近年来美国逐渐向被申诉者地位转变，大量裁决案件涉及美国的裁决执行问题。据统计，目前拒不执行仲裁裁决的案件，以美国为被申请者的数量占到七成。同时，根据美国宪法体系，即使某项行为不符合美国承担的国际义务要求，如果有正当理由违反该义务，则美国可以如此。美国凭借其经济实力，当不执行裁决的交叉报复利益损失小于执行裁决时，美国也会以国家主权为由公然对抗WTO的裁决执行请求。美国以过度单边主义思想挑衅主权国家行使权力的正当性要求，公然违反大国在WTO等国际组织中承担的诚信义务和国际责任。

[①] ［美］约翰·杰克逊：《GATT/WTO法理与实践》，张玉卿等译，新华出版社2002年版，第99页。

[②] Jerald Fitzmaurice, "The Law and Procedure of the International Court of Justice", *Cambridge*, Vol. I , 1986, at 12.

4. 国家主权与 WTO 的权力再平衡

主权国家通过协议选择加入国际组织，就应该在国际组织的规范下正确行使自身在组织中的权利，履行在组织中承担的义务。主权国家依据《谅解书》将国家间经济纠纷提交 DSB，也应当践行国家和国际组织对其依据 DSU 程序善意解决纠纷的合理期待，维护 WTO 的正常运行。主权国家通过协议设立 WTO，目的是希望通过公平合理的第三方程序促成纠纷的解决，维系国家间经贸关系的正常开展，共建良好的国际经济秩序。近年来，美国破坏 WTO 争端解决机构的正常运行，一方面是严重的背信弃义，另一方面，以一己私利对抗国际社会整体利益，也严重破坏了正常的国际经济秩序，违背其应当承担的国际责任。对此，应当对大国在国际组织中滥用权力进行限制，针对 WTO 争端解决机制目前存在的不合理之处进行改革。以"反向一致原则"为例，依据该原则，只要有一个成员国同意裁决，裁决就能获得通过。事实上，这无疑赋予了裁决的自动通过机制，给国家滥用权力、阻碍国际经济纠纷合理解决提供了机会。因此，应当对该裁决通过机制进行适当的改革。必要时，可以就制裁裁决考虑依据大多数国际组织采用的"多数通过机制"。[①] 这样，可以保证在国际组织权力不被削弱的情况下，实现对成员国权力分配的再平衡，促使成员国规范权力的行使。

此外，鉴于国家间经济实力的差异，单纯采用以往交叉报复的形式促使美国这样的经济大国履行对自己不利的裁决，其有效性大大降低。为了促使裁决得到及时履行，对某些利用优势地位拒不履行裁决的国家，WTO 应当允许成员国在一定限度内对其进行相应的制裁，包括集体制裁。经济制裁措施可以更有效地督促成员国尊重并认真履行 WTO 争端解决机构作出的裁决，更好地满足争端双方对纠纷解决的合理期待和信赖利益。通过加强成员国之间的权力制约监督，可以提升 WTO 保护成员国利益和维护国际经济秩序的能力。

(四) WTO 司法宪法论的评判

WTO 法律和治理已成为现代福利国家保护法治及其国民经济和社会

[①] 屠新泉、石晓婧：《国际组织与主权国家权力的再平衡——以争端解决机制为视角》，载《制度开放与"一带一路"高质量发展论坛文集》（下），2019 年 11 月。

福利的重要组成部分，基于这一认识，可以促进不同观点和利益的必要调和，寻求有效的解决方案。为此，有必要深入分析 WTO 争端解决机制背后的司法宪法理论。WTO 争端解决机制的"司法决策"方式、"司法能动主义"以及司法化改革的三次争议，成为 WTO 司法宪法论的产生背景并为之发展提供了历史性契机。目前的 WTO 司法宪法论没有系统论证司法造法引发的宪法化如何生成，而直接诉诸近似机械类比的实证分析，其理论支持显然有待加强。WTO 解释共同体的形成，有助于 WTO 宪法性的共同体建构。[①]

WTO 司法宪法化研究分为两大类，一类侧重贸易关联事项方面的争端，涉及 WTO 法和其他国际法之间的关系问题；一类专注于国家安全例外方面的争端，涉及 WTO 与其成员之间的主权关系问题。两类争端和问题，与 WTO 争端解决机制的所谓"内部限制"和"外部限制"相对应，构成比较完整的论证结构。在此基础上，WTO 起到确定权力分配的"宪法功能"。反过来，其他国际法制度和 WTO 成员对于这种宪法功能的接受程度，也起到限制 WTO 宪法化的作用。在此意义上，WTO 司法解释对"安全例外"条款能够在 WTO 层面予以澄清的程度，成为 WTO 宪法化程度的标志。

在 WTO 协定中，并未明确提到世界贸易"宪法""贸易权"措施，没有在 WTO 制度和机构中明确规定制衡，更没有授权上诉机构通过司法解释进行宪法化的发展。因此，WTO 司法宪法论本身应是一种具有相当说服力的理论模式：对于 WTO 争端解决报告的实证分析，可以作为论证 WTO 宪法化的主要论据；司法造法这一现实的宪法化方式可以同时为几乎所有 WTO 宪法化理论模式提供论据。更重要的是，WTO 司法宪法论为上述宪法措辞的缺失提供了解决方案：没有成文"宪法典"并不等于没有宪法，更不等于不能发展出实践中的宪法。WTO 司法宪法论的特有价值，在某种意义上，甚至可以与英国宪法学者应对"成文宪法难题"的挑战相比。

WTO 争端解决过程已经在一定程度上发展出多边贸易体系的准宪法结构。部分 WTO 案例产生了一系列与宪法体系密切相关的规范和结构。

[①] 陈喜峰：《WTO 宪法化的第三条道路：WTO 司法宪法论及其批评》，《国际关系与国际法学刊》2012 年第 2 卷。

这类构成性过程体现在四个方面：宪法原理的合并，形成体系的宪法，主题事项的并入，宪法价值的结合。WTO案例法不仅发展了宪法规则，而且本身与宪法原则相结合。WTO争端解决报告对适用规则及其合法理由的陈述在措辞上是谨慎的，结合了宪法推理的背景。

评价WTO争端解决机制，应考虑上诉机构受到国际法和政治及其宪法结构的限制。上诉机构进行司法造法的范围处于WTO宪法范围内，两者一并依赖于WTO政治环境。

上诉机构处理的事项，不可避免地需要"澄清模糊"和"填补空白"。适应时代的变迁，应将WTO协定创造性地解释为包容广泛的价值。尽管DSU规定了解释规则上的限制，但这种"司法克制"本身具有灵活性，给上诉机构留下了发挥司法能动主义的"商谈空间"。WTO的法律规则和宪法规则都依赖于政治。由于WTO宪法规则没有为司法提供有效的制衡，因此就上诉机构的政治空间而言，产生了两个后果：一方面，由于经常涉及富有争议的问题，上诉机构的司法造法在政治上难以维系；另一方面，上诉机构的司法造法本身受政治上的多重制约。实践中，如果WTO成员对上诉机构的某项裁定或司法造法不满意，通常可以在DSB会议上发表外交声明，表达意见。WTO成员可以在根本上否认司法造法行为的合法性，拒绝遵守上诉机构的裁定。作为最后手段，WTO成员可威胁退出WTO，以表示对司法造法的根本否定。

同WTO权利宪法论一样，WTO司法宪法论也发生着内在的变化。凯斯（Cass）承认WTO的司法造法模式未能充分讨论宪法化与合法性之间的关系，忽视了政治在宪法化过程中的作用问题。[①] 总体上看，强权国家所形成的权力政治和国际组织内部机构的"公权力"为国际组织的宪法变迁，包括宪法惯例提供了政治动力，而国际组织的宪法惯例则为其宪法变迁，包括公权力的行使及其扩张提供了法律路径。简言之，合法性、共同体和非贸易价值的宪法化，是WTO面临的最大挑战。

WTO宪法化在整体上所面临的理论和实践困难。从民主合法性的角度分析，WTO权利宪法论的"尤利西斯之桅杆"异化为"阿基里斯之

[①] Deborah Z. Cass, *The Constitutionalization of the World Trade Organization: Legitimacy, Democracy, and Community in the International Trading System*, Oxford: Oxford University Press, 2005.

踵"的悖论,① 在 WTO 司法宪法论中同样存在。对诸如贸易关联问题的裁决，无论保持司法克制还是奉行司法能动主义，都会遭遇民主合法性的质疑。WTO 司法机构只有根据个案进行较为全面的权衡，不再仅以与贸易自由化目标的相符程度为考察起点，而是同时从有关措施实现公共政策目标的可行性和有效性来审查，才有可能实现这种效果。

美国阻挠上诉机构成员甄选程序的运转，最先打破了人们关于 WTO 宪制的想象。当下的 WTO 改革，应当优先考虑威胁 WTO 生存的问题，尽快完成对上诉机构法官的任命，或改进 WTO 的争端解决机制，让争端解决程序运转起来。解决上诉机构瘫痪危机需要做的工作，不仅限于 WTO 成员之间就争端解决事项达成协议，更重要的是如何把握多边贸易体制在如今全球治理体系快速变革下的发展方向。

四 国际经济争端解决诚信规则建构

国际经济争端的合理解决对于国际友好关系的构建与国际秩序的稳定健康发展具有十分重要的意义。中国坚信 WTO 在解决争端上能够做到公正处理，维护战后构建的国际贸易规则的基本框架体系。在人类命运共同体理念下，倡导国际经济争端解决机构应当坚持以全人类共同价值观为引导，尤其是秉持诚信原则，通过合理的争端解决机制和规则，以更加友好的方式解决争端。此外，相关国家也应当遵循善意和诚信原则，自觉承担起在争端解决中对外国国民和本国国民的保护，承担起维持国际组织稳健运行和国际经济秩序健康发展的国际义务和责任。

随着当下国际经济格局的发展变化，各种利益相互交错，国家间矛盾冲突不断涌现，在谋求解决国际经济争端的同时，各国也应当对不同的利益考量进行区分。对于国家间非核心利益的矛盾，应当和平搁置、暂时"冻结"。国家间矛盾和利益冲突暂时无法达成一致解决方案时，可以善意搁置争端，待时机成熟时再促成纠纷的合理解决。从 20 世纪 80 年代邓小平等领导人处理其他国家，尤其是日本与中国相关海域争端解决实践中

---

① 陈喜峰：《WTO 权利宪法论：经济宪法视角的一种批评》，《国际经济法学刊》2008 年第 2 期。

可以看出,和平搁置争端对维持国家间的稳定关系具有重要意义。① 在此基础之上,可以为国家间友好处理其他领域的争端提供契机。

中国参与并主导国际经济争端解决机制和规则建构,必须有能为世界认可、接受并最终推崇的文化价值观。人类命运共同体理念和全人类共同价值正是这种文化价值观体系的核心,强调不同国家之间的文化理念相互尊重,也强调人类思想文化层面的和谐共生,寻求在经济、政治方面寻找国家间合作的平衡点。"我们需要以更积极正面的态度面对中国自身文明,充分尊重自身独特传统,理解其合理性",中国文明在现代世界应能为人类贡献普遍价值,中国人有能力从自身的生活世界中提炼出具有普遍意义的思想与实践模式,而非止步于强调中国特殊性。在此意义上,某种"去中国化"恰恰是中国话语体系生命力的体现。"今天重新理解中国,并非单向度地从自己出发去理解世界,只有在共享的天下、多样的文明、尊严的个体的三重框架下,我们才能重新找回自己。"②

在当下世界经贸规则遭受挫败和大变局的情况下,国际竞争和政治斗争异常尖锐,我们必须在国际关系和国际法治建设中团结一切可以团结的朋友,深耕区域经济规则建构具有独特的意义和价值。我们不仅要重视全球层面的规则构建,更应顺应区域经济发展的趋势和时代要求,将重心放在区域经济争端解决规则的建构上。USMCA、CPTPP、RCEP、DEPA 等国际经济区域组织的兴起,对国际经济争端解决带来深刻影响。在区域经济共同体下,各国之间有着更加一致、可行的思想文化基础和历史渊源,同时由于地理位置和历史文化的影响,区域内国家之间的经济往来和政治关系也更为密切。以 RCEP 和更广泛的"一带一路"等区域共同体为核心构建国际经济争端解决机构和规则,与国家间友好、诚信解决国际经济争端的要求更加契合。

当前,"一带一路"建设取得了越来越明显的成效,对世界经济格局产生越来越大的影响。我们应该围绕"一带一路"承担起更大的国际责任,积极推动区域经济争端解决机制和规则的构建。围绕中国主导的 AIIB 等区域国际组织继续发力,是中国尝试以"一带一路"为基础构建

---

① 黄瑶:《论人类命运共同体构建中的和平搁置争端》,《中国社会科学》2019 年第 2 期。
② 孙向晨:《天下、文明与个体——今天中国人如何理解自己》,《文化纵横》2021 年第 6 期。

区域经济争端解决机制和规则的良好契机。在更有思想文化与历史共识基础的"一带一路"建设中，在中国倡导的亲诚惠容周边外交理念[①]和全人类共同价值的指引下，区域争端解决机制和规则构建必将为区域命运共同体建设贡献力量，为国际社会提供争端解决的新范本、新标杆。

在WTO争端解决机制改革中，以诚信规则制约监督各种权力主体的行为，优先解决上诉机构成员任命等紧迫问题。WTO争端解决程序实则是通过主权国家与国际组织的权力博弈，解决相应的争端。在争端解决之初，赋予主权国家充分的自由，通过磋商化解争端。在当事方无法自主解决争端的情况下，通过组织内部的专家组和上诉机构来作出裁决，并通过交叉报复，督促履行相关义务。国家在依据DSU争端解决程序解决争端时，除了对主权国家参与国际事务的自主权进行维护之外，还应当依据WTO签订的相关协定附件，依法履行国际组织的信赖义务，通过和平方式化解争端、维护国际经济秩序。因此，主权国家，尤其是大国通过WTO争端解决机制解决国家间的经济争端，应当坚持诚信原则，不滥用争端机制赋予的权力，不搞胁迫，而是承担起维护国际经济秩序的责任，和平、公正、合理地解决国家之间的经济争端。

---

① 中共中央宣传部、中华人民共和国外交部：《习近平外交思想学习纲要》，人民出版社、学习出版社2021年版，第131页。

结　论

中国国际经济诚信法治理论的未来展望

诚信价值观是全人类共同价值的核心基础，是破解当前国际经济治理信任赤字的一把金钥匙。同坚持和平共处五项原则一样，"推动构建人类命运共同体"已经写入中国宪法和中国共产党党章，既有法律保障，又有政治保障。人类命运共同体理念连同全人类共同价值一起作为价值、目标引领，拓展了国际法的内涵和外延，为中国国际经济法理论和实践创新提供了坚实的基础，也为中国国际经济诚信法治理论的形成和发展提供了契机，给世人以期待。

一　迎接并助推中国国际经济诚信法治的新时代

人类大变革时代，是需要并产生思想、激情、品格、智慧和学识上的巨人的时代。[①] "这是一个需要理论而且一定能够产生理论的时代，这是一个需要思想而且一定能够产生思想的时代。"[②] 中国国力的上升和国际关系实践中面临的诸多挑战为国际法科学带来了前所未有的发展空间。

就世界格局而言，中国经济实力不断攀升，但就获得对称的国际经济规则制定权而言却仍然任重道远。

[①] Karl Marx and Frederick Engels, *Collected Works* 25, Geneva: International Publishers, 1987, p. 319.

[②] 习近平：《在哲学社会科学工作座谈会上的讲话》，新华网，http://www.xinhuanet.com//politics/2016-05/18/c_1118891128_2.htm，2021年6月11日。

基于国际社会的需求，① 中国提出并践行国际经济诚信法治的方案。习近平总书记适时提出构建人类命运共同体、弘扬全人类共同价值和"一带一路"倡议，中国主导建立 AIIB 和丝路基金，首次成为国际经济规则的主要倡导和引领者。然而，美国主导的 G7 集团却本着"敌我"思想，规划西方版"一带一路"与中国对抗，搞新冷战、分裂世界。面对这种局面，中国该如何把握主导国际经济规则的方向和节奏，需要继续深入研究。

人类命运共同体理念充分吸收了人类历史上的宝贵思想资源，植根于《共产党宣言》的基本原理、世界观、方法论、历史观和动力论，体现着中国为全人类的解放而奋斗的信仰和实现共产主义的宗旨与道路自信。人类命运共同体理念以全人类共同价值为导向，传承了"两个自由发展"的价值原则和"自由人联合体"的价值目标。② 康德的永久和评论及其所蕴含的有关义利统一的国际关系思想和努斯鲍姆的"世界公民"思想，③ 也为提供了智力支持。"人类已进入命运共同体"不仅仅是一个事实判断，而且首先是一个价值判断。"人类命运共同体理念"必须成为落实于行动的实践理念，需要得到全世界的普遍认同和支持。"共同体"思想不仅可以追溯到孔子的"大同世界"思想，还可以追溯到亚里士多德的"政治共同体"思想和具有更广泛影响的古希腊古罗马"世界公民"思想，突出以至善为目的的价值追求和全球正义的观点。康德提出的宝贵国际法准则包括联合起来共同反对国家不断举债、禁止采用阴谋手段和破坏相互信任的敌对行为、世界公民法权应以普遍友善为条件等。

2017 年 2 月 10 日构建人类命运共同体理念首次载入联合国决议，中国理念在国际社会汇聚起越来越多和平发展的希望与力量。全人类共同价值和人类命运共同体理念之所以获得广泛关注和认同，在于其继承、维护

---

① 关于国际组织和国际法律规则产生的需求与供给理论，参见 Jacob Katz Cogan, Ian Hurd, Ian Johnstone, *The Oxford Handbook of International Organizations*, Oxford: Oxford University Press, 2016, p.7；石静霞《"一带一路"倡议与国际法——基于国际公共产品供给视角的分析》，《中国社会科学》2021 年第 1 期。

② Karl Marx, Frederick Engels, *Manifesto of the Communist Party is a Reprint of the First Edition* (Third Printing), Peking: Foreign Languages Press, 1970.

③ 郑琪：《玛莎·努斯鲍姆的"世界公民"思想与构建"人类命运共同体"》，《北方论丛》2019 年第 6 期。

以联合国宪章宗旨和原则为核心的国际准则与国际秩序。"人类命运共同体"体现了中国在内政和外交上的自信与高瞻远瞩的政治智慧,传递着中国声音和中国方案,中国坚持信任友善的信念和共商共建共享的原则,将为全球法治及世界和平与发展做出更多不可估量的贡献。

中国需要积极构建自身的国际法话语体系和学术立场,通过国际法,将中国话语权规范化、制度化、安定化、可预期化。也就是说,要实现中国话语权的法治化,培养中国国际经济法治研究的道路自信、理论自信、制度自信、文化自信,形成"中国学派"。

二 建立中国在国际经济法领域的诚信理论自信

在大变局带来的机遇挑战和国内良好发展态势下,包括国际经济法在内的中国哲学社会科学正处在一个非常难得,也是有史以来最好的发展机遇期。这个机遇呼唤并塑造着中国的理论自信。

道路自信、理论自信、制度自信、文化自信,"四个自信"是有机统一体,既相对独立,又相辅相成。"四个自信"是一套独特的中国话语体系,旨在用中国自己的话语权,讲中国故事、发中国声音。

国际法规则不是绝对真理。形式上,国际法是一种话语体系,是用一套术语和程序包装起来的利益,是国家间的利益博弈与分配过程;象征意义上,法治规则承载着人们对诚信、发展、公平正义等共同价值的期盼和追求。当今许多国际经济法治规则制度、思想理论,仍然是地缘政治上大国意愿的体现。[①]

21世纪初确立并延续至今的主流国际法研究方法是实证主义,研究法律规则、规范的内涵与运行的实然,而很少顾及国际法治运行的"应然",研究目标是"求真",而非"求善"。然而,科学意义上的"求真"研究有了足够的积淀之后,自然会过渡到伦理意义上"求善"的追问,有意识地进行伦理探索。国际经济法研究不能只批判而不建构,也不能只畅想而不脚踏实地借鉴他人成果独立思考、拿出原创性的观点。在全人类共同价值的指引下,当代中国涉外法治建设的主要目标是改善和推进国际

[①] 何志鹏等:《国际法的中国理论》,法律出版社2017年版,第31—32页。

与全球治理，形成国际良法善治，并非打倒重来。①

包括国际经济法治在内的理论自信，其基础是理论挖掘和创新。为此，需要寻找国际经济法学的真问题、获取真信息、寻求真解释、勾画向善的指引。在此过程中，西方提供了某些借鉴。只有用世界共同利益的语言包装中国自身的利益，用普遍的话语表述中国的期待，才能形成中国的国际经济法理论，并为世界接受。构建中国国际经济法理论，首先要有鲜明的核心价值立场，就是全人类共同价值。针对国际经济法的不对称性②和非完备性③，提出标志性的价值观需要细心求证。

习近平总书记提出的构建人类命运共同体理念，与和平共处五项原则一起纳入我国宪法和党章，为中国的国际法理论和实践创新提供了价值、思想、政治和理论基础。人类命运共同体理念超越了地域界线，站在全人类的高度，为人类命运谋前途，是对马克思主义价值观的传承和发展，代表中国特色价值观在国际上发声，④ 也引领并深化全人类共同价值观建设。"诚信"价值观作为人类命运共同体价值理念的核心组成部分，内含于全人类共同价值之中，在中国源远流长，是国际经济法治中国理论的核心价值基础。

三　建立中国在国际经济法中的诚信制度规则自信

构建制度规则自信的关键在于制度是否有效，国内、国际制度概莫能外。制度自信并非要求样样第一，适合的就是最好的。制度规则自信要求在改进中发展，还要求保持开放心态，在接受批评中不断吸收、完善。中国国际经济法的制度规则自信，源于同各国和平共存、共同发展、友好相处、和谐共进的法律制度安排。

建立中国在国际经济法中的诚信制度规则自信，不仅源于人类命运共

---

① 何志鹏等：《国际法的中国理论》，法律出版社2017年版，第31—32页。
② 何志鹏等：《国际法的中国理论》，法律出版社2017年版，第343页。
③ 有关国际法非完备性的详细论述，参见张相君《国际法新命题》，社会科学文献出版社2016年版，第143—303页。
④ 宋洪云：《人类命运共同体：一种新的价值观》，《马克思主义哲学论丛》2016年第4辑。

同体理念吸收的宝贵思想资源，而且在于中国将该理念及诚信价值观纳入党章和宪法，为国际经济法治诚信建设提供根本政治制度和法律制度保障，并善意履行相关义务，以最大努力确保国际法治公平正义。

诚信是社会主义核心价值观和人类命运共同体价值的核心基础，是中国国际交往的重要准则。构建人类命运共同体理念之所以获得广泛关注和认同，是因为其反对穷兵黩武，抛弃零和博弈，寻求各国共同发展的"最大公约数"。

从360多年前《威斯特伐利亚和约》确立的平等和主权原则，到150多年前《日内瓦公约》确立的国际人道主义精神；从70多年前《联合国宪章》明确的四大宗旨和七项原则，到60多年前万隆会议倡导的和平共处五项原则，国际关系演变积累了一系列公认的原则。这些原则应该成为构建人类命运共同体的基本遵循[①]。法律的生命在于实施，各国有责任维护国际法治权威，依法行使权利，善意履行义务。法律的生命也在于公平正义，应该确保国际法平等统一适用，不能搞双重标准，不能"合则用、不合则弃"，真正做到"无偏无党，王道荡荡"。习近平主席在作出中国"维护世界和平"、"促进共同发展"、"打造伙伴关系"、"支持多边主义"的决心不会改变四项庄严承诺时，特别提到"中国将继续坚持正确义利观，深化同发展中国家务实合作，实现同呼吸、共命运、齐发展。中国将按照亲诚惠容理念同周边国家深化互利合作，秉持真实亲诚对非政策理念同非洲国家共谋发展，推动中拉全面合作伙伴关系实现新发展"[②]。中国的崛起要超越"修昔底德陷阱"，同时，努力与其他国家保持和睦友好关系。

"一带一路"建设取得的巨大成功和AIIB等区域国际组织的建立和高效运行，证明中国在人类命运共同体理念主导下的国际经济制度和规则建构是有效的，进一步提升了中国国际法的诚信制度自信。习近平主席指出，"一带一路"倡议是要实践人类命运共同体理念。[③] 作为应对全球治理困境的中国方案，人类命运共同体蕴含着全人类社会价值重塑和实践重构的双重使命。"一带一路"倡议是中国针对全球治理所需，向世界提供

[①] 习近平：《论坚持推动构建人类命运共同体》，中央文献出版社2018年版，第416页。

[②] 习近平：《论坚持推动构建人类命运共同体》，中央文献出版社2018年版，第417—426页。

[③] 中共中央党史和文献研究院：《习近平谈"一带一路"》，中央文献出版社2018年版，第216页。

的公共产品,是完善全球发展模式和全球治理的重要途径。只有在人类命运共同体理念的指引下,"一带一路"建设才能在增进国际政治互信中推动人类共同发展。

"一带一路"建设取得了超预期的成果。面对"一带一路"建设取得的成功,美国、欧盟国家也规划打造类似于"一带一路"倡议的基建计划,以求对抗中国。2021年6月的G7峰会,美国代表G7国家宣布推出了"重返更好世界倡议"(B3W),加大对发展中国家的基建投资。12月1日,欧盟正式宣布"全球门户"计划,将投入高达3000亿欧元用于发展中国家的基础设施。西方这些模仿行为,其实是对"一带一路"倡议的最高礼赞。

四 确立中国在国际经济法中的诚信文化与话语自信

与其他三个自信相比,文化与话语自信更基础。文化自信是国家、民族的灵魂、信仰和信念。只有坚持文化和话语自信,才能进一步做到道路自信、理论自信和制度自信。

文化与话语自信的根本在于文化与知识的总结和传播。文化与话语自信靠国际治理实践积累而成,需要国际交往的现实不断努力。一方面,要将我们的文化、话语之善、之美浸透人们的观念之中,内化于心,体现在我们的精神面貌和行为之上;另一方面,要能够润物无声,影响他人。

基于这一认识,建立文化与话语自信,要在确立中国国际经济法治诚信理论的过程中,结合中国当代的法治实践和经验,充分吸纳中国自身的法律智慧、文化传统,同时要将西方的历史与现实、理论与实践同中国主张的理论结合,由此形成我们自身的国际法治诚信观念。通过吸收西方的观念,让我们的国际法治道路、理论、制度更加令人信服。[①]

人类命运共同体理念下的中国国际经济法治诚信理论作为中国文化的重要组成部分,是新时代国家繁荣富强、世界和谐必需的思想塑造和观念探索。"五个世界"目标构成"一带一路"在国际外交、安全、经济、文

[①] 参见何志鹏等《国际法的中国理论》,法律出版社2017年版,第51页。

化和生态等领域的核心实践诉求，由此构成"一带一路"话语体系构建的基本范畴。①

五 塑造中国国际经济诚信法治规则的框架

理论必须面对现实，着眼于解释现实，并指引社会实践。中国国际经济法治诚信理论建设，需要扎实的论证，但不能仅是西式论证的延续。中国理论应传承中国自身的法律智慧和传统，遵从国际法的形式和实质要求，洋为中用，结合国际社会的主体和需要，形成具有中国特性的国际经济法理论。理论创新不能闭门造车，只有深入思考中国在国际经济法律关系中面临的问题和解决途径，中国的地位和预期目标，中国对国际经济法律关系现状的认识和未来的构想，才能提炼出新的概念和逻辑结构。只有在国际经济诚信法治学理方面采用新视野、新方法，才能反映中国对建设和谐世界、促进世界经济持续健康发展、建立并维持睦邻友好关系所做和应有的贡献；只有扎实求证、自立创新，才能在国际经济法领域筑起世界地平线上的"中国学派"。

下文提出并重点探讨的中国国际经济诚信法治规则，主要由三部分组成：善意法律规则、权力诚信法律规则和信用法律规则。

（一）国际经济法中的善意法律规则

国际经济法中的善意法律规则，类比私法合同法中善意原则相关的规范体系，调整的是平等主体之间的横向关系，贯穿于平等主权国家之间条约的始终，特别是条约的谈判、解释和实施等基本环节。作为国际法的基本原则，善意原则在国际经济法中具有基础性作用。

坚持共商原则，通过友好善意协商达成一致，能够确保国际经济法律文件的合法性；而善意妥当的国际法解释能够保证对国际法准确、恰当的

---

① 冯霞、胡荣涛：《人类命运共同体视域下"一带一路"话语体系构建》，《厦门大学学报》（哲学社会科学版）2021年第1期。

适用，能够推动国际法的良性、正向发展。① 因此，应当结合国际经济法客观实践，理解国际法的准确含义，在国际经济法与国际关系之间相互参照，以灵活、务实的态度推进国际经济法治的发展。

就国际经济法的解释与适用而言，应当在人类命运共同体思想的引领下，崇尚尊重并善意履行国际法的态度，明确立足中国兼及全球经济治理的国际法解释立场，坚持国际、国家、人类三位一体的国际法解释维度。对于国际经济法律体系，要将国际经济法解释融入构建人类命运共同体的具体行动之中。

总之，善意协商是国际经济良法的基础，善意解释和适用是国际经济善治的保障。

（二）国际经济法中的诚信宪制规则

类比公司证券法中诚信原则相关的治理规范体系，类比国内宪法有关权力制约监督的诚信、信托制度安排，国际经济法中的诚信法律规则调整纵向权力关系，贯穿组织管理和国际经济治理的全过程，旨在通过制约监督权力来保护作为组织、社会成员的人权和其他基本权利。② 在越来越复杂的国际经济社会关系中，诚信法律规则发挥着越来越大的功能，这种规则又称为宪制规则。

20世纪90年代以来，学者一般借鉴或运用国内宪法理论，分三个层次来研究国际法或国际问题。第一，国际组织层面的宪法之治，包括联合国、WTO和欧盟的宪制问题；第二，某些领域的宪法之治，如国际法对民主和人权的关注；第三，理想主义的宪制，探讨国际法作为人类共同体的法律。③ 学者们彼此的观点并不矛盾，而且相互补充，可以理解为不同程度的标志性因素。这些因素形成的谱系，具有以下几个具体指向：④ 一套系统化的法律规则、一套行之有效的法律运作体系、在规范和机制内隐含的道德诉求，作为国际经济法治的重要组成部分。

---

① 杜焕芳、李贤森：《人类命运共同体思想引领下的国际法解释：态度、立场与维度》，《法制与社会发展》2019年第2期。

② Fox-Decent, Evan and Criddle, Evan J., "The Fiduciary Constitution of Human Rights", *Legal Theory*, Vol. 15, No. 4, 2009.

③ 余丙南：《国际法语境中的国际宪政分析进路探析》，《求索》2012年第3期。

④ 何志鹏等：《国际法的中国理论》，法律出版社2017年版，第220—226页。

在全球化与单边主义并存的背景下,人类不仅要解决各种传统问题,如和平、秩序等,还要解决各种新的非传统问题,如发展、环境、人权、恐怖主义、卫生安全等。国际法出现了宪法化的法制趋势,但这一发展仍然受制于国际社会的基本结构。主权一直被认为是国家的本质特征,各国制定、遵守和实施国际法,其基本目的主要是维护和实现国家的利益。迄今为止,国际法的"国家间法"这一本质属性并未改变,主权原则仍将是国际法大厦的基石。国际法宪法化趋势依然受制于国际社会的基本结构,表现在国际法的制定和遵守上,除了国际强行法外,绝大多数的国际法规则依然需要"国家同意"。因此,国际人权法及民主、限制权力等国际法宪制价值在导引国际法规则的制定时将受制于国家主权和"国家同意"制约。立宪主义"体现与诸如主权、国际习惯或条约成立等概念的问题进行斗争",并期待以宪制主义代替问题百出的主权概念及其同类概念,如关于国际规范制定的国家同意论。[①] "斗争"本身说明了国际法宪法化的艰难过程以及主权等概念的根深蒂固,由此,国际法宪法化迄今仅表现为一种发展趋势,将是一个长期和缓慢发展的过程。

另外,国际法宪法化趋势本身表明理想主义国际法对国际法的影响从未停止。国际宪制体现了国际法学者对于全球化背景下国际秩序的思考,以期在国际社会实现"限政"、人权、民主等宪制目标。宪法化不仅仅是一种应然意义上的崇高法治话语,作为一种有效的法律制度建构,它在学术上也有巨大的潜力。[②] 但是,不能忽视国际法宪法化深受美国三权分立模式和欧洲联盟分层宪制影响的学术背景,对一些西方研究者和国家通过国际法宪法化的研究推广其价值观的意图,应保持足够的警惕。[③]

同时,随着国力不断上升,中国在主导世界共建人类命运共同体中,应关注并加强国际宪法相关理论研究,[④] 以诚信价值观为引领,在善意共商基础上制定国际规则,重视命运共同体的民主化和共治共享趋势。

---

① [美]约翰·杰克逊:《国家主权与WTO变化中的国际法基础》,赵龙跃、左海聪、盛建明译,社会科学文献出版社2009年版,第256页。

② [德] Amain yon Bogdandy:《国际法中的立宪主义:评德国的一个建议》,柳磊译,载陈安主编《国际经济法学刊》(第15卷第2期),北京大学出版社2008年版。

③ 王秀梅:《国际宪政思潮的兴起与国际法"宪法化"趋势》,《法律科学》(西北政法大学学报) 2011年第2期。

④ 何志鹏等:《国际法的中国理论》,法律出版社2017年版,第238页。

（三）国际经济法中的信用法律规则

信用作为一种经济制度，反映一种信任。在资本疯狂追逐利润的作用下，信用制度必然引发欺骗、造假、暴力掠夺等不诚信现象，称为信用异化。因此，信用还是一种政治话语，广义上往往与诚信互换使用。在外交话语中，不讲信用往往是指不善意履行承诺等违反国际法准则的行为。

尤其是在国际货币金融法律领域，信用制度特指与国际货币相关的法律制度。货币的本质不是物，而是一种信用；国际货币的本质是国际信用。在当今货币采用信用本位的时代，货币在本质上是国家信用，货币国际化实质上是货币信用的国际化。[①] 美国军事存在几乎遍布全球，为海外美元信用提供强大的支撑。依靠外部军事强制力维持信用，也是一种信用异化现象。资本主义国家经常利用国际货币转移金融和经济危机，美国甚至利用美元的国际货币地位，将美元支付系统作为制裁他国的工具和手段。

可见，调整国际货币信用的实体法律规则，是国际经济诚信法治非常重要的组成部分。

（四）三种诚信法律规则之间的关系

一方面，国际经济法中的善意法律规则主要调整平等主权之间的横向关系，体现在条约等国际法律文件的谈判、解释和实施等基本环节，是国际经济法的基础性规范。国际经济法中的宪法性权力诚信规则调整的是国际经济生活中的纵向权力关系和国际经济治理关系，旨在制约监督权力、维护全球经济秩序。另一方面，作为国际经济法治的内在价值和道德要求，善意是国际经济法中宪法性权力诚信规范的内在要求。主权者要有信用，也是宪法性权力诚信规则的基本要求。总体而言，中国的国际经济诚信法观念，与国际法在横向、纵向关系中总体"变与不变"的发展演进高度契合。

1648年《威斯特伐利亚合约》缔结后形成的以平权者横向关系为基础的现代国际法律体系，虽然日益呈现出纵向特点，但可以归结为"形变

[①] 韩龙：《信用国际化——人民币国际化法制建设的理据与重心》，《法律科学》（西北政法大学学报）2021年第1期。

而神未变"①。国际法的变仅是组织和机制上的增强,并未出现实质性的强制力。国际法的变仅是量变,而非质变。国际法所体现的主流国际关系仍然是国家中心主义、国家利益至上、国家间的斗争和竞争。虽然国际法的调整范围不断向人类卫生健康、气候变化危机等非传统安全领域渗透,国际法实践中进一步发展并出现对一切的义务、保护责任和强行法规范等概念,但国际法作为平等主权国家之间协议规范的基本现实和前提并未根本改变。国际法并未变成超国家法和强法,仍然是协定法和弱法。② 由此,决定了善意法律规则在国际经济法中的基础性地位。

可以将国际法分为高、中、低三层政治属性,在高政治性的领土安全问题上,法律多是一种装饰;在中政治性的经济问题上,国家往往按照其利益得失选择是否采用并遵守国际法;在人权、人道、环境等低政治性问题上,国家容易达成共识。依次,从高中低三个层面,越来越容易就国际治理达成纵向一致。

据此,我国应当在国际经济规则构建中秉持善意、坚持共商原则,在坚持国家平等主权和核心经济安全、发展利益的基础上,积极参与并推动国际经济治理规则的变革。我国应在倡导并建立纵向治理机制和组织的同时,坚持以不断完善的诚信规则制约监督各种权力,尤其是抵制霸权和强权,为建设人类美丽家园、构建和谐的人类命运共同体而不断努力。中国必须加强国际传播能力建设,形成同自身综合国力和国际地位相匹配的国际法治话语权。提出中国的国际经济诚信法观念,构建相关理论和制度、规则,是提升中国国际经济法治话语权、形成中国国际话语体系的有效途径。

中国的国际经济诚信法理论以善意、诚信和信用三大概念为核心,探究三者在调整横向和纵向国际经济关系中的动态平衡和演进;讲求在国际经济法治中德法并重,基于国际法的话语权属性,不仅关注国际经济法所具有的实在权术和工具功能,③ 更重视其伦理、道德和应然价值;不仅关注国际经济法的形式正义,更重视其实质正义;不仅探究国际经济法的现在,更指向其未来,以诚信理念构建美丽、和谐的人类命运共同体。

---

① 何志鹏等:《国际法的中国理论》,法律出版社 2017 年版,第 256 页。
② 何志鹏等:《国际法的中国理论》,法律出版社 2017 年版,第 257 页。
③ 张相君:《国际法新命题》,社会科学文献出版社 2016 年版,第 73 页。

（五）结语

国际经济诚信规范和规则三个层面的内容——信用、善意、权力诚信，各有不同的主要含义和功能，后两者分别对应于中国法律和法学语境中的善意原则和权力诚信原则，这两项原则合称诚信原则。作为一般法律原则，诚信原则贯穿整个国际经济法律体系及其组成部分，统摄整个法律秩序和法律规则建构。该原则将某些规范性内容渗透进国际经济法律秩序的不同部门，以确保法律秩序中有某种程度的统一价值和运行。在习惯法规范尚未形成之时，该原则也使国际经济法律秩序具有适应性。法律适用者可以依据这些强大的法律原则进行推理。

国际经济法律秩序对这些法律原则有自己独特的概念。经验表明，国家行动是为了实现利益最大化，有些国家偏好权力政治，而政策常常推动领导人陷入谎言、操弄和操纵的权谋之中。国际经济事务的社会状态并不减损诚信原则在法律层面的存在和运行。只要法律秩序和规则存在，互惠、规则导向、忠于某些共同的目标、制约监督权力的行使等就不会被抛弃。然而，总体社会环境对诚信法律原则却有实实在在的影响。在依据诚信原则塑造国家义务时，法律适用者必须对现实世界发生的一切保持敏感，尤其是过于大胆的解释可能因完全脱离现实而弄巧成拙。[1]

在多元、多样、复杂的世界，能将所有相关法律问题都纳入一个单一的原则——诚信吗？这种"统一"难道不就是一种猜测，一种抽象吗？对此可以回答，统一通常是一种信仰问题，而多样性则是一种经验问题。中国古代道家"道生一"的思想留给我们无尽的想象，还有类似的"仁义""礼义"之说，乃至今人阐释的"仁本""道义""王道"[2]新解，都是深刻的哲学思考。古罗马思想家普洛丁的"太一"理念亦含有同样的睿智。读者诸君，最终若能用"诚信"的概念代替"权力"之名，也就足矣。

"手完全可以掌控一大块物体，一根长木头，或者类似的任何东西；控制的有效性在于其对受控物体的整体掌控而不是完全触及；虽然手的长

---

[1] Robert Kolb, *Good Faith in International Law*, Oxford: Hart Publishing, 2017, p.255.
[2] 阎学通：《世界权力的转移：政治领导与战略竞争》，北京大学出版社2015年版，第89页。

度有限，并不握住整个物体，但其力量（权力）却控制整个区域；物体还可以加长，但只要总体尚在实力掌控之内，把握新增承载的力量无须延伸触及新区域。假如想消灭这只手本身，又要保留手的力量（权力）：这种与手本就无法分割的力量，还能完整地控制整个受控区域吗?"[1]

---

[1] Plotinus, Enneads, Ⅵ, 4, 7, 转引自 Robert Kolb, *Good Faith in International Law*, Oxford: Hart Publishing, 2017, p. 256。

参考文献

一 中文文献

［德］彼得斯曼:《国际经济法的宪法功能与宪法问题》,何志鹏、孙璐、王彦志译,高等教育出版社 2004 年版。

［德］马克思:《资本论》第 2 卷,人民出版社 1975 年版。

［美］布鲁斯·琼斯等:《权力与责任——构建跨国威胁时代的国际秩序》,秦亚青等译,世界知识出版社 2009 年版。

［美］基辛格:《世界秩序》,胡利平等译,中信出版社 2015 年版。

［美］约翰·杰克逊:《国家主权与 WTO 变化中的国际法基础》,赵龙跃、左海聪、盛建明译,社会科学文献出版社 2009 年版。

［英］詹宁斯:《奥本海国际法》第 2 卷第一分册,王铁崖等译,中国大百科全书出版社 1995 年版。

《国际经济法学》编写组:《国际经济法学》,高等教育出版社 2016 年版。

蔡翠红:《中美关系中的"修昔底德陷阱"话语》,《国际问题研究》2016 年第 3 期。

曾令良:《论诚信在国际法中的地位和适用》,《现代法学》2014 年第 4 期。

陈曙光:《论国际舞台上的话语权力逻辑》,《马克思主义与现实》2021 年第 1 期。

陈喜峰:《WTO 宪法化的第三条道路:WTO 司法宪法论及其批评》,《国际关系与国际法学刊》2012 年第 2 卷。

陈喜峰:《约翰·杰克逊的 WTO 宪法思想和 WTO 当前的宪法问题》,

《国际经济法学刊》2018 年第 2 期。

杜焕芳、李贤森：《人类命运共同体思想引领下的国际法解释：态度、立场与维度》，《法制与社会发展》2019 年第 2 期。

韩龙：《信用国际化——人民币国际化法制建设的理据与重心》，《法律科学》（西北政法大学学报）2021 年第 1 期。

韩雪晴、王义桅：《全球公域：思想渊源、概念谱系与学术反思》，《中国社会科学》2014 年第 6 期。

韩永红：《国际法何以得到遵守——国外研究述评与中国视角反思》，《环球法律评论》2014 年第 4 期。

何志鹏等：《国际法的中国理论》，法律出版社 2017 年版。

黄瑶：《论人类命运共同体构建中的和平搁置争端》，《中国社会科学》2019 年第 2 期。

孔庆江主编：《世界贸易组织法理论与实践》，高等教育出版社 2020 年版。

李德顺：《人类命运共同体理念的基础和意义》，《领导科学论坛》2017 年第 11 期。

李欢丽、李石凯：《强势美元周期、去美元化浪潮与人民币国际化战略调整》，《经济学家》2019 年第 5 期。

李平、张芳霖：《论习近平诚信观：渊源·内涵·特点》，《江西财经大学学报》2020 年第 5 期。

李赞：《建设人类命运共同体的国际法原理与路径》，《国际法研究》2016 年第 6 期。

刘杨：《基本法律概念的构建与诠释——以权利与权力的关系为重心》，《中国社会科学》2018 年第 9 期。

《马克思恩格斯全集》第 13 卷，人民出版社 1962 年版。

《马克思恩格斯文集》第 2 卷，人民出版社 2009 年版。

《毛泽东选集》第 1 卷，人民出版社 1991 年版。

孟涛：《紧急权力法及其理论的演变》，《法学研究》2012 年第 1 期。

戚凯：《美国"长臂管辖"与中美经贸摩擦》，《外交评论》（外交学院学报）2020 年第 2 期。

漆彤、刘嫡琬：《外国投资国家安全审查制度的国际协调：必要性、可行性和合作路径》，《国际经济评论》2021 年第 5 期。

漆彤：《论"一带一路"国际投资争议的预防机制》，《法学评论》2018年第3期。

饶戈平主编：《国际组织与国际法实施机制的发展》，北京大学出版社2013年版。

石静霞：《"一带一路"倡议与国际法——基于国际公共产品供给视角的分析》，《中国社会科学》2021年第1期。

唐健：《建构"敌人"：美国的秩序构想、制度战略与对华政策》，《国际观察》2020年第4期。

陶立峰：《投资者与国家争端解决机制的变革发展及中国的选择》，《当代法学》2019年第6期。

陶士贵：《主权国际货币的新职能：国际制裁手段》，《经济学家》2020年第8期。

屠新泉：《WTO争端解决机制：规则与权力并重》，《世界经济与政治》2005年第4期。

王俊生、秦升：《从"百年未有之大变局"中把握机遇》，《红旗文稿》2019年第7期。

王俊生、田德荣：《论中美"关系危机"》，《国际观察》2020年第4期。

王秀梅：《国际宪政思潮的兴起与国际法"宪法化"趋势》，《法律科学》（西北政法大学学报）2011年第2期。

习近平：《论坚持全面依法治国》，中央文献出版社2020年版。

习近平：《论坚持推动构建人类命运共同体》，中央文献出版社2018年版。

习近平：《习近平谈"一带一路"》，中央文献出版社2018年版。

杨国华：《WTO上诉机构的产生与运作研究》，《现代法学》2018年第2期。

杨桢：《英美契约法论》，北京大学出版社1997年版。

张辉：《人类命运共同体：国际法社会基础理论的当代发展》，《中国社会科学》2018年第5期。

张军旗：《多边贸易关系中的国家主权问题》，人民法院出版社2006年版。

张路：《诚信法初论》，法律出版社2013年版。

张庆麟:《论晚近南北国家在国际投资法重大议题上的不同进路》,《现代法学》2020年第3期。

张相君:《国际法新命题》,社会科学文献出版社2016年版。

张晓君、李文婧:《"一带一路"背景下的ICSID改革》,《重庆大学学报》(社会科学版)2019年第7期。

章志远:《新时代行政审判因应诉源治理之道》,《法学研究》2021年第3期。

中共中央党史和文献研究院:《习近平关于中国特色大国外交论述摘编》,中央文献出版社2020年版。

中共中央宣传部、中华人民共和国外交部:《习近平外交思想学习纲要》,人民出版社、学习出版社2021年版。

周琪:《特朗普的"政治遗产"及拜登政府对华政策展望》,《当代世界》2021年第2期。

二 英文文献

A. A. Stein, *Why Nations Cooperate*, New York: Cornell University Press, 1990.

A. - M. Burley and W. Mattli, "Europe before the Court: A Political Theory of Legal Integration", *International Organization*, Vol. 47, No. 1, 1993.

Baxter, H. "Bringing Foucault into Law and Law into Foucault", *Stanford Law Review*, Vol. 48, 1996.

Brownlie, I., *Principles of Public International Law*, 5th Edition, Oxford: Oxford University Press, 1998.

Charles F. Wilkinson, "The Headwaters of the Public Trust: Some Thoughts on the Source and Scope of the Traditional Doctrine", *Envtl. L.*, Vol. 19, 1989.

Deborah Z. Cass, "The 'Constitutionalization' of International Trade Law: Judicial Norm—Generation as the Engine of Constitutional Development in International Trade", *European Journal of International Law*, Vol. 12, 2001.

E. B. Haas, "The Study of Regional Integration: Reflections on the Joy and Anguish of Pre - theorizing", *International Organization*, Vol. 24, No. 4,

1970.

E. Stein, "Lawyers, Judges, and the Making of a Transnational Constitution", *American Journal of International Law*, Vol. 75, 1981.

Ethan J. Leib, David L. Ponet & Michael Serota, "Translating Fiduciary Principles into Public Law", *Harvard Law Review Forum*, Vol. 126, 2013.

Evan Fox-Decent and Evan J. Criddle, "The Internal Morality of International Law", *McGill Law Journal*, Vol. 63, No. 3 & 4, 2018.

Evan J Criddle & Evan Fox-Decent, "Mandatory Multilateralism", *Am J. Intl. L.*, Vol. 113, No. 2, 2019.

Evan J. Criddle & Evan Fox-Decent, *Fiduciaries of Humanity: How International Law Constitutes Authority*, Oxford: Oxford University Press, 2016, ch. 8.

Evan J Criddle et al., eds., *Fiduciary Government*, Cambridge: Cambridge University Press, 2018.

Foucault, M., *Discipline and Punish: The Birth of the Prison*, New York: Pantheon Books, 1977.

G. Garrett, "International Cooperation and Institutional Choice: The European Community's Internal Market", *International Organization*, Vol. 46, No. 2, 1992.

Huntingdon, S., "The Clash of Civilization", *Foreign Affairs*, Vol. 72, No. 3, July/August 1993.

Ioannis Lianos & Okeoghene Odudu, *Regulating Trade in Services in the EU and the WTO—Trust, Distrust and Economic Integration*, Cambridge: Cambridge University Press, 2012.

J. P. Trachtman, *The Economic Structure of International Law*, Cambridge: Harvard University Press, 2008.

Jacob Katz Cogan, Ian Hurd, Ian Johnstone, *The Oxford Handbook of International Organizations*, Oxford: Oxford University Press, 2016.

John H. Jackson, "Sovereignty—Modern: A New Approach to an Outdated Concept", *The American Journal International Law*, Vol. 97, 2003.

Judith Goldstein, "Legalization and World Politics", *International Organizations*, Vol. 54, 2000.

Karl Marx and Frederick Engels, *Collected Works* 25, Gevneva: International Publishers, 1987.

Ken Coghill, Charles Sampford and Tim Smith, *Fiduciary Duty and the Atmospheric Trust*, Hampshire: Ashgate Publishing Limited, 2012.

Kurt Campbell, "Explaining and Sustaining the Pivot to Asia", in Nicholas Burns and Jonathon Price eds., *The Future of American Defense*, Washington: Aspen, 2014.

Leonard M. Hammer, *A Foucaldian Approach to International Law*, Hampshire: Ashgate Publishing Limited, 2007.

Lisa Downing, *The Cambridge Introduction to Michel Foucault*, Cambridge: Cambridge University Press, 2008.

Lon L. Fuller, *The Morality of Law*, revised ed., New Haven: Yale University Press, 1969.

Marion Panizzon, *Good Faith in the Jurisprudence of the WTO: The Protection of Legitimate Expectations, Good Faith Interpretation and Fair Dispute Settlement*, Oxford: Hart Publishing Ltd., 2006.

Martti Koskenniemi, "Constitutionalism as Mindset: Reflection on Kantian Themes About International Law and Globalization", *Theoretical Inquiries*, Vol. 8, No. 1, 2007.

Newman, S., "The Place of Power in Political Discourse," *Intl. Pol. Science Rev.*, Vol. 25, 2004.

Oxford Martin Commission for Future Generations, *Now for the Long Term*, Oxford: University of Oxford, 2013.

Peter F. Drucker, "Trade Lessons from the World Economy", *Foreign Affairs*, Vol. 73, No. 1, 1994.

R. Bachmann, "Trust, Power and Control in Trans-organizational Relations", *Organization Studies*, Vol. 22, 2001.

R. Eljalill Tauschinsky, *A Fiduciary Approach to Delegated and Implementing Rule——Making in the EU——How to Trust the Commission*, Berlin: Springer International Publishing, 2020.

Rave D., "Politicians as Fiduciaries", *Harv Law Rev.*, Vol. 126, No. 3, 2013.

Robert G. Natelson, "The Constitution and the Public Trust", *Buff. L. Rev.*, Vol 52, 2004.

Robert Kolb, *Good Faith in International Law*, Oxford: Hart Publishing, 2017.

Rouse J., "Power/Knowledge", in Gutting, G. ed., *The Cambridge Companion to Foucault*, Cambridge: Cambridge University Press, 1994.

Schmitt, C., *Theory of the Partisan: Intermediate Commentary on the Concept of the Political*, trans. G. L. Ulmen, New York: Telos Press, 2007.

Seth Davis, "The Private Law State", *McGill L. J.*, Vol. 63, No. 3, 2018.

Smith, S., "Globalization and the Governance of Space: a Critique of Krasner on Sovereignty", *Intl. Rel. of the Asia Pacific*, Vol. 1, 2001.

Stephen Breyer, "Madison Lecture: Our Democratic Constitution", *N. Y. U. L. Rev.*, Vol. 77, 2002.

Tadros, V., "Between Governance and Discipline: The Law and Michel Foucault", *Oxford Journal of Legal Studies*, Vol. 18, 1998.

Tamar Frankel, *Fiduciary Law*, Oxford: Oxford University Press, 2011.

Teemu Ruskola, *Legal Orientalism: China, the United States, and Modern Law*, Cambridge: Harvard University Press, 2013.

Thomas P. O'Neill and Gary Hymel, *All Politics is Local*, New York: New York Times Books, 1994.

后 记

　　本书直对人类面临的四大赤字，旨在为全球经济法治规则建构提供中国方案。基于作为基本法律概念中枢的权利—权力双重构造，作者将调整国际法中平等权利关系的善意（bona fide）原则和调整权力关系的诚信（fiduciary）原则纳入广义诚信范畴，用于指引国际经济法治规则的建构，推动构建人类命运共同体。诚信乃立国之本，更是全人类共同价值的应有之义。作者吸纳英美法中有关"fiduciary"法律的基本理论、实践和学术成果，拓展了诚信法的内涵和外延，结合中国的国际法治实践，首次系统、全面地将诚信法理论应用于国际法，尤其是国际经济法治规则建构，实现了国际法中国理论的创新。

　　本书是作者第一部系统的国际法学术作品。本书从构想到成稿，历时十数年，充实了作者2013年推出的《诚信法丛书》在国际法上的内容。

　　本书是作者主持的2021年国家社会基金高校思政课研究专项"人类命运共同体理念融入国际法课程思政体系构建研究"（项目批准号：21VSZ087）的阶段性成果。

　　感谢重庆大学法学院黄锡生院长！本书被纳入其领导下的《重大法学文库》。

　　感谢曾文革教授领导下国际法教学科研团队的支持！

　　感谢梁剑琴女士为本书提供的专业编辑指导和辛勤付出！

　　感谢祖国为本研究提供了国际法治实践土壤！国际法是非常重要的治国之术（statecraft），根据习近平法治思想要求，我国要统筹推进国内法治和涉外法治。期盼本书能助力提升我国的国际法治能力建设，助力我国引领制定新的国际规则，构建新的国际秩序。

后　记

　　本书是集体劳动成果，重庆大学国际学院沈茌副教授作为课题组主要成员参与收集、整理资料，在此表示感谢！

　　本书是作者践行国际法课程思政教学的结晶。在《国际经济法专题》（双语）课堂上，我与重庆大学法学院博士、硕士研究生一起讨论交流，同学们积极性很高。他们是王春蕊、刘家纬、张春雨、林正峰、刘叶、胡泓泽。对同学们的付出表示感谢！

　　为撰写本书，项目组参考了上千份资料，包括大量网络版图书、论文和媒体文章，大多在文中标有引注。在此向这些资料的作者们表达真诚的感谢！

　　本书只是国际诚信法中国学派的一次尝试，不足之处，望同人不吝赐教，以图改进、提高。如能以学术为中华民族的伟大复兴尽微薄之力，则苦而无怨。

张　路
2022 年 3 月 11 日
于重庆大学新华村